Neale Donald Walsch

Was wirklich wichtig ist

NEALE DONALD WALSCH

WAS WIRKLICH WICHTIG IST

Neue Gespräche mit der Menschheit

Aus dem Amerikanischen übersetzt von
Thomas Görden

Allegria

Die Originalausgabe erschien 2012 unter dem Titel
THE ONLY THING THAT MATTERS
im Verlag Hay House, Carlsbad, USA

MIX
Papier
FSC FSC® C083411

Allegria ist ein Verlag der Ullstein Buchverlage GmbH

ISBN: 978-3-7934-2236-5

Übersetzung: Thomas Görden
Lektorat: Marita Böhm
Umschlaggestaltung: Frankl Design, München
Umschlagillustration: Mazuryk/Fotolia
Satz: Keller & Keller GbR
Gesetzt aus der Minion
Druck und Bindearbeiten: CPI – Clausen & Bosse, Leck
Printed in Germany

Das Leben hat einen Sinn und eine Bestimmung.
Alle Menschen sehnen sich danach,
herauszufinden, was das ist.
Die meisten haben es noch nicht klar verstanden.

Uns wurde gesagt, der Grundinstinkt
der Menschen sei das Überleben.
Doch das ist keineswegs unser Grundinstinkt.

Dieses Buch ist Em Claire,
der amerikanischen Dichterin, gewidmet.
Ihre Stimme hat Tausenden von Menschen
weltweit das Ende der Einsamkeit und eine
neue Ebene des Gefühls, der Einsicht, Klarheit,
Aufrichtigkeit und Schönheit gebracht.
Ich bin dankbar für das, was sie uns allen schenkt
und was sie mir selbst auf eine besondere, mein Leben
verändernde und herzergreifende Weise schenkt,
als meine teuerste Freundin, meine Frau und
meine wahre Seelenpartnerin.

INHALT

ERSTER TEIL

Hier findest du vier kurze Gespräche,
die eine längere Untersuchung einleiten,
nach der du dich schon
ziemlich lange sehnst.

— 1 —

DEINE SEELE WEISS GENAU, WAS SIE TUT

Liebe Reisegefährtin, lieber Reisegefährte: Es ist wunderbar, dass du hierhergekommen bist.

Es gibt etwas, das du wissen willst, und etwas, das du tun willst, und das Leben versteht das. Deshalb liest du dieses Buch.

Hier ist das, was du wissen willst …

98 Prozent der Weltbevölkerung
verbringen 98 Prozent ihrer Zeit mit
Dingen, die nicht wichtig sind.

Auch du hast zu diesen 98 Prozent gehört. Doch das ist nun vorbei. Ab heute entscheidest du dich dafür, deine Zeit mit dem zu verbringen, Was Wirklich Wichtig Ist. Die Frage lautet: *Was ist das?*

Hier ist das, was du tun willst …

Deine Antwort
auf diese Frage finden.

Das erfordert eine tiefe Selbsterforschung. Und für ein so wichtiges und bemerkenswertes Unterfangen bist du hier genau richtig. Darauf kannst du vertrauen. Wärst du nicht an der richtigen Stelle, um deine Antwort zu finden, dann wärst du nicht hier. Denke nicht, du wärst zufällig auf dieses Buch gestoßen.

Denke das nicht.

Denke: *Meine Seele weiß genau, was sie tut.*

Denke auch: *Meine Seele weiß bereits, was wirklich wichtig ist.*

Es geht also nicht darum, die Antwort zu »finden«, sondern darum, sich zu *erinnern*.

Lass uns hier beginnen.

Auf diesem Planeten ereignet sich gegenwärtig etwas sehr Ungewöhnliches. Zweifellos hast du das bereits bemerkt. Es ist möglich, dass es dadurch in deinem Leben derzeit ein Übermaß an Problemen und Disharmonie gibt. Möglicherweise geht es richtig drunter und drüber. Und vermutlich bemerkst du, dass es vielen anderen Leuten ebenso ergeht.

Eine Zeit lang hast du vielleicht gedacht, dass du dir das alles nur einbildest, dass es eine Art von Selbsttäuschung ist; dass die Dinge sich nicht wirklich verändert haben, sondern dass du einfach nur etwas müde bist, etwas überfordert, etwas übersensibel.

Doch nun, wo jeder Tag wachsende Hindernisse und Herausforderungen bringt, immer neue persönliche Themen, denen du dich stellen musst und die der Heilung bedürfen, wird offensichtlich, dass es sich nicht um eine Illusion handelt, dass du die Situation nicht übertreibst. Also fragst du dich vielleicht: »Warum geschieht das alles? Was mache ich falsch?«

Und hier ist die Antwort …

Du machst *nichts* falsch.

UND … es geht tatsächlich etwas sehr Ungewöhnliches in deinem Leben vor und auf dem ganzen Planeten.

Nenne es einen energetischen Wandel, nenne es einen kosmischen Zyklus, nenne es die Grunderneuerung der Menschheit oder wie immer du willst. Auf jeden Fall ist das, was sich gegenwärtig auf der Erde ereignet, sehr real, da kannst du sicher sein. Es beeinflusst das Leben der Menschen emotional, physisch und spirituell. Manche werden stärker beeinflusst als andere, aber niemand ist dagegen immun.

Diese Erfahrung ist ein weltweites Phänomen. Rede mit den Leuten. Frage sie einfach. Spreche mit Menschen, überall. Sie werden dir sagen: Ja, das Leben ist in letzter Zeit ziemlich turbulent. Mehr als sonst. Mehr als normalerweise. Und manche werden sagen, dass sie so etwas noch nie zuvor erlebt haben.

Hier besteht nun eine Gefahr, und diese Gefahr liegt nicht in dem, was geschieht, sondern darin, wie du es *deutest*. Die Gefahr besteht darin, dass du das, was geschieht, als »schlecht« beurteilst und dann mit Frustration, Angst oder gar Wut reagierst (Wut ist lautstark artikulierte Angst). Damit tust du genau das Gegenteil von dem, was gut für dich wäre und dich weiterbringen würde.

Die größte Gefahr ist, dass du wegen der Ungenauigkeit deiner Wahrnehmung die Chance deines Lebens (*buchstäblich* die Chance deines Lebens) verpasst.

Die gute Nachricht lautet, dass deine Seele alles tut, was in ihrer Macht steht, damit das nicht geschieht. Daran arbeitet sie auch gerade jetzt, *in diesem Moment*.

Und noch etwas: Glaubst du wirklich, es wäre Zufall, dass du das hier liest …?

— 2 —

KANNST DU ES GLAUBEN?

Das Leben liebt dich. Auch wenn es im Moment nicht so aussehen mag und du über diese Behauptung vielleicht schallend lachst, trifft es doch zu, dass das Leben dich liebt und unterstützt. Und deshalb erhältst du *an diesem Tag vom Leben eine ganz spezielle Einladung*.

Vielleicht spürst du diese Einladung sogar – so wie du manchmal im frühmorgendlichen Schlaf spürst, dass es Zeit ist aufzuwachen.

Kennst du dieses Gefühl? Es geschieht eigentlich nichts. Kein Wecker geht. Niemand ist ins Zimmer gekommen, um dich zu wecken. Da ist nur dieses innere Wissen: *Es ist Zeit aufzuwachen.*

Es ist gut möglich, dass du in diesen Tagen eine sanfte Erregung verspürst, eine unruhige Bereitschaft, auf eine sanfte, aber beharrliche innere Stimme zu antworten, die dir immer wieder zuflüstert …

… ES MUSS NICHT SO SEIN.

Diese innere Stimme hat recht. Dein Leben muss keine Aneinanderreihung von Sorgen und Krisen sein, sei es im finanziellen, partnerschaftlichen, gesundheitlichen oder familiären Bereich – oder in allen diesen Bereichen. Oder, an manchen Tagen, keine besondere Krise … nur das nagende Gefühl, mit dir sei etwas *nicht in Ordnung*.

Auch muss die Welt insgesamt kein Ort ständiger Probleme und Verwerfungen sein, sei es in der Politik, der Wirtschaft oder im ökologischen Bereich, sei es in Kultur oder Religion.

Höre auf diese Stimme …

… ES MUSS NICHT SO SEIN.

Das ist kein Wunschdenken. Es ist deine eigene Bewusstheit, die da spricht.

Was sich in deinem Leben gegenwärtig abspielt, ist, dass deine Bewusstheit wächst – und jetzt hörst du ihre Stimme.

Im strengen Sinne ist ein »Wachstum« deiner Bewusstheit nicht möglich. Deine Bewusstheit ist, was sie ist. Sie wird nicht immer größer und größer. Der Grund dafür ist, dass deine Bewusstheit in deiner Seele wohnt, und deine Seele wächst nicht, sie wird nicht »mehr« als das, was sie immer war und heute ist.

Dein *Geist* ist es, der expandiert. Zum einfacheren Verständnis könnte man sagen, dass die Bewusstheit in der Seele ihren Sitz hat, während die Aufmerksamkeit im Geist wohnt.

Um also das, was momentan in deinem Leben geschieht, mit anderen Worten zu beschreiben: Du widmest deiner Bewusstheit jetzt *größere Aufmerksamkeit.* »Bewusst« zu sein ist eine Sache, doch es ist etwas ganz anderes, dem Aufmerksamkeit zu schenken, dessen sich deine Seele bewusst ist (statt es zu ignorieren, was die meisten Menschen die meiste Zeit über tun).

Die Mischung aus beidem ist das, was Bewusstsein genannt werden kann. Wenn dein Geist deiner Seele Aufmerksamkeit schenkt und Geist und Seele also über die gleichen Informationen und Ideen verfügen und die gleiche Perspektive einnehmen, kann man sagen, dass du *völlig bewusst* bist.

In Wirklichkeit ist es also dein Bewusstsein, das expandiert, wenn dein Geist der Bewusstheit deiner Seele Aufmerksamkeit schenkt.

Hier besteht nun die Gefahr einer Fehlinterpretation: Die Ausdehnung deines Bewusstseins bringt eine *erhöhte Sensibilität in allen Lebensbereichen* mit sich. Das hat zweifellos bewirkt, dass du sämtliche *Auswirkungen* des Lebens auf dich ebenfalls viel intensiver wahrnimmst – und das könnte sich so anfühlen, als ob nun alles, was geschieht, zwischen dir und deinem inneren Frieden stünde, weil die gleichen Lebenserfahrungen, die du vor Kurzem noch locker bewältigt hast, sich jetzt wie eine Überforderung anfühlen.

Vermutlich fragst du dich, was da vor sich geht und warum es dir nicht mehr so leichtfällt, »mit den Dingen zurechtzukommen«.

Nun, das ist alles sehr einfach: Du bist nun keineswegs unfähiger geworden, sondern du bist fähiger als je zuvor. Aber du musst dich erst einmal daran gewöhnen, während das Leben von dir fordert, mehr Dingen auf mehr Arten und zu mehr Zeiten Aufmerksamkeit zu widmen.

Hinzu kommt, dass es insgesamt viel mehr Daten gibt, denen du dir bewusst werden kannst (die neuen Technologien ermöglichen heute jedem Fünfzehnjährigen Zugang zu mehr Informationen, als noch vor wenigen Jahren dem Präsidenten der Vereinigten Staaten zur Verfügung standen) – und du erkennst, welche Herausforderung das ist.

Und es macht dabei nicht halt. Überall scheinen immer mehr Strukturen zu zerfallen – von Finanzsystemen zu politischen und sozialen Systemen, ja sogar den Wettersystemen.

Da bist du also, mittendrin in einem Hurrikan: einer Verkettung expandierender Energien, gesteigerter Aufmerksamkeit und sich rapide vermehrender negativer Ereignisse, die für sehr interessante Zeiten sorgen. Gelinde gesagt, für …

Sehr.

Interessante.

Zeiten.

Doch wie es die spirituelle Lehrerin Mary O'Malley wunderbar treffend ausdrückt: »Das, was uns im Weg steht, *ist* der Weg.«

~

Dass es vielen Menschen so vorkommt, als würden die Lebensereignisse sich ihnen *in den Weg stellen*, liegt daran, dass sie keine Ahnung haben, wohin ihre Reise geht. Sie wissen nicht, dass es auf dem Weg, der ihnen ursprünglich bestimmt ist, keine Hindernisse gibt.

Die Hindernisse, mit denen die Menschen sich konfrontiert sehen, wurden ihnen nicht plötzlich und erbarmungslos vom Leben in den Weg gestellt. Vielmehr ist es so, dass sie sich für *einen Weg entschieden haben, der reich an Hindernissen ist.*

Warum? Warum wählen die Leute eine Straße voller Umleitungen, Fallgruben, Schlaglöcher, Stolpersteine und, letztendlich, Sackgassen?

Das kommt daher, dass sie schlechte Wegbeschreibungen oder eine sehr schlecht gezeichnete Karte erhalten haben.

Der Weg, von dem man den Leuten gesagt hat, dass sie ihn gehen sollen, ist nicht der Weg, den zu gehen sie hergekommen sind. Und *das* ist der Grund, warum 98 Prozent der Weltbevölkerung 98 Prozent ihrer Zeit mit Dingen verbringen, die einfach nicht wichtig sind.

Wenn du *das* bei dir änderst, ändert sich dein ganzes Leben.

— 3 —

ES IST WICHTIG, DASS DU WEISST, DASS DU *WEISST*, WAS DU WEISST

Du *weißt* das längst. Der tiefste Teil deines Wesens weiß längst, was dir da eben gesagt wurde. Du liest dieses Buch nicht, um etwas herauszufinden, was du nicht weißt, sondern um dich an das zu erinnern, was du bereits weißt – damit du *weißt*, dass du weißt.

»Zu wissen, dass du weißt« ist ein wichtiger Schritt hin zu einem Leben, bei dem du dich auf das konzentrierst, Was Wirklich Wichtig Ist. Möglicherweise hast du vergessen, dass du weißt, dass du weißt, aber die allererste *Erinnerung*, die dir hier präsentiert wird, korrigiert das alles. Die allererste Erinnerung ist, dass du weißt, dass du weißt. Nun *erinnerst* du dich, dass du weißt, dass du weißt – denn jetzt hast du dich »erinnert, dass du dich erinnerst«.

In der nachfolgenden Untersuchung werden wir dir noch viele andere gleichermaßen wichtige Erinnerungen präsentieren. Diese Erinnerungen – man kann sie auch »Seelenwissen« nennen – sind genau das, weswegen deine Seele deinen Geist hierhergeführt hat. Schenke ihnen also die gebührende Aufmerksamkeit.

Man kann gar nicht genug betonen, wie wichtig es ist »zu wissen, dass du weißt«. Wenn du dich erinnerst, dass du *weißt*, dass du weißt, befreit dich das augenblicklich von allen Gedanken der Hilflosigkeit, Hoffnungslosigkeit und Niedergeschlagenheit. Doch wenn du einmal *weißt*, dass du weißt, wirst du dich danach sehnen, *genau* zu wissen, was du weißt. Dein *Geist* will dann wissen, wessen sich deine *Seele* bewusst ist.

Deine größte Bewusstheit wohnt in deiner Seele, denn Bewusstheit kommt aus dem Wissen, und in deiner Seele findest du wahres Wissen.

Der Geist speichert Erfahrungen – die dann fälschlicherweise für Wissen gehalten werden.

Und jetzt fragst du dich eventuell: »Wie erlange ich *Zugang* zu all diesem Wissen, über das ich angeblich verfügen soll?«

Die Frage ist berechtigt. Eine sehr gute Frage. Und die Antwort?

Der einfachste Weg, an die Informationen heranzukommen, die du bereits über das Leben besitzt (du hast nur vergessen, dass du sie besitzt oder wie du sie dir zugänglich machen kannst), besteht darin, sie *wachzurufen*.

Seelenwissen:
Du weißt bereits alles, was du wissen musst, und du* weißt*, dass du weißt.

Anders ausgedrückt: Bringe sie nach *vorn*. Hole sie an die Vorderfront deines Denkens.

Das kannst du auf zwei Arten tun.

Die eine Art besteht darin, dir das Wissen von einem Ort zu holen, der sich außerhalb von dir zu befinden scheint. Das ist das, was du jetzt in diesem Moment *scheinbar* tust.

Der zweite Weg besteht darin, die Informationen *in dir selbst* zu finden. Das ist das, was du in diesem Moment in Wirklichkeit tust.

Es sieht aus, als würdest du Ersteres tun, aber in Wirklichkeit tust du das Letztere.

Du bist eingeladen, dich selbst zu treffen und kennenzulernen – das gilt nicht nur für die Lektüre dieses Buches, sondern für dein Leben auf der Erde insgesamt. (Aber es wird in diesem Buch *passieren*, dir auf eine höchst ungewöhnliche Weise demonstriert werden.)

Zu dem, was du bereits weißt, aber manchmal vergisst, gehört auch die Erkenntnis, dass nichts *einfach so* geschieht. Es gibt keine *Zufälle*.

Weil du weißt, dass das wahr ist, kann das Auftauchen dieses Buches zu genau diesem Zeitpunkt in deinem Leben für dich wohl kaum ein Schock sein.

Natürlich ist es auch gar nicht als Schock gedacht. Vielmehr soll das Buch eine *Bestätigung* für dich sein. Und gerade heute, *an die-*

sem Tag, kannst du eine Bestätigung und Ermutigung dringend gebrauchen, weil es in deinem Leben Energien, Situationen und Umstände gibt, die dich dazu verleiten, ernsthaft *infrage zu stellen*, was du weißt – oder dein Wissen sogar völlig zu verleugnen.

Tu das nicht.

Auf keinen Fall.

Das hilft dir nicht weiter.

Dich für dein inneres Wissen zu öffnen hilft dir weiter.

Es immer mehr in deine momentane Lebenserfahrung zu integrieren, das hilft dir weiter.

Vertraue darauf, dass deine Seele weiß, was dir jetzt gerade hilft. Immer. Genau das ist der Grund, *warum* geschieht, was jetzt *gleich geschehen* wird.

— 4 —

DU WIRST EIN BUCH SCHREIBEN

Jetzt schau, was als Nächstes geschieht: Du wirst es nicht für möglich halten.

Du wirst nämlich dieses Buch schreiben.

»Das ist ja verrückt«, sagst du nun vielleicht. »Schließlich *lese* ich dieses Buch. Also *schreibe* ich es ja wohl nicht!« Nun, gedulde dich einen Moment. Etwas Magisches wird sich ereignen.

Hast du schon einmal den Satz gehört: *Wir sind alle eins*? Natürlich hast du das. Du hast ihn schon tausendmal gehört. Aber hast du je ernsthaft darüber nachgedacht, welche Konsequenzen es hätte, wenn er *wirklich* wahr wäre? Nicht bloß als abstrakte Idee, sondern ganz real, praktisch und alltäglich?

Nun, er *ist* wahr.

Real.

Praktisch.

Alltäglich.

Es gibt nur Dich, in verschiedenen Formen.

Für viele Menschen klingt das zunächst zu weit hergeholt und zu abstrakt, um in der Realität damit zu arbeiten. Doch in einem größeren Zusammenhang betrachtet, in einer sehr weiten Perspektive, könnte es zumindest ganz entfernt im Bereich des Möglichen liegen.

Schauen wir uns die Sache genauer an.

Wir alle sind aus »demselben Stoff« gemacht, denn wir haben uns aus derselben Ersten Quelle entwickelt. Verdeutlichen wir es mit einer Analogie: Als der Ozean zuerst erschien und sich ausdehnte, wurde er als nichts anderes erschaffen als seine Tropfen. Ein Tropfen des Ozeans ist dasselbe wie der Ozean. Er *ist* der Ozean, nur in kleinerer Form. Kein einzelner Tropfen ist *etwas anderes* als der Ozean. Alle Tropfen des Ozeans sind ein Ding: DER OZEAN.

Daher könnte ein Tropfen durchaus zutreffend zu einem anderen Tropfen sagen: »Wir sind alle eins.« Der zweite Tropfen würde einfach sagen: »Natürlich sind wir das. Dass wir *vereinzelt* wurden, bedeutet nicht, dass wir *anders als* die anderen sind oder anders als das, aus dem wir hervorgehen. Wir sind alle das Gleiche: der Ozean in vereinzelter Form.«

Seelenwissen:
Wir sind alle das Gleiche, nur individualisiert.

Das gilt auch für uns Menschen. Wir sind alle das Gleiche, nur individualisiert. Wir sind nicht abgetrennt von dem, aus dem wir hervorgegangen sind, und wir sind nicht »anders« als die anderen Menschen.

Jetzt denkst du vielleicht: »Na, das klingt ja ganz nett, ein wirklich nettes Modell der Welt, aber es gibt keine Möglichkeit, es in der Realität unseres Alltags praktisch umzusetzen.«

Dass du so denkst, ist sehr verständlich. Schließlich scheinen wir alle abgetrennte Wesen zu sein, auch wenn das in Wahrheit gar nicht zutrifft. Natürlich verhalten wir uns so, als wären wir getrennte Wesen – auch wenn wir alle aus demselben Stoff gemacht sind. Dieses Verhalten geht so weit, dass, wenn verschiedene Teile von Uns *anderen* Teilen von Uns sagen, es gäbe nur ein einziges, gemeinsames Uns, diese anderen Teile von Uns Uns auslachen würden!

Und wenn wir darauf *beharren* würden, dass wir alle eins sind, würden die anderen Teile von Uns nicht bloß lachen. Sie würden versuchen, uns mundtot zu machen und zu isolieren, damit wir den Rest von Uns nicht kontaminieren. Und wenn uns das noch nicht zum Schweigen bringt … nun … dann würden sie andere Maßnahmen ergreifen.

Warum? Warum all dieses ominöse Zeug, das sich anhört wie aus einem schlechten Film? Weil die Idee, dass wir alle eins sind, *überall auf der Welt die bestehende Ordnung durcheinanderwirbeln würde.*

Es würde die Weltwirtschaft durcheinanderwirbeln. Was sollen wir dann tun?

Es würde die Weltpolitik durcheinanderwirbeln. Was sollen wir dann tun?

Es würde weltweit die gesellschaftlichen Strukturen durcheinanderwirbeln. Was sollen wir dann tun?

Und … hier kommt es … gut aufgepasst! … es wird unsere weltweite Theologie durcheinanderwirbeln, das ist sicher. Was sollen wir dann tun?

Alles, was wir für wahr hielten, wäre dann nicht mehr wahr. Alles, was wir für *nicht* wahr hielten, würde wahr sein. Wie könnten wir dann noch für uns selbst einstehen? Wie könnten wir dann noch für das kämpfen, was richtig ist? Wie könnten wir es noch rechtfertigen, uns wegen dem, was wir für richtig halten, gegenseitig *umzubringen*? Denn wir würden ja denken, dass wir *uns selbst* wegen etwas töten, das gar nicht wahr ist!

~

Okay, dann sollten wir die ganze Idee wohl besser fallen lassen. Lösche diesen Satz: Wir sind alle eins.

Vergiss, dass wir das gesagt haben.

Betrachte diesen Text, als hätte ein anderer ihn geschrieben, und du würdest ihn einfach nur lesen. Vielleicht genügt das für deine erste Sitzung mit diesem Buch. Das ist der sichere Weg, und daher ist es vielleicht der bessere Weg. Wenigstens für den Augenblick. Vielleicht kommen wir später noch einmal darauf zurück … sagen wir, zehn Kapitel später … wenn eine solidere Grundlage dafür erarbeitet ist.

Oder vielleicht nicht. Wir werden sehen.

Nein, warte. Wir *müssen* darauf zurückkommen. Das ist ein absolutes Muss, denn nur die Bewusstheit dafür, dass wir alle eins sind, erzeugt den Kontext, in dem Das, Was Wirklich Wichtig Ist, zum Bestandteil unserer Lebenserfahrung werden kann. Ehe wir hier fertig sind, wirst du also dazu eingeladen werden, wirklich zu spüren, dass Wir Alle Eins Sind – *denn du wirst dieses Buch schreiben.*

Aber noch nicht sofort.

~

Kehren wir erst noch einmal zum gewohnten literarischen Stil zurück. Dieser Stil geht davon aus, dass dieses Buch von einer anderen Person geschrieben wurde und dass du es liest. Akzeptieren wir diese Vorstellung und kehren wir zu der ursprünglichen Frage zurück: Was *ist* wirklich wichtig? Und … wenn du deine Aufmerksamkeit ausschließlich darauf richtest … was ist dann mit dem *Rest* deines Lebens?

Wie kannst du in dieser Welt leben, ohne den Dingen Aufmerksamkeit zu schenken, denen du bisher 98 Prozent deiner Zeit gewidmet hast?

Sollst du dich als Einsiedler in eine Höhle zurückziehen?

Ins Kloster gehen?

Ästhet werden?

»Aussteigen«, wie es in den 1960er-Jahren die Hippie-Bewegung tat, die, enttäuscht von den konventionellen Werten, Kommunen gründete und eine Gegenkultur schuf?

Nein. Die Idee besteht nicht darin, davonzulaufen oder in meditativer Versenkung jede konstruktive Aktivität aufzugeben. Die Idee ist vielmehr, dass du dein Lebensziel *neu fokussierst*, sodass du eines Tages sagen kannst: Ich verbringe 98 Prozent meiner Zeit mit dem, was mir *wirklich* wichtig ist.

Wenn das geschieht, wird sich überraschenderweise zeigen, dass die Aktivitäten, denen du nachgehst, sich nur wenig ändern. Selbst wenn jeder Mensch auf dem Planeten dieses Buch läse, die Idee übernähme und tatsächlich 98 Prozent seiner Zeit dem widmen würde, was *wirklich* wichtig ist, würden die Aktivitäten der Leute sich nur wenig verändern.

Die Menschen würden immer noch morgens aufstehen und zur Arbeit gehen – oder jedenfalls auf irgendeine Weise ihren Lebensunterhalt verdienen.

Die Menschen würden immer noch heiraten und Kinder bekommen – also jemanden erschaffen, den sie lieben können und von dem sie geliebt werden.

Die Menschen würden immer noch herumlaufen, springen, tanzen, singen und lachen – also Wege finden, ihre Tage und Nächte mit Abwechslung und Freude auszufüllen und glücklich zu sein.

Daraus ergibt sich die Frage: Wenn das, was die Menschen tun, sich kaum verändern würde, wieso würde dieses Tun dann plötzlich *wichtig* sein?

Die Antwort liegt nicht in dem, was sie tun, sondern darin, *wie und warum sie es tun*. Die Antwort lautet: Etwas ist wichtig, wenn es zu einem bestimmten Resultat führt – einem Resultat, das dem Wunsch der Seele entspricht; einem Resultat, das das Leben selbst sich wünscht.

Seelenwissen:
Es kommt nicht darauf an, was du tust, sondern wie und warum du es tust.

Das, was du tust, wird dann *wichtig*, wenn es dem Größeren Ziel dient, das du erreichen willst.

Doch dazu müssen die Menschen zunächst einmal erkennen, worin denn das Größere Ziel besteht, das sie erreichen wollen. Und darin liegt das Problem. *Die meisten Menschen wissen nicht, was sie tun.*

Das ist keineswegs verächtlich gemeint. Es ist einfach eine Tatsache. Die meisten Leute haben kaum eine Vorstellung von der Natur der Reise, auf der sie sich befinden, ganz zu schweigen davon, wie sie ihr gewünschtes Ziel erreichen können.

Die Dinge, die sie tagtäglich tun, spielen eine enorme Rolle dabei, ob sie sich auf ihr Größeres Ziel zubewegen oder sich von ihm *entfernen*. Doch die meisten Menschen sind sich ihres ursprünglichen Zieles gar nicht mehr bewusst, und so trifft die ironische Beobachtung eines Comedians zu: »Wenn wir nicht aufpassen, enden wir alle genau dort, wohin wir unterwegs sind.«

Heute ist die Erde von Milliarden Menschen bevölkert, die verzweifelt hoffen, »irgendwo anzukommen«. Doch sie haben keine Ahnung, wohin sie eigentlich unterwegs sind.

~

Der erste Schritt, dir Klarheit darüber zu verschaffen, wohin du unterwegs bist, besteht darin, dir darüber klar zu werden, wo du dich *in diesem Moment* befindest und, zunächst, *wer* du bist und *warum* du *hier* bist.

Und zwar hier auf der Erde.

Was tust du hier? Welchen Grund hat das? Was ist der Sinn des Lebens?

Diese Fragen musst du dir stellen, bevor du Entscheidungen darüber treffen kannst, Was Wirklich Wichtig Ist – ganz zu schweigen davon, deinen Alltag danach auszurichten. Also werden die nächsten Kapitel – der zweite Teil dieses Buches – sich intensiv mit diesen Fragen beschäftigen.

Sei dir, wenn du die folgenden Seiten liest, bewusst, dass dies eine Untersuchung ist, nach der dein Geist sich aufrichtig sehnt. Dein Geist bemüht sich seit Jahren, Sinn in einem Leben zu finden, das überhaupt keinen Sinn ergibt. Nun, dank dem Wissen deiner Seele, wirst du alles, was in deinem Leben geschieht, in einen neuen Kontext stellen – einen Kontext, in dem das Leben *endlich* Sinn macht.

(HINWEIS: Falls du an dieser Stelle ein bisschen ungeduldig wirst und dich jetzt im Moment nicht mit dieser Untersuchung beschäftigen, sondern lieber sofort herausfinden möchtest, wie es sein wird, so zu leben, dass 98 Prozent von dem, was du tust, *wichtig* sind, kannst du gerne zum dritten Teil des Buches weiterblättern. Aber nur damit du es weißt: Höchstwahrscheinlich wirst du doch wieder zum zweiten Teil zurückkehren und die ausführlichen Betrachtungen in den Kapiteln 5 bis 18 lesen, weil hier die gesamte Konstruktion des Lebens definiert und beschrieben wird – das also, weswegen die wirklich wichtigen Dinge *wichtig* sind.)

ZWEITER TEIL

Hier werden die größten Lebensrätsel erklärt,
und du erhältst die Antwort auf die Frage,
warum es nur eine Sache gibt,
die wirklich wichtig ist.

Oh … und natürlich wird enthüllt,
was für eine Sache das ist.

— 5 —

DIE RÜCKKEHR ZUM WESENTLICHEN

Du liebes und sanftes Wesen … lass uns, wenn wir nun unsere Untersuchung vertiefen, einen Schritt zurücktreten und uns einige fundamentale Konzepte anschauen, zu denen auch dieses gehört: Du befindest dich hier auf einer Reise. Und nein, damit ist nicht die Reise von der Geburt bis zum Tod gemeint. Es handelt sich um eine Reise, die lange vor der Geburt begann und noch lange nach dem Tod andauern wird.

Die Bedeutung und Konsequenz dieser Reise, auf der du dich befindest, vermag der Geist kaum zu begreifen. Sie lässt sich begreifen … aber nur unzureichend.

Liegt das daran, dass dein Geist unfähig und ineffizient wäre? Nein. Es liegt daran, dass deinem Geist so wenige Informationen über die Reise gegeben wurden.

Wir erfahren nur sehr indirekt etwas darüber. Und das wenige, was wir erfahren, erfahren wir nicht etwa, weil unsere Eltern und Lehrer uns alles erzählen würden, was wir darüber wissen müssen (sie wissen auch nicht mehr als wir), sondern weil die Kunst sich nach Kräften bemüht, diese Lücke zu füllen.

Kunst und Kultur der Menschheit erzählen uns von der Erfahrung des Menschseins. (Und deshalb ist die Entfernung »musischer Fächer« - Musik und Schauspiel, bildende Kunst und andere kreative Ausdrucksformen - aus den Lehrplänen unserer Schulen so enorm schädlich für unser Gefühl, wer wir sind und warum wir sind.)

Wir brauchen Kultur und das Geheimnisvolle - Geschichten und Lieder, Filme und Theaterstücke, Romane und Gedichte und wirklich gutes Fernsehen –, um uns mehr über uns selbst zu zeigen und zu erzählen.

Die amerikanische Dichterin Em Claire hat genau das getan, die Essenz unserer Reise in Worte gefasst, als sie schrieb:

Ich habe das Zuhause vor so langer Zeit verlassen,
dass ich mein eigenes Gesicht nicht wiedererkennen würde.
Ich habe das Boot meines Lebens gebaut
und fuhr hinaus aufs offene Meer,
winkte allen zu, die wussten,
dass das Meer mir alles geben würde,
alles, mit dem ich fertigwerden,
und alles, was mich überfordern würde,
und doch winkten sie mir zu, und ich
fuhr hinaus aufs offene Meer
im Boot meines Lebens:
aus Seele gebaut, vom Herzen geformt;
mit großer Unschuld
ruderte ich hinaus aufs offene Meer;
ich habe mein Zuhause vor so langer Zeit verlassen,
dass ich mein Gesicht nicht wiedererkennen würde,
aber ich weiß, dass das Zuhause
zu Hause
sich an mich erinnert.

Lange auf See (»Long at Sea«)
© 2007 em claire

Die Bedeutung und die Konsequenz dieser Reise, auf der du dich befindest, vermag der Geist kaum zu begreifen. Sie lässt sich begreifen … aber nur unzureichend.

Liegt das daran, dass dein Geist unfähig und ineffizient wäre?

Nein. Es liegt daran, dass deinem Geist so wenige Informationen über die Reise gegeben wurden. Diejenigen, die lediglich über unsere Geschichte und unsere Naturwissenschaften schreiben, geben uns nur eine winzige Menge an Informationen. Nicht nur bleiben die wirklich wichtigen metaphysischen oder spirituellen Details unerwähnt, sondern die Informationen stecken auch noch voller Fehler.

Aber damit ist jetzt Schluss.

Du hast dich zu dieser Selbsterkundung entschlossen, um dich an drei Dinge zu erinnern: (a) an den Sinn deiner Lebensreise, (b) an die Pfade, die du auf dieser Reise wählen kannst, und (c) an die Bestimmung, das Ziel der Reise.

Damit du dich erinnern kannst, werden wir dich mit weiterem Grundlagenwissen versorgen. Doch nun zuerst eine Bitte deiner Seele an deinen Geist:

Da es sich um »Grundlagen« handelt, mag vieles von dem, was du in den folgenden Absätzen lesen wirst, für dich »nicht neu« sein. Darum die freundliche Bitte: Habe etwas Geduld.

Es ist gar nicht schlecht, an die Dinge erinnert zu werden, die du bereits weißt. Die meisten Menschen *wenden nicht an*, was sie bereits wissen, und das ist der Punkt. Vielleicht ist es ein guter Zeitpunkt, deinem Gedächtnis etwas auf die Sprünge zu helfen.

Und vielleicht gibt es auch ein oder zwei Informationen, an die du dich gar nicht oder unvollständig erinnerst – und gerade diese Informationen könnten alles verändern.

Habe also bitte etwas Geduld.

Nun denn … wenden wir uns diesen Grundlagen zu.

Du bist nicht dein Körper. Du hast einen Körper.

Du bist nicht dein Geist. Du hast einen Geist.

Du bist nicht deine Seele. Du hast eine Seele.

Wer also bist du?

Du bist die Gesamtsumme von alledem – ein liebendes, fürsorgliches, sensibles, mitfühlendes Wesen, das diese Dinge hat – und jedes dieser drei Dinge hat einen Daseinszweck und eine Funktion, die der Agenda aller drei dient.

Dieses Körper/Geist/Seele-Trio werden wir in diesem Buch der Selbsterforschung die Gesamtheit deines Seins nennen.

Die Aufgabe des Geistes ist es, das Überleben der gegenwärtigen körperlichen Manifestation der Gesamtheit deines Seins zu garantieren, und zwar so lange, wie es nötig ist, um die Absicht der Seele auszuführen.

Die Aufgabe des Körpers besteht darin, Daten aus der physikalischen Umwelt zu sammeln und so den Geist bei der Sicherung deines Überlebens zu unterstützen. Außerdem ist es Aufgabe des Körpers, in dieser Umwelt die nicht physischen Ideen, Vorstellungen und Entscheidungen deines Geistes in physischer Form Gestalt annehmen zu lassen.

Aufgabe der Seele ist es, in so vielen Aspekten wie irgend möglich zu erfahren, wer und was sie wirklich ist.

Und um das zu erreichen, nutzt sie den Körper, den Geist und die physische Umwelt, in die sie sich hineinbegeben hat, als Hilfsmittel.

Seelenwissen:
Du bist die Gesamtsumme aus Körper, Geist und Seele, und jeder dieser Aspekte deines Seins hat einen Zweck und eine Aufgabe, aber nur einer von ihnen verfolgt eine Absicht und ein Ziel: die Seele.

Weil aber dein Geist wenige – oder, schlimmer noch, vollkommen irreführende – Informationen über die Absicht der Seele (welche die Absicht des *Lebens* ist) erhalten hat, können oft weder Geist noch Körper wirkungsvoll an der Erreichung dieses Ziels mitwirken. Das gelingt nur, wenn sie mit der Seele *zusammenarbeiten*.

Wenn dein Geist nicht weiß, was die Seele weiß, wirst du dich fühlen, als zerrte dich das Leben in unterschiedliche Richtungen. Das kann so weit gehen, dass du deine Bestimmung hier auf Erden nur sehr eingeschränkt erfüllst – oder sie gar völlig ignorierst.

In diesem Zustand befindet sich heutzutage der größte Teil der Menschheit.

Damit du ein Leben führen kannst, das seiner wahren Bestimmung folgt, muss dein Geist das in seinen Datenspeicher aufnehmen, dessen sich die Seele bereits bewusst ist, denn dann kannst du es als *Erfahrung* manifestieren. Die Seele verfügt über Wissen, während der Geist Erfahrung erschafft, also das, was Realität genannt wird.

Und genau aus diesem Grund ist die Gesamtheit deines Seins in die materielle Welt gekommen: um das zu erfahren, was sie bereits in vollem Umfang weiß. Wenn aber der Geist keinen Zugang zur Bewusstheit der Seele hat, werden die Erfahrungen, die der Geist fortwährend erschafft, kein Ausdruck dessen sein, was die Seele weiß – und somit werden sie *nicht* der Gesamtheit deines Seins dienen.

Es ist sehr wichtig zu verstehen, dass die »Daten« (d. h. die Informationen, die in dir gespeichert sind), aus denen du jede gegenwärtige Realität erschaffst, an *zwei verschiedenen Orten* existieren und sich auf *zwei unterschiedliche Arten* abrufen lassen.

Die große Herausforderung im menschlichen Leben besteht darin, dass die meisten Menschen das nicht wissen – oder sie *wissen* es, haben aber noch nicht gelernt, wie sie bewusst ihre Aufmerksamkeit von der einen Informationsquelle auf die andere lenken können … ganz zu schweigen davon, beide Quellen zu vereinen.

Die Daten über das Leben werden in der Gesamtheit deines Seins gespeichert – der eine Datenspeicher ist physischer Natur, der andere ist metaphysisch.

Den ersten Datenspeicher haben wir Erfahrung genannt, den zweiten bezeichnen wir als Wissen. Die Daten der ersten Art erzeugen *Wünsche* (ein Sehnen nach weiteren Erfahrungen), der metaphysische Speicher erzeugt *Absicht* (ein Sehnen nach einer bestimmten *Art* von Erfahrung – was auf Wissen beruht, nicht auf vorangegangenen Erfahrungen).

Sicher hast du schon erraten, dass der physische Erinnerungsspeicher seinen Sitz im Geist hat, während das Wissen in der Seele wohnt. Der Geist speichert, kategorisiert und erinnert jede Erfahrung, die dein Körper und Geist jemals gemacht haben. Die Seele ist der Sitz des gesamten Wissens darüber, Wer Du Bist, Wo Du Bist, Warum Du Bist, Wo Du Bist, und von allen anderen Aspekten deines ewigen

Lebens. Dieses Wissen wird auch als Bewusstheit bezeichnet. Beide Bezeichnungen lassen sich synonym gebrauchen.

Wie bereits erläutert, ist die *Summe* aus diesen beiden »Datenbänken« das, was die Menschen Bewusstsein nennen. Bestimmt hast du schon öfter die Formulierung »das Bewusstsein anheben oder erweitern« gehört.

> **Seelenwissen:**
> ***Wenn deine gegenwärtige Erfahrung und deine gegenwärtige Bewusstheit sich vereinen, werden der Wunsch des Geistes und die Absicht der Seele eins.***

Damit ist die Erweiterung des Datenspeichers in deinem Geist gemeint – sein begrenztes Lagerhaus an Erfahrungen –, sodass er mehr vom grenzenlosen Wissen der Seele über das Leben integriert, mehr von ihrer grenzenlosen Bewusstheit.

Erfahrung + Bewusstheit = Bewusstsein.

Die Entwicklung deines Bewusstseins hängt davon ab, wie viel Erfahrungen du nicht nur im physischen Leben, sondern auch im metaphysischen Leben gesammelt hast. Und das Wissen um dieses metaphysische Leben existiert in der Bewusstheit deiner Seele.

Wenn deine gegenwärtige Erfahrung (also die Erfahrung, die du jetzt im Moment machst, nicht deine Erinnerungen an frühere Erfahrungen) und deine gegenwärtige Bewusstheit (also die Bewusstheit, für die du dich in diesem Moment innerlich öffnest) sich vereinen, werden der Wunsch des Geistes und die Absicht der Seele eins.

Das ist eine wahrhaft himmlische Hochzeit: die Verschmelzung von Geist und Seele. Und was Gott verbunden hat, das darf der Mensch nicht trennen.

— 6 —

SICH WIEDER ERINNERN

Wenn das hier anfängt, zu sehr nach einer Hochschulvorlesung über Metaphysiologie zu klingen, bitte ich um Entschuldigung. Aber über die Themen, dir wir behandelt haben, solltest du unbedingt Bescheid wissen, wenn du lernen willst, dich in deinem Leben auf das zu konzentrieren, Was Wirklich Wichtig Ist.

Hier ist noch eine Information, die sich als nützlich erweisen wird: Es ist für den menschlichen Geist unmöglich, sich gleichzeitig des *gesamten* Wissens bewusst zu werden, über das die Seele verfügt.

So großartig und hoch entwickelt die »Schaltkreise« des Geistes auch sind, sie würden »durchbrennen«, wenn sie auch nur für einen einzigen Augenblick der Summe allen Seelenwissens ausgesetzt wären. Das wäre, als würde man den gesamten Strom, der deinem Haushalt zur Verfügung steht, zu einer einzigen Steckdose leiten. Oder, um eine andere Analogie zu benutzen, als versuchte man, mit einem Schwamm den ganzen Ozean aufzusaugen. Doch nimm einmal an, der Schwamm würde zwischendurch immer wieder ausgedrückt, sodass er etwas von dem aufgesaugten Wasser wieder abgibt. Dann *könnte* er nach und nach den Ozean aufsaugen.

Das ist eine stark vereinfachte Analogie dafür, wie der Geist arbeitet. Sein Fassungsvermögen ist begrenzt. Die Quelle der Seele ist unendlich. Der »Schwamm« des Geistes hat Zugang zum Wissen der Seele und kann es »aufsaugen«, aber immer nur eine begrenzte Menge auf einmal. Gibt es zu viel »Input«, muss der Geist sich »auswringen«, um nicht überlastet zu werden. Daher »vergisst« der Geist etwas von dem, was er zuvor »wusste«.

Und genau das passiert dir immer wieder.

Bei dem Prozess, in dem du dich nun befindest, geht es darum, das zurückzuholen, was der Geist einst wusste, jedoch inzwischen vergessen hat. Aus diesem Grund wird viel von dem, was dir nun gesagt wird (woran du dich »erinnern« wirst), dir vorkommen, »als hättest du es immer schon gewusst«.

Es wird sich anfühlen, als gäbe es hier in diesem Buch »wenig Neues« – und doch wird die »Erneuerung« deiner Erinnerung alte Informationen in deinem Geist wieder ans Tageslicht bringen, die sich an diesem Punkt in deinem Leben als sehr wertvoll erweisen werden. Und das ist eine weitere Funktionsweise deines Geistes. Er weiß, welche Informationen du *genau jetzt* benötigst. Dann kann er seine Millionen von Erinnerungen »scannen« (wie die unzähligen Dateien in deinem Computer, von denen du gar nicht mehr weißt, dass sie da sind) und diese Information hervorholen, und zwar *genau dann, wenn du sie brauchst.*

> **Seelenwissen:**
> ***Du selbst bestimmst über deine Lebensqualität, und zwar durch das, worauf du deine Aufmerksamkeit richtest.***

Dein Geist zaubert also hervor, was du gerade im Moment wissen musst. Alles, was du gerade nicht dringend benötigst, packt er in ein Regal gaaanz weit hinten. Oder, um bei unserer Computer-Analogie zu bleiben, während dein Geist der auf deinem Desktop geöffneten Datei Daten hinzufügt, schließt er andere Dateien, damit dein Betriebssystem schneller und reibungsloser arbeitet.

Es gibt unzählige Geschichten über Genies (Einstein, Edison, Steiner usw.), die ihre Brille nicht finden konnten. (Die Datei AUFBEWAHRUNGSORT: BRILLE wurde geschlossen.) Sie fanden die Schlüssel zu den Geheimnissen des Universums, aber suchten vergeblich nach dem eigenen Haustürschlüssel.

Einen solchen Menschen bezeichnet man oft als *geistesabwesend* – und das ist die perfekte Beschreibung. Bestimmte Daten sind *in seinem Geist abwesend*, damit Platz geschaffen wird für andere Daten – Daten, die er momentan für viel wichtiger hält.

Und darum wirst du, je mehr du dich erinnerst, umso mehr vergessen. Wie sich das in deinem Leben bemerkbar macht, wie es sich auf die Bewältigung deines Alltags auswirkt, hängt davon ab, welche Daten du zur Speicherung auswählst.

Wenn du der Ansicht bist, die neuesten Sportergebnisse, die Hauptdarsteller und Titel der neuesten Kinofilme, die Strategien für den Sieg im brandneuen Videospiel seien wichtiger als das leise Flüstern deiner Seele, dann werden das die Daten sein, die du speicherst, und für die Weisheit deiner Seele wird in deinem Geist dann nur wenig Platz sein, wenn überhaupt.

Du selbst bestimmst über deine Lebensqualität, und zwar durch das, worauf du deine Aufmerksamkeit richtest.

Gerade *weil* die Aufnahmekapazität des Geistes begrenzt und die der Seele unbegrenzt ist, kann der Geist immer nur Bruchstücke aufnehmen, wenn er Informationen aus der Seele beziehen möchte. Manchmal werden diese Bruchstücke »Leben« genannt.

Der Geist bringt das Wissen der Seele in eine Lebenszeit nach der anderen ein, verwandelt es Schritt für Schritt in Erfahrung, und dieses Wissen wird dann in ihm als »Erinnerungen« gespeichert – in einem Geist, der mit der Seele durch ein Leben nach dem anderen reist.

(Überrascht? Habe etwas Geduld. Das alles wird dir gleich erklärt.)

Wenn der Geist eines Menschen Daten aus einem früheren Leben bezieht (es gibt eine enorme Menge an anekdotischen Beweisen, die darauf hindeuten, dass dies ziemlich häufig vorkommt), wird ein solcher Mensch oft als »Wunderkind« bezeichnet – er zeigt Fähigkeiten und Talente, Weisheit und Wissen, die weit über das hinausgehen, was im Rahmen seiner gegenwärtigen Lebenserfahrung möglich erscheint.

Wenn es in deinem Leben zu der bereits erwähnten Verschmelzung von Geist und Seele kommt, wird die Reise, auf der du dich befindest, für dich endlich einen Sinn ergeben, weil du sie in einem Zustand erweiterten Bewusstseins fortsetzt. Deine Perspektive verschiebt sich und wird beträchtlich vergrößert.

Solange es jedoch nicht zu einer solchen Verschmelzung von Erfahrung und Wissen kommt, wird dein Leben für dich ziemlich oft (oder gar ständig) keinen oder nur sehr wenig Sinn ergeben. Und wenn du lediglich die Daten deines Geistes nutzt (so wie es die meisten Menschen fast ausschließlich tun), wird es ein zutiefst frustrierendes Unterfangen sein, einen Sinn darin zu suchen.

Dann läufst du von Pontius zu Pilatus, von Buch zu Buch, von Vortrag zu Vortrag, von Predigt zu Predigt, von Seminar zu Seminar und von Lehrer zu Lehrer, immer auf der Suche nach Antworten.

Doch ich habe eine gute Nachricht für dich: Dieses sinnlose Herumrennen hast du ab jetzt nicht mehr nötig. Du musst nicht mehr irgendwohin gehen oder irgendetwas Bestimmtes tun. Alles, was du je gebraucht hast, ist dort, wo du bist, hier und jetzt – in dir selbst. Du hast es überhaupt nie »gebraucht«, in dem Sinne, dass du es nicht hattest. Du hattest es immer. Du musst nur den Zugang dazu finden.

Ja, ja, wir wissen schon … das ist das Mantra des New Age (und übrigens auch das, was die alten Meister lehrten): »Alles, wonach du suchst, ist in dir.« Und daher muss die Frage lauten: Wenn das wahr ist, warum ist unser persönliches Alltagsleben dann in dem Zustand, in dem es ist? Und warum befindet sich die Welt in einem ständigen Krisenzustand?

Es liegt daran – da haben wir es wieder –, dass 98 Prozent der Weltbevölkerung 98 Prozent ihrer Zeit mit Dingen verbringen, die nicht wirklich wichtig sind. Sie ignorieren die Weisheit ihrer Seele, entweder weil sie sich dieser Weisheit gar nicht bewusst sind (sie sind sich »ihrer Bewusstheit nicht bewusst«) oder weil sie nicht wissen, wie sie sich dann, wenn sie es brauchen, Zugang zu dem verschaffen können, was ihnen bewusst ist. Sie können zwar gut Vorträge über »das Spiel und seine Regeln« halten, aber sie spielen es nicht besonders gut.

Wenn eines von beiden auf dich zutrifft, keine Sorge, denn das wirst du nun bald für immer hinter dir lassen. Falls keines von beiden auf dich zutrifft, wirst du dich schon bald an die passenden Worte erinnern, mit denen du denen helfen kannst, auf die es zutrifft.

Denn aus diesen Gründen bist du hierhergekommen.

— 7 —

DAS »OH NEIN!« ÜBERWINDEN

Inzwischen hast du dir bereits wieder Zugriff auf einige sehr wichtige Daten verschafft. Hier ist eine weitere solche Information: Die Reise, auf der du dich befindest, ist eine heilige Reise, die der Erfüllung einer göttlichen Bestimmung dient.

Nun können die Worte »heilig« und »göttlich« ganz schön abschreckend wirken, das wissen wir alle. Sie provozieren ein stöhnendes »Oh nein!« bei Leuten, die weder vom »Heiligen« noch vom »Göttlichen« etwas hören wollen. Solche Menschen sind eine besondere Herausforderung für jene, die diese Begriffe einst mit Begeisterung für sich entdeckten, sich aber inzwischen von der organisierten Religion und deren Dogmen abgewandt haben.

Doch die Reise und die Bestimmung, die hier in diesem Buch beschrieben werden, weisen keinerlei Ähnlichkeit zu den Doktrinen der konventionellen Theologie auf. Nach Auffassung dieser Theologie handelt es sich dabei gar um Ketzerei.

Von einer Heiligen Reise und einer Göttlichen Bestimmung zu sprechen, könnten auch Menschen als herausfordernd empfinden, die nie an irgendeine Form von göttlicher Gegenwart geglaubt haben, von einer »göttlichen Bestimmung« ganz zu schweigen.

Doch hier ist ein möglicher gemeinsamer Nenner: Alle – Atheisten, Agnostiker und Antagonisten gleichermaßen – glauben an das Leben, denn das ist die Erfahrung, die alle Menschen miteinander teilen. Ich lade daher dazu ein, eine Wortwahl zu vermeiden, die zum »Oh nein!« führen kann, und unmittelbar zu jener inneren Weisheit vorzustoßen, die zum »Oh ja!« führt.

Das »Leben« ist größer als jedes Individuum und jedes persönliche Glaubenssystem. Es ist die Kraft, von der alles animiert wird, was existiert. Seine Energie findet sich überall. Ohne seine Energie kann nichts sein. Alles, was je war, ist und sein wird, wird vom Leben hervorgebracht.

Das Leben ist etwas, das ganz offensichtlich stattfindet. Es drückt sich in jedem Menschen und seiner ganzen Umgebung aus. Niemand kann die Gegenwart des Lebens leugnen. Die einzige verbleibende Herausforderung ist semantischer Natur.

Wenn wir uns entscheiden, das Leben »Gott« zu nennen, wird die Lebensreise zu einer Heiligen Reise. Das hängt lediglich davon ab, welche Worte man verwendet, um ein bestimmtes Phänomen zu beschreiben.

Wenn du also ein Problem mit dem Wort »Gott« hast, lies immer dann, wenn du das Wort »Gott« siehst, stattdessen einfach »Leben«. An der Bedeutung ändert sich dadurch nichts. Wenn das Wort »göttlich« dir Unbehagen bereitet, ersetze es durch die Worte »dem Leben dienend«. Und wenn das Wort »heilig« dir nicht gefällt, verwende stattdessen das Wort »wichtig«.

Wir sehen also, dass die Reise, auf der du dich befindest, eine wichtige Reise ist. Und du erfüllst durch sie eine Bestimmung, die dem Leben dient. Noch nicht klar ist aber, worin denn nun eigentlich diese Bestimmung besteht. Doch du erinnerst dich inzwischen weit genug, um klar zu erkennen, dass das Leben seine eigene Intelligenz hat. (Das Universum braucht keine »Anweisungen«, wie es arbeiten soll. Schon die winzigsten lebendigen Zellen wissen genau, was sie tun müssen, um sich zu reproduzieren und zu überleben.)

> **Seelenwissen:**
> ***Die Reise, auf der du dich befindest, ist eine Heilige Reise, die der Erfüllung einer Göttlichen Bestimmung dient.***

Auf einen Blick kannst du sehen, dass das ganze Design des Lebens unaussprechlich großartig ist. Seine Funktionsweise ist unfassbar ausgeklügelt und hoch entwickelt. Und jedes Ereignis, jedes Resultat ist Teil dieses unvorstellbaren Designs.

Deine intuitive Einsicht sagt dir außerdem, dass das Leben seine eigene Essenz, seine fundamentale Energie, mit gezielter Absicht fokussieren und lenken kann, um spezifische Resultate hervorzubringen – und dass *du* selbst, weil *du* ein Teil der grundlegenden Intelligenz bist (die das Leben ist, das sich selbst ausdrückt), ebenfalls mit gezielter Absicht deine Lebensenergie fokussieren und lenken kannst, um spezifische Resultate hervorzubringen.

Wenn du zu diesen Einsichten gelangst, beginnst du, dein Leben auf das auszurichten, Was Wirklich Wichtig Ist. Das ist längst noch nicht alles, aber es ist der Anfang. Du musst dich nun bloß noch erinnern, wie es weitergeht.

Und genau das tust du hier und jetzt.

~

Du hast dich in diesem Moment selbst zu der Lektüre einer *äußeren Niederschrift* deines *inneren Wissens* hingeführt.

Sei also nicht überrascht, wenn dieses Erlebnis dem Gefühl gleicht, dein eigenes Tagebuch zu lesen, das du vor langer Zeit weggelegt und nun plötzlich wiedergefunden hast. Bei jedem neuen Satz hast du möglicherweise das Gefühl, bereits zu wissen, was dir als Nächstes präsentiert wird.

Es ist deine Seele, aus der diese Bewusstheit kommt – an die dein Geist nun wieder herangeführt wird.

Das Wort Seele ist natürlich wieder eines dieser Worte, gegen die viele Menschen sich sträuben.

Viele Leute glauben überhaupt nicht, eine Seele zu haben. Und falls sie doch daran glauben, haben sie keine Vorstellung, was die Seele *ist* oder was sie *tut*.

Was ist die Funktion der Seele? Was ist ihr Zweck? Wir wissen, was der Geist tut. Wir wissen, was der Körper tut. *Was tut die Seele?*

~

Manche Leute betrachten die Seele als eine Art »Gewissen« oder vielleicht als einen »Beschützer« oder »Engel« (oder beides), der gewissermaßen neben uns steht, vermutlich mit guten Absichten. Doch welche Funktion und Aufgabe die Seele tatsächlich hat, ist ihnen nicht klar.

Dann gibt es jene, die *wissen*, dass sie eine Seele haben, und *spüren*, dass die Seele einen Plan verfolgt (womit sie recht haben). Doch weil sie so verworrene Vorstellungen davon hegen, wie dieser Plan aussehen könnte, erschaffen sie jede Menge Schmerz, Schwierigkeiten und Mangel, die eigentlich überhaupt nicht nötig wären.

Wieder andere – zu denen gehörst du – wissen ebenfalls, dass die Seele existiert, sind aber nicht länger willens, den alten Geschichten darüber, was angeblich Plan und Ziel der Seele sei, Glauben zu schenken. Du bist bereit dafür, deinen Geist für das Wissen um den Wahren Plan deiner Seele zu öffnen. Tief in dir gibt es einen Impuls, einen Wunsch, dich dafür zu öffnen, und zwar *jetzt*. Er kommt von jenem Teil in dir, der dein Leben anschaut und dir zuflüstert: *»So muss es nicht sein.«*

Natürlich ist es deine *Seele* selbst, die das flüstert. Sie führt dich auf der Heiligen Reise. Deine Seele zeigt dir nicht nur den Weg, sie *erschafft* ihn.

Doch sie *dirigiert* dich nicht.

Weil die Seele kein Diktator ist, der fordert und befiehlt, gehen dein Körper und dein Geist manchmal nicht in die gleiche Richtung wie deine Seele. Das ist wahre Freiheit, führt aber – wie man sich denken kann – im Leben manchmal zu … nun, wie sollen wir es ausdrücken?

Komplikationen.

— 8 —

ÜBERRASCHEND NEUES ÜBER KÖRPER UND GEIST

Die größten Komplikationen treten im Leben dann auf, wenn Seele, Geist und Körper alle in unterschiedliche Richtungen gehen. Damit du verstehst, wie so etwas geschehen kann, ist es hilfreich, noch mehr über die Gesamtheit deines Seins herauszufinden.

Die Erklärungen werden jetzt ein wenig komplizierter, aber es lohnt sich trotzdem, am Ball zu bleiben, denn wenn diese Untersuchung, diese Selbsterforschung, zu der dich dieses Buch einlädt, abgeschlossen ist, kann dies dein ganzes Leben verändern.

Das ist keine Übertreibung. Es ist eine vernünftige Erwartung.

~

Wegen der Komplexität des Ganzen präsentieren wir dir die Informationen (wie du sicher schon bemerkt hast) in kleinen, bekömmlichen Portionen. Wenn eine große Menge an komplexen Informationen dem Geist häppchenweise verabreicht wird, kann er sie viel leichter aufnehmen. Das liegt nicht etwa daran, dass der Geist beschränkt und wenig aufnahmefähig wäre, sondern daran, dass er zwischendurch kleine Ruhepausen benötigt. Wenn es dir also hilft, gönne dir an den im Buchtext dafür vorgesehenen Stellen eine kleine Verschnaufpause. Diese Stellen werden durch das Pausensymbol angezeigt:

~

Wenn du also bei der Lektüre zu einem dieser natürlichen Haltepunkte gelangst, kannst du, wenn du möchtest, genau das tun: innehalten. Dir eine kleine Pause gönnen. Deinen Geist entspannen. Vielleicht einen Moment über das nachdenken, was du gerade gelesen hast.

Ein wundervolles Hilfsmittel ist es, das, was du gerade gelesen hast, mit deinen eigenen Worten wiederzugeben, zum Beispiel indem du es in ein Tagebuch schreibst. So kannst du deine eigenen Gedanken zu den hier in diesem Buch präsentierten Gedanken an einem Ort festhalten, wo du sie immer wieder nachschlagen kannst. Das wird dann viel persönlicher für dich sein als ein gekauftes Buch, das vielleicht monatelang bei dir im Regal steht, bevor du wieder hineinschaust.

Viel öfter, als sie ein gekauftes Buch aus dem Regal nehmen und es erneut lesen würden, schauen die Leute in ihr persönliches Tagebuch. Das gilt selbst für gute Bücher, deren Lektüre sich als wertvoll erwiesen hat. Irgendwie ist ein Tagebucheintrag, bei dem du die hier gelesenen Ideen mit deinen eigenen Worten wiedergibst, für deinen Geist ein Jahr später viel überzeugender und angenehmer zu lesen als der Text hier im Buch.

Probiere es aus.

Noch ein Hinweis zu dem, was hier geschrieben steht:

Um es dir zu erleichtern, das viele, zum Teil etwas abstrakte metaphysische Wissen in diesem Text aufzunehmen und zu durchdenken, werden wir immer wieder auf einige der umfassenderen Konzepte zurückkommen und auch bestimmte einzelne Ideen mehrfach wiederholen.

Hier ist wieder eine solche Idee. Es ist eine wirklich große Idee und eine, über die viele Menschen noch nie nachgedacht haben.

Deine Seele besitzt auf ihrer Heiligen Reise eine ewige, kontinuierliche Identität, während dein Körper und dein Geist in ihrer jetzigen Identität nur für die gegenwärtige »Etappe« dieser ewigen Reise der Seele konfiguriert wurden.

Manche Menschen interpretieren das so, dass die Seele ewig lebt, während Körper und Geist sterben. Tatsächlich ist das die Standardinterpretation in den meisten traditionellen Religionen. Doch sie trifft nicht zu.

Körper und Geist sterben genauso wenig wie die Seele.

Das ist richtig. Körper und Geist sterben nie.

Wie schon gesagt, wird das für manche Menschen eine überraschende Information sein. Nein, das ist stark untertrieben. Es handelt sich um den wohl größten unbekannten oder noch nicht enthüllten Aspekt des Lebens. Ironischerweise ist es vermutlich auch der wichtigste.

Warum? Warum ist er wichtig? Weil er die Fragen, Wer Du Bist und Warum Du Bist, in einen ganz neuen Zusammenhang stellt – und wenn du dich im Leben künftig auf das konzentrieren willst, Was Wirklich Wichtig Ist, musst du diesen Zusammenhang unbedingt verstehen.

Der *wahre Grund* dafür, dass 98 Prozent der Weltbevölkerung 98 Prozent ihrer Zeit mit Dingen verbringen, die nicht wichtig sind, liegt darin, dass sie missverstanden haben, Wer Sie Sind und Warum Sie Hier Sind – und sie haben das missverstanden, weil sie glauben, dass Körper und Geist sterben, während die Seele ewig lebt.

Seelenwissen:
Körper und Geist sterben genauso wenig wie die Seele.

Sobald wir verstehen, dass wir dreiteilige Wesen sind und dass auch Körper und Geist *niemals* sterben, verändert sich unsere gesamte Sicht des Lebens. Untersuchen wir daher nun die komplexe Natur und Beziehung von Körper, Geist und Seele.

Jetzt, wo wir ernsthaft damit beginnen, diese neuen Ideen darzulegen und zu untersuchen, ist es gut möglich, dass du irgendwann denkst: »Das ist ja alles sehr interessant, aber was hat es mit mir zu tun? Was hat dieses ganze *esoterische Zeug* mit meiner realen Alltagserfahrung zu tun?« Du wirst später noch genug Gelegenheit haben, diese Zweifel zu artikulieren! Für den Moment bitte ich dich erneut um etwas Geduld, denn du kannst nicht entscheiden, was für dich wirklich wichtig ist, solange du nicht weißt und begreifst, was dieses »Du«, von dem hier geredet wird, eigentlich *ist* – auf diesen Punkt werden wir in diesem Buch immer wieder hinweisen. Hier also nun eine erste kurze Einführung in die wahre Natur dieses »Du«.

Alles im Leben ist physisch – einschließlich deiner Seele. Das, was du dir als »nicht physisch« vorstellst, ist eigentlich das, was du für »unsichtbar« hältst. Doch *sichtbar* und *physisch* sind nicht dasselbe. Vieles, was unsichtbar ist, ist dennoch physisch, wie du weißt.

Die meisten Menschen, die an die Existenz der Seele glauben, stimmen überein, dass die Seele ewig lebt. (Ob sie die Ewigkeit im »Himmel« oder in der »Hölle« verbringt, ist eine Frage unterschiedlicher theologischer Überzeugungen, aber die großen Religionen scheinen sich einig zu sein, dass die Seele unsterblich ist.)

Den meisten Menschen wurde aber nie gesagt, dass die essenzielle Energie, aus der dein Körper und Geist bestehen, gleichfalls nie zu existieren aufhört – im Gegensatz zur Seele verändern Körper und Geist aber ihre Form.

Man kann deinen Körper und deinen Geist also als »Gestaltwandler« bezeichnen. Auf ihrer Reise durch die Ewigkeit verändern sie ihre Gestalt oder Form. Sie tun das auf Geheiß der Seele. Die Seele verwendet jene essenzielle Energie, aus der Körper und Geist geformt werden, als ihr Werkzeug und Hilfsmittel.

Stell dir einen Mann vor, der aus weißglühendem Stahl eine neue Form schmiedet. Die Energie, aus der Körper und Geist bestehen, ist ähnlich formbar wie Stahl, solange sie »glühend heiß« ist – oder, in metaphysischen Begriffen ausgedrückt, wenn sie hell in dem Licht erstrahlt, das sie in ihrem Urzustand aussendet.

Die Gestalt von Körper und Geist verändert sich, wenn ihr energetischer Schwingungszustand seine Frequenz ändert – was der Fall ist, wenn ihre Energie in die physische Realität eintritt. Bestimmte Frequenzen dieser energetischen Schwingung können ganz oder teilweise jenen Körper formen, der für die Menschen unsichtbar ist. Der Geist (nicht zu verwechseln mit dem Gehirn, das Teil des Körpers ist) ist ein Beispiel für etwas Unsichtbares, dessen Existenz dennoch nachgewiesen werden kann. Er ist das Energiepaket, das dem Gehirn Leben einhaucht.

Nach dem sogenannten »Tod« sind Körper und Geist unsichtbar (der Körper wurde begraben oder verbrannt, der Geist ist einfach »verschwunden«). Aber das bedeutet nicht, dass sie nicht mehr existieren.

Der Körper existiert natürlich weiter, könntest du argumentieren. Er verändert entweder als zerfallender Leichnam seine Form oder er ist zu Asche geworden, die noch schneller von der umgebenden physischen Welt absorbiert wird.

Wir glauben, das wäre alles, woraus der Körper besteht – alles, was von ihm übrig ist. Wir sagen, der Körper sei auf diese Bestandteile reduziert worden. Aber in Wirklichkeit sind diese Überbleibsel lediglich seine *Rückstände*. Die sterblichen »Überreste« eines Menschen sind genau das: alles, was in sichtbarer Form »übrig bleibt«. Doch das ist nur der geringste Teil der energetischen Komponenten, die dein physisches Wesen ausmachen. Es handelt sich dabei nur um jenen Teil deiner physischen Energie, der weiterhin auf einer für das Auge sichtbaren Frequenz schwingt.

Deine physische Energie ändert zum größten Teil in jenem Moment, der »Tod« genannt wird, ihre Frequenz, was sie für das bloße Auge unsichtbar macht.

Auch jetzt schon, vor dem Tod, sind manche Teile deines Wesens nicht sichtbar. Es gibt Menschen, die in der Lage sind, etwas zu sehen, was gerne als »Aura« bezeichnet wird. Sie selbst beschreiben es als Energiefelder, von denen der menschliche Körper umgeben ist.

Diese Felder sind in Wahrheit Bestandteil des Körpers – und sind nur ein Beispiel dafür, dass der Körper unsichtbare Komponenten besitzt.

Im Moment des Todes beginnen Körper und Geist sich unverzüglich zu transformieren.

Um diesen Vorgang besser zu verstehen, stell dir einen brennenden Holzscheit in deinem Kamin vor. Ein großer Teil der Energie, die zuvor der Holzscheit *war*, wird bei ihrer Freisetzung unsichtbar. Sie verwandelt sich in mindestens drei neue Energieformen, die sich leicht identifizieren lassen: Licht, Wärme und Rauch. Nach diesem Transformationsprozess bleibt ein Rest zurück, den wir Asche nennen.

Es ist klar, dass die Asche nur 5 Prozent des zuvor viel größeren physischen Objektes ausmacht. *Was ist mit dem restlichen Holzscheit geschehen?* Kann man sagen, seine Energie sei »tot«? Nein. *Energie stirbt nie.* Energie ändert einfach nur ihre Form. Der Rest des Holzscheits ist »in Flammen aufgegangen«. Er wurde zur Wärme und dem Licht des Feuers.

Dein Körper und dein Geist transformieren sich auch auf diese Weise. Der größte Teil der Energieessenz, aus der dein Körper und Geist bestanden, wechselt die Form und existiert weiterhin in der Gesamtheit deines Seins. Nur ein winziger Rest bleibt zurück.

> **Seelenwissen:**
> ***Energie stirbt nie. Energie ändert einfach nur ihre Form.***

Dieser kleine Teil der Gesamtheit deines Seins ist das, was du zurückzulassen beschlossen hast. Auch er existiert weiter, aber nicht mehr *interdimensional.* Du hast einfach nicht den Wunsch, ihn noch länger bei dir zu tragen.

Er hat seine Aufgabe erfüllt. Du hast mit diesem Aspekt deines Selbst abgeschlossen. Also lässt du ihn in dieser speziellen Dimension des Immer und Ewig zurück. Das aber, was auch weiterhin der Seele dient, bleibt bei dir.

Später baut dieser Aspekt deines Körpers und deines Geistes sich entsprechend der Anweisungen der Seele neu auf. Er kann sich in der gegenwärtigen Ausdrucksform und Dimension neu aufbauen, sodass du in dieses Leben zurückkehrst, um es auf neue Art ein weiteres Mal zu leben. Oder er baut sich in einer anderen Ausdrucksform und Dimension neu auf, um ein »anderes« Leben als eine andere Person zu leben, das also, was ihr »Reinkarnation« nennt.

Während alledem ändert sich die Identität der Seele in keiner Weise. Sie ändert sich nicht und wird sich niemals ändern. Nur die Energieessenz von Körper und Geist wird neu aufgebaut, in einer neuen Version des Lebensausdrucks dieser jeweiligen Seele.

VON SCHNEEFLOCKEN UND BÄUMEN

Manche Menschen tun sich sehr schwer damit, das zu begreifen, woran du dich eben erinnert hast. Gewiss ist das der Grund, warum Jesus und viele andere Meister den Weg wählten, ewige Mysterien mithilfe von Gleichnissen und Geschichten zu erklären. Wir werden hier nun das Gleiche tun.

Um es erneut zu betonen: Dies geschieht keineswegs, weil der menschliche Geist so schwach und unentwickelt wäre. Der Grund ist vielmehr, dass der Geist mit so vielen Fehlinformationen gefüttert wurde, dass es in ihm buchstäblich keinen Platz für umfangreiche neue Inhalte gibt. Dieser Platz muss erst geschaffen werden, indem man alte Inhalte löscht.

Daher lade ich dich ein, einen großen Teil deiner alten Geschichten darüber zu löschen, was das Leben ist, was der Tod ist, wer Gott ist. So schaffst du Platz für eine Neue Geschichte.

Hier ist ein Gleichnis, das dir helfen wird, dich für diese Neue Geschichte zu öffnen …

Das Gleichnis von der Schneeflocke

Es war einmal eine Schneeflocke. Sie hieß Sara. Sara, die Schneeflocke, hatte einen Bruder namens Sam. Sam, die Schneeflocke.

Sara und Sam hatten ein gutes Leben – aber sie fürchteten sich vor dem Tag, an dem sie sterben mussten, an dem sie schmelzen und sich in nichts auflösen würden. Dann erschien ihnen eines Tages der Schnee-Engel. »Eine Schneeflocke lebt ewig. Wusstet ihr das?«, sagte der Engel, und dann erklärte er es ihnen:

»Die ersten Schneeflocken, die am Anbeginn der Zeit vom Himmel fielen, sind die gleichen, die auch heute vom Himmel fallen. Sie fallen als hoch individualisierte Verkörperungen vom Himmel. Es gibt nicht zwei Schneeflocken, die sich gleichen. In der ganzen Geschichte der Schneeflocken hat es niemals zwei gleiche Flocken gegeben.

In ihrer individuellen Gestalt sind alle Schneeflocken wunderschön. Jeder, der sie vom Himmel fallen sieht, bemerkt ihre erlesene Gestalt. Wenn es schneit, laufen die Menschen nach draußen und freuen sich an der Schönheit jeder Schneeflocke.

Wenn die Flocken landen, verschmelzen sie miteinander. Eine große auf dem Boden liegende Ansammlung von Flocken nennen die Menschen einfach ›Schnee‹. Sie sagen nicht: ›Seht euch diesen großen Haufen von Schneeflocken an.‹ Sie sagen: ›Das ist eine Menge Schnee.‹ Sie betrachten die Schneeflocken als eins. Und tatsächlich sind die Schneeflocken vereint und bilden ein Ganzes.«

Der Engel fuhr fort:

»Dann kommt die Sonne heraus, und der Schnee schmilzt. Eine nach der anderen verschwinden die Flocken. Doch in Wahrheit verschwinden sie überhaupt nicht. Sie ändern nur ihre Form. Nun werden sie zu Wasser, das sich in einer schimmernden Pfütze sammelt oder als Bach davonfließt.

Doch die Zauberwirkung der Sonne macht hier noch nicht halt, sondern lässt schließlich auch das Wasser verschwinden. Oder jedenfalls *scheint* es so. Doch in Wirklichkeit wechselt auch das Wasser nur die Form. Es verdunstet und steigt als unsichtbarer Dunst in der Luft empor. Hoch oben sammelt es sich, und wenn es sich ausreichend konzentriert hat, wird es wieder sichtbar – als Wolken.

Wenn sich immer mehr Dunst sammelt, werden die Wolken schwer von ihrer eigenen Feuchtigkeit. Schon bald fällt die Feuchtigkeit als Niederschlag wieder auf die Erde. Und wenn es dabei kalt genug ist, verwandelt sich der fallende Regen wieder in Schneeflocken – von denen keine der anderen gleicht, so wie es in der Geschichte der Schneeflocken immer schon war.«

Nun waren Sara und Sam so glücklich wie nie zuvor in ihrem Leben. Plötzlich war für sie alles … *kristallklar.*

Und so erkennen wir am Beispiel des Schnees den Zyklus des Lebens und die Geschichte auch deines Seins.

Es gab niemals eine Zeit ohne dich. Und es wird nie eine Zeit geben, in der du nicht existierst. Du kommst vom Himmel, nimmst als physischer Aspekt von Allem-was-ist individuelle körperliche Gestalt an. Wenn auch jede Verkörperlichung auf wunderbare Weise einzigartig ist, sind sie doch Alle das Gleiche. Und so verschmelzen sie zu einer einzigen Essenz, einem besonderen Lebensausdruck, den man »Menschheit« nennt.

Dann kehrt jede dieser individuellen Essenzen wieder in den Himmel zurück. Dabei wird sie jedes Mal unsichtbar.

Du bist also immer noch »da«, nur dass man dich mit bloßem Auge nicht mehr sehen kann. Dennoch existierst du und bist dir deiner selbst bewusst. Und so wirst du in neuer Verkörperung wieder in die Sichtbarkeit zurückkehren.

Und hier offenbare ich ein großes Geheimnis: Du bist niemals *nicht* »physisch«. Du bist nur manchmal etwas *weniger* physisch. So wie auch eine Schneeflocke immer physisch ist. Als Schnee ist sie physisch. Als Wasser ist sie physisch. Als Dampf ist sie physisch. Als Dunst ist sie physisch. Als Feuchtigkeit ist sie physisch. Sie mag für unsere Augen unsichtbar sein, aber sie ist trotzdem physisch. Wenn sie als Regen aus den Wolken fällt, ist sie physisch. Und wenn sie sich dabei unterhalb der von der Sonne beschienenen Wolken unter den Gefrierpunkt abkühlt, kristallisiert sie und wird wieder eine Schneeflocke.

Was für eine Reise die Schneeflocke unternommen hat! Immer wieder wechselt sie die Form, um schließlich als eine andere Schneeflocke zurückzukehren, die sich in großartiger Weise von ihrer früheren Gestalt unterscheidet, aber, dem Wesen nach, genau die gleiche ist.

Und was für eine Reise *hast auch du unternommen*! Es ist eine Heilige Reise mit einer Göttlichen Bestimmung.

~

Die Tatsache, dass Körper und Geist bei der Seele bleiben, wird untermauert durch die Zeugnisse (davon gibt es Tausende) jener Menschen, die eine sogenannte Nahtoderfahrung erlebten.

Diese Menschen berichten oft, dass ihr Geist alles, was geschah, als sie »auf die andere Seite hinübergingen«, voll bewusst miterlebte. In manchen Fällen sagen sie sogar, sie hätten sich dabei in ihrem vertrauten Körper befunden, der wieder bei bester Gesundheit war. Aber der Körper fühlt sich dann nicht »schwer« an wie eine zur Erde fallende Schneeflocke. Er ist leicht wie Dunst, wie eine Schneeflocke, die noch nicht auskristallisiert ist.

Viele berichten außerdem, sie seien »drüben« von geliebten Menschen begrüßt worden, die vor ihnen »hinübergingen« – und auch diese geliebten Menschen hätten Körper besessen und vollkommen heil und gesund ausgesehen, aber ihre Körper seien leicht wie Dunst gewesen.

Was wir damit sagen wollen, ist, dass alle Ausdrucksformen des physischen Lebens über die Fähigkeit verfügen, sich zu transformieren. Das haben alle Lebensformen auf der Erde gemeinsam.

Unmöglich!, sagst du … aber stimmt das?

»Ich brauche es gar nicht zu versuchen«, rief Alice.
»Etwas Unmögliches kann man nicht glauben!«
»Dir fehlt einfach die Übung«, entgegnete die Königin.
»Ich selbst übte es täglich eine halbe Stunde lang.
Manchmal habe ich schon vor dem Frühstück
sechs unmögliche Dinge geglaubt.«

Lewis Carroll
»Alice hinter den Spiegeln«
(5. Kapitel)

Trotzdem fällt es schwer, sich vorzustellen, dass das Leben ewig dauern könnte. Immer, unendlich, bis in alle Ewigkeit. Der Geist versucht vergeblich, sich das vorzustellen, zumal es ja nirgendwo anschauliche Beispiele dafür gibt. Oder gibt es sie doch …?

Die Wahrheit der Bäume

Könntest du für viele, viele Jahre am Fenster sitzen und einfach nur den Baum vor deinem Haus beobachten, würdest du sehen, dass der Baum niemals stirbt, sondern nur seine Form wechselt.

Darauf sagst du vielleicht: »Ja, aber er hat irgendwann angefangen zu sein. Er begann als Samen.« Doch woher kam dieser Samen? »Von einem anderen Baum«, sagst du. Aber was wäre, wenn es in Wirklichkeit ein und derselbe Baum wäre?

Stell dir einen Baum vor, der aus einem Samen hervorsprießt. Der Baum wächst und wächst und wächst, bis er eines Tages, vielleicht nach mehreren hundert Jahren, aufhört zu wachsen und das tut, was man »sterben« nennt. Doch er ist gar nicht gestorben. Er hat einfach einen *Prozess* durchlaufen, zu dem es gehört, Samen hervorzubringen, aus denen neue Bäume emporwachsen. Aber handelt es sich wirklich um *neue* Bäume ... oder ist es einfach *der alte Baum, der wieder von vorne beginnt?*

Wenn ein Baum zu der größten Höhe emporgewachsen ist, die er in seiner gegenwärtigen Form erreichen kann, fällt er zu Boden. Doch die Samen, die er in den vielen Jahren zuvor auf den Boden fallen ließ, sind nicht wirklich etwas anderes als er. Sie sind *Teil des Baumes*, so wie ein Tropfen Meerwasser Teil des Ozeans ist. Wir geben einfach nur demselben Ding unterschiedliche Namen, da es uns in unterschiedlichen Formen begegnet.

Wenn der Baum eine Samenkapsel fallen lässt, wirft er damit *sich selbst* auf den Boden. Dann erlebt er, wie er selbst aufs Neue emporwächst, in einer Form, die *ein anderer »Körper« zu sein scheint.* Und doch ist es *derselbe* »Körper«, der kleiner geworden ist und dann wieder größer wird. Er hat sich transformiert.

Man kann Bäume oder andere Pflanzen sogar dazu veranlassen, dies mitten in ihrem Wachstumszyklus zu tun, indem man einen Zweig abschneidet und ins Wasser stellt. Er treibt dann Wurzeln aus und kann eingepflanzt werden.

Ist das nun *ein anderer Baum*? Oder, Wunder über Wunder, ist es derselbe Baum, der abgeschnitten und wieder eingepflanzt wurde? *Wo endet der eine Baum und wo beginnt der andere?* Bedeutet die

Tatsache, dass sie physisch voneinander getrennt wurden, dass sie nicht länger ein und dasselbe Wesen sind?

In unserer begrenzten menschlichen Sichtweise haben wir physische Trennung mit wesenhafter Verschiedenheit gleichgesetzt. Aber was ist, wenn es auf der Ebene der eigentlichen Lebensessenz gar keinen Unterschied gibt?

Tatsächlich gibt es keinen solchen Unterschied. Und genau das ist mit dem Ewigen Leben gemeint.

Es wohnt *jeder Lebensform inne, die existiert.* Von Sternen und Planeten bis zu ganzen Sonnensystemen, ja sogar ganzen *Universen.* Von Menschen und Schneeflocken und Bäumen bis zu ganzen Ökosystemen und allem *in* diesen Systemen – jeder Aspekt des Lebens erfährt die Tatsache seiner eigenen ewigen Existenz und seiner eigenen energetischen Essenz entsprechend seinem jeweiligen Grad an Bewusstheit.

Was ist nun diese *Essenz,* dieser Wesenskern, der sich von einer Schneeflocke zur nächsten, von einem Baum zum nächsten, von einem Sonnensystem zum nächsten, von einer »Verstofflichung« zur nächsten, von einer »Lebensspanne« zur nächsten überträgt?

Es ist Das Einzige Ding, Das Existiert, und es *transformiert sich unaufhörlich.* Es ist Göttlichkeit, unteilbar und doch individuell sichtbar gemacht, wieder und wieder, durch jene Form des Selbstausdrucks, die wir Leben nennen.

Es ist die eine Einzige Seele, *wiedergeboren.* Es ist das Eine Ding, *vervielfacht.* Es ist Gott *in sich wandelnder Gestalt.*

Es War Am Anfang, Ist Jetzt und Wird Immer Sein. Welt ohne Ende.

Es ist Du.

— 10 —

NOCH MEHR, WORAN DU DICH ERINNERN SOLLTEST

Okay, es ist fair, wenn du jetzt sagst: »Das ist ja alles sehr poetisch und auch durchaus informativ, aber was hat es denn nun mit mir zu tun, mit meinem Leben, meinen Leiden, Herausforderungen und Problemen und auch mit meinen Freuden? Könnte mir jetzt bitte der Bezug zu meinem persönlichen Leben gezeigt werden? Und wenn das nicht möglich ist, dann bin ich an einer Fortsetzung dieser Diskussion nicht interessiert. Ich möchte herausfinden, was es mit dem *Leben* wirklich auf sich hat. Ich will wissen, Was Wirklich Wichtig Ist. Ich bin nicht hierhergekommen, um mich mit Feinheiten der universellen Kosmologie zu befassen.«

Es ist fair, dass du an diesem Punkt ungeduldig wirst. Es ist völlig normal, wenn du so reagierst. Der menschliche Geist tut genau das schon ziemlich lange – nämlich die Leute Augen und Ohren gerade vor dem verschließen lassen, was in ihrer Situation für sie am hilfreichsten wäre. Das, was »fair« erscheint, muss keineswegs immer hilfreich sein.

Am Ende des vorigen Kapitels wurde argumentiert, *dass deine Seele und die grundlegende Essenz des Lebens ein und dasselbe sind*, in sich wandelnder Form. Das heißt: Du und alle anderen Wesen und Dinge sind in Wirklichkeit Eins. Sie unterscheiden sich in Form und Beschaffenheit, aber in ihrem eigentlichen Wesenskern, ihrer Essenz, sind sie identisch.

Für diese Informationen scheint es im Moment keine praktische Anwendungsmöglichkeit zu geben, aber warte. Der beste Teil dieser Untersuchung hat gerade erst begonnen.

~

Du bist hierhergekommen, um dich an noch viel mehr zu erinnern als einfach daran, dass die sich durch die Zeit bewegenden »Reisegefährten« namens Körper, Geist und Seele die Gesamtheit deines Seins bilden oder dass die Seele ewig in unveränderlicher Form existiert, während Körper und Geist unterwegs ihre Form ändern.

Die Tatsache, dass auch dein Körper und dein Geist wie deine Seele ewig existieren, stellt dein Leben in einen neuen Zusammenhang. Das *Wie* und *Warum* deines Lebens findet dadurch eine dramatisch andere Erklärung – denn es ergibt sich daraus, dass dein Körper, dein Geist und deine Seele *gleichberechtigte Teile deiner selbst sind* und *dass sie dazu bestimmt sind, sie gemeinsam zu gebrauchen und einzusetzen.* Aber leider gebrauchen die meisten Leute sie normalerweise nicht auf diese Weise. Es gibt auf der Welt bislang nur sehr wenige Menschen, die in harmonischem Einklang gleichermaßen aus Körper, Geist und Seele handeln.

Das liegt in erster Linie daran, dass der Durchschnittsmensch Körper und Geist nicht als Teil eines Triumvirates betrachtet. Jedenfalls nicht in praktischer Hinsicht – theoretisch vielleicht, aber nicht im Alltag. Und doch sind sie Aspekte der dreifaltigen Gesamtheit deines Seins. *Dieses Wissen* lässt dich erkennen, dass deine Seele zwar die Führung auf dem Weg übernimmt, dein Körper und dein Geist aber ebenso frei daran mitwirken. Auf deiner ewigen Heiligen Reise sind sie nicht weniger wichtig als die Seele.

Da sie frei sind, *müssen sie der Seele nicht zwangsläufig auf ihrem Weg folgen.* Und *das* ist nun wirklich eine alles andere als belanglose Information!

Während im vorigen Kapitel Gleichnisse und Geschichten zur Hilfe genommen wurden, wollen wir nun zur Metapher greifen.

Dem Lexikon zufolge ist eine Metapher »ein Begriff, der im übertragenen Sinn oder symbolisch für einen anderen gebraucht wird, insbesondere für etwas Abstraktes«.

Nun, es gibt wenige Dinge, die abstrakter sind als die Heilige Reise, also könnte die Metapher hier ein nützliches Hilfsmittel sein.

Die Metapher des Lebenspfades

In dieser symbolischen Geschichte darüber, wie die Dinge sind, bewegen sich dein Körper, dein Geist und deine Seele auf einem Pfad voran. Es handelt sich um den Pfad der Seele, nicht weil die Seele ihn allein beschreitet, sondern weil sie die Führung innehat.

Doch obwohl die Seele führt, verlangt sie von ihren Gefährten nicht, ihr zu folgen. Also geschieht es manchmal, dass dein Körper und dein Geist vom Heiligen Pfad abkommen und sich nach links oder rechts in die Büsche schlagen, um auf eigene Faust Abenteuer zu erleben.

Eine Zeit lang kann es Spaß machen, allein im Wald herumzustapfen, wenn du dir einredest, du wärst nur dein Körper und dein Geist. Aber früher oder später wird dir klar, dass du viel mehr als das bist … und du erkennst, dass du jede Menge Zeit vertrödelst, statt auf dem Weg Fortschritte zu machen, den dieses Viel-Mehr in dir gehen möchte.

Der amerikanische Dichter Robert Frost hat dieses Gefühl wunderbar in der folgenden Strophe eines seiner berühmtesten Gedichte eingefangen:

Der Wald lockt mich mit dunkler Schönheit.
Die Pflicht aber lässt mir keine Zeit,
denn mein Weg ist noch weit,
mein Weg ist noch weit.

»Abendliche Rast am tief verschneiten Wald«
Robert Frost

Deine Pflicht – das sind die Versprechen, die du dir selbst gegeben hast. Du hast versprochen, mehr aus diesem Leben zu machen als das, was es nach der vorherrschenden Meinung zu sein scheint; *in* diesem Leben mehr zu sein, als du zu sein scheinst; und diesem Leben mehr zu geben, als du empfängst – sodass das Leben selbst mehr wird als zuvor, ihm neue Ausdrucksformen erschlossen werden. Denn es ist die Funktion des Lebens, durch den Lebensprozess mehr Leben zu erschaffen.

Deine Versprechen, als Teil von alledem, hast du nicht auf der Ebene des Geistes gegeben. Sie wurden auf der Ebene der Seele gegeben, vor deiner Geburt. Und natürlich ist das Wort »Versprechen« ein menschlicher Begriff, der einfach benutzt wird, um eine Idee zu veranschaulichen. Eine genauere Bezeichnung wäre vielleicht »Prozesse«.

Es sind jene Prozesse, die das Leben benutzt, um den Fortbestand des Lebens sicherzustellen. Diese Prozesse sind deinem physischen Sein als Teil deiner DNA eincodiert – man könnte die DNA daher auch GNB nennen: Göttliche Natürliche Bewusstheit (engl.: Divine Natural Awareness).

Wenn Menschen die fundamentalen Prozesse des Lebens vergessen oder ignorieren, weichen sie vom Pfad der Seele ab – welcher der kürzeste Pfad dahin ist, wohin alle Menschen sich sehnen.

Die Ironie liegt dabei darin, dass sich die Menschen dann, wenn sie vom Pfad der Seele abweichen, darüber beklagen, sie würden in ihrem Leben *auf der Stelle treten, nicht weiterkommen.*

Das ist die praktische Konsequenz, wenn Körper und Geist eigene Wege gehen – in manchen Religionen nennt man das den Freien Willen. Nun weißt du, warum das alles hier so ausführlich erforscht wird. Es geht um weit mehr als eine *esoterische* Kosmologie. Es geht um *ganz konkrete Folgen* für das tägliche Leben.

Seelenwissen:
Den langen Weg zu gehen ist etwas anderes, als den falschen Weg zu gehen.

Die gute Nachricht ist aber, dass es dir vom Standpunkt deines Körpers und deines Geistes aus zwar so vorkommen mag, als würdest du auf der Stelle treten, doch in Wahrheit trifft das gar nicht zu. Du trittst nicht auf der Stelle, du bewegst dich weiter auf dein Ziel zu, aber weil du vom Pfad der Seele abgewichen bist, gehst du nun *den langen Weg.*

Den *langen* Weg zu gehen ist etwas anderes, als den *falschen* Weg zu gehen.

Sich daran zu erinnern ist für jeden Menschen sehr, sehr wichtig. Diese Erkenntnis bewirkt, dass Verzweiflung sich in Hoffnung verwandeln kann. Das ist wunderbar, denn Verzweiflung ist blind, *die Hoffnung aber hat Augen.*

Du kannst nun sehen, dass *andere* ebenfalls vom Heiligen Pfad abgekommen sind und sich tief im Wald verlaufen haben. Doch jene, die vor dir dort unterwegs waren, haben das Unterholz niedergetrampelt und in ihrer Eile, wieder auf den leichteren Weg zurückzugelangen, unbeabsichtigt Zweige abgeknickt. Wenn du genau hinschaust, können diese Spuren dir *den Weg zurück auf den Heiligen Pfad* weisen.

Es mag also so aussehen, als hättest du dich verirrt, doch du kannst deinen Pfad wiederfinden, indem du weitergehst und dabei auf die Zeichen am Wegrand achtest.

Die Herausforderung besteht dabei natürlich darin, diese Zeichen zu entdecken.

Dies ist ein solches Zeichen. Schenkst du ihm Beachtung? Achtest du darauf, was deine Bewusstheit dir hier zeigen möchte?

— 11 —

DIE WICHTIGSTE FRAGE DEINES LEBENS

Liebe Leserin, lieber Leser … verstehe bitte, dass das, was du im vorigen Kapitel gehört hast, keine bloßen Wortspiele sind. Es ist, unter Zuhilfenahme von Metaphern, eine klare Beschreibung der Situation, in der sich sehr viele Menschen befinden. Vermutlich die meisten.

Manche Leute, die vom Pfad der Seele abgekommen sind und sich somit auf dem langen Weg hin zum ersehnten Ziel befinden, sagen von sich, sie hätten das Gefühl, sich verirrt zu haben, und wüssten nicht, wohin. Das kann uns auf unserer Heiligen Reise jederzeit passieren, früher oder später … und mehr als einmal.

Daher werden wir die Metapher nun fortführen und ergänzen, damit du ein noch klareres Bild dessen gewinnst, was hier vor sich geht.

Die Metapher des Lebenspfades – 2. Teil

Stell dir vor, dass der Wald, durch den du wanderst, ein Wald im Gebirge ist.

Zwar führt die Wanderung bergauf und ist anstrengend, doch es gibt einen klaren, gut erkennbaren Pfad, der die Herausforderung zu einem anregenden und erfreulichen Erlebnis macht.

»Herausforderungen« müssen nicht negativ oder mühselig sein. Bestimmte Herausforderungen im Leben können aufregende, wunderbare, lohnende Erfahrungen sein. Wenn du jedoch zu weit vom Heiligen Pfad der Seele abkommst und versuchst, durch den dichten Wald auf den Berggipfel zu gelangen, kann deine Reise schmerzhaft und mühselig werden.

Nun könntest du einen Bergführer gut gebrauchen, einen Sherpa.

Und der ist nicht weit: deine Seele.

Es gibt gute Gründe dafür, dass die Seele auf dieser Wanderung die Führung übernimmt. Sie ist schon auf dem Gipfel gewesen. *Daher kennt sie den Rückweg* – und ihr Weg ist der schnellste Weg.

Tatsächlich ist deine Seele auch jetzt im Moment auf dem Gipfel.

Du hast ganz richtig gehört: Die Seele »geht« nirgendwohin. Sie ist bereits dort, wo Körper und Geist gerne hinwollen. Die Seele ist, wie Gott, bereits jetzt – und immer und ewig – heil, vollständig und vollkommen. Sie braucht nichts, und ihr fehlt nichts. Sie entscheidet sich einfach dafür, sich in ihrer Erfahrung selbst zu kennen. Darin ist sie genau wie Gott. Tatsächlich *ist* sie Gott in individualisierter Form.

Die Gesamtheit deines Seins – also Körper, Geist und Seele *vereinigt* – ist somit sowohl Reisender als auch Reiseziel. Ein Teil dieser Gesamtheit befindet sich auf der Reise, und ein Teil befindet sich immer schon am Ziel der Reise.

Seelenwissen:
Es gibt mehr als einen Weg zum Berggipfel, und es gibt nicht den einen richtigen Weg, wie man dort hinaufgelangt.

Der Zweck der Reise besteht darin, der Gesamtheit deines Seins jene Erfahrungen zu ermöglichen, die das, was man deine Seele nennt, bereits kennt. Sie weiß bereits, was du auf deiner Reise über dich herausfinden wirst.

Indem du dein Selbst in drei Teile unterteilst, kannst du deine wahre Identität *zugleich kennen und immer wieder aufs Neue erfahren und entdecken*: Dein Körper und dein Geist verändern von Leben zu Leben ihre Form, während die Seele ihre ursprüngliche und einzige Form ewig beibehält.

Dass Körper und Geist immer wieder neue Gestalten annehmen, ermöglicht es der Seele, in endlos *verschiedenen* Ausdrucksformen die zyklische Wiedervereinigung mit Gott zu erfahren, während Körper und Geist immer neue Wiedervereinigungen mit der Seele erleben.

Was die Seele auf der Makroebene tut, tun Körper und Geist auf der Mikroebene. Es handelt sich immer um die gleiche Reise, die, überall im Kosmos, von jeder Lebensform auf die ihr jeweils eigene Weise unternommen wird.

Auf deiner Reise ist es nicht so, dass die Seele dich zu deiner Bestimmung *hinführt.* Vielmehr *ruft* sie dich dorthin. Die Seele zeigt dir den Weg, und indem sie *vom anderen Ende her* das Dickicht beiseiteräumt, wenn sie sich mit deinem Körper und Geist verbindet, erschafft sie den Weg. Aber, wie schon gesagt, wird sie niemals darauf *bestehen*, dass du diesen Weg *nimmst.*

Die Seele weiß, dass *mehr als ein Weg auf den Berggipfel führt* und dass es nicht den einen »richtigen« Weg gibt, um dorthin zu gelangen. Manche Wege sind *kürzer* als andere, aber deswegen sind sie nicht »richtiger«. Sie sind einfach nur kürzer.

Kürzer muss auch nicht bedeuten, dass ein solcher Weg einfacher wäre. Er ist nur direkter, sodass du mit jedem Schritt sinnvollere Fortschritte machst und deshalb weniger Zeit und Energie aufwenden musst.

Und natürlich meint »kürzer« hier irdische Zeitbegriffe, also die Anzahl von Monaten oder Jahren des Menschseins, die ein Individuum benötigt, um die Heilige Reise zu vollenden und seine Bestimmung zu erfüllen.

Und *Erfüllung* ist es, worum es bei dieser Reise geht.

Erfüllung ist das Ziel.

Erfüllung ist der Plan.

Sie ist der Antrieb, das Ziel, der Wunsch.

Sie ist die Absicht und das, worauf sich aller Ehrgeiz richtet.

Sie ist der Messingring. Sie ist der Heilige Gral.

Nun müssen wir uns nur noch klarmachen, *wie* man Erfüllung findet. Wie »sieht sie aus«?

Wenn die Zielsetzung der Seele darin besteht, auf ihrer Heiligen Reise Erfüllung zu erlangen (und so ist es in der Tat), gibt es im Leben nur eine wirklich wichtige Frage:

Wie dient das, was ich gerade tue, der Zielsetzung meiner Seele? !

— 12 —

EINE UMFASSENDE DEFINITION FÜR »ERFÜLLUNG«

Da haben wir es also: Das Ziel der Seele besteht darin, durch die Heilige Reise Erfüllung zu finden. Nur dadurch, dass Körper, Geist und Seele auf der Heiligen Reise zur Erfüllung gelangen, kann die Gesamtheit deines Seins ihre Göttliche Bestimmung erfüllen.

Über diese Bestimmung haben wir uns noch nicht geäußert (das wird im 14. Kapitel geschehen). Und auch darüber, Was Wirklich Wichtig Ist, haben wir noch nicht gesprochen.

Eins nach dem anderen. Doch eines musst du wissen: Die Zielsetzung der Seele, die Heilige Reise und die Göttliche Bestimmung sind Facetten desselben Diamanten.

Geist und Körper rufen jeden Tag voller Verwunderung: *Es gibt so viel zu sehen! Es gibt so viel zu tun! Es gibt so viele Freuden, so viel Angstmachendes, so viel Aufregendes, so viele mögliche Sorgen, so viel, mit dem man seine Zeit verbringen kann! Worauf soll ich mich konzentrieren? Was verdient meine Aufmerksamkeit?*

Täglich antwortet die Seele auf diese Hilferufe deines Körpers und deines Geistes, indem sie der Gesamtheit deines Seins sagt, worauf die Gesamtheit sich konzentrieren soll.

Körper und Geist sind aber nicht immer überzeugt, dass dies »der richtige Weg« ist. Geist und Körper macht der Heilige Pfad nicht immer Freude. Oft ist es ein viel faszinierenderes Abenteuer, im Wald an einem verschneiten Winterabend durch unbekanntes Terrain zu stapfen. Im Vergleich dazu kann der Pfad der Seele langweilig wirken.

Dass die Reise als »heilig« bezeichnet wurde, bedeutet keineswegs, dass man keine Freude und Anregung bei weltlichen Aktivitäten suchen soll. Es heißt nicht, dass man die aufregenden und schönen Seiten des Lebens nicht genießen soll.

Das genaue Gegenteil trifft zu. Da es für dich immer weniger geben wird, um das du dich sorgen musst – und schließlich nichts mehr, vor dem du dich fürchtest –, wirst du endlich in der Lage sein, dein Leben voll und ganz auszukosten.

Du wirst dein Leben *wirklich* leben. Aber was heißt das? Wie sieht ein erfülltes Leben aus? Ein Leben, das angefüllt ist mit Erfolg, Glück, einem liebevollen Familienleben, mit Kindern, die voller Freude großgezogen und dann auf einen freudvollen Pfad entlassen werden? Ein Leben, reich an Aktivität und Erfahrung? Was genau *ist* ein erfülltes Leben?

Es ist ein Leben, das dir die höchste Befriedigung schenkt, eine Befriedigung, die weit über die genannten Dinge hinausreicht. Es ist ein Leben, das dem Pfad der Seele folgt.

Wenn du dem Pfad der Seele folgst, wirst du viele, wenn nicht alle Dinge tun, die du auch tun würdest, wenn du von diesem Pfad »abweichst« – aber du wirst sie *aus einem anderen Grund* tun und damit auf völlig neue Weise: auf eine Weise, bei der du dem wahren Wesen der Seele mithilfe deines Körpers und deines Geistes vollen physischen Ausdruck verleihst.

> **Seelenwissen:**
> ***Wenn du der Essenz (also dem wahren Wesen) der Seele durch Erfahrung Ausdruck verleihst, begegnet die Gesamtheit deines Seins dem Göttlichen.***

Wenn metaphysische Essenz physisch zum Ausdruck gebracht wird, werden Erfahrung und Bewusstheit eins, und die Gesamtheit deines Seins erlangt Erfüllung. Und wenn die Gesamtheit deines Seins Erfüllung findet, erlebst du die größte Freude, die du dir nur vorstellen kannst: die Glückseligkeit, das Göttliche zu erfahren, das dich als du selbst durchströmt.

Hier nun eine ganz wichtige Information für dich: *Dieser Vorgang ist nichts Einmaliges.* Er kann während eines einzigen physischen Lebens viele Male geschehen. Tatsächlich kann er sogar während eines einzigen Tages viele Male erlebt werden. Denn es ist Ziel und

Plan der Seele, die perfekten Bedingungen dafür zu schaffen, dass er *in jedem Moment* geschieht, sodass jeder Moment zu einer Heiligen Erfahrung wird. Das ist das erfüllte Leben!

Vielleicht wusstest du bereits, dass du dem Plan der Seele Aufmerksamkeit widmen solltest, aber möglicherweise wurde dir noch nicht klar gesagt, wie wichtig das für dein persönliches irdisches Wohlergehen ist.

Ja, nicht nur für dein spirituelles Wohlergehen, sondern auch dein körperliches, emotionales, soziales und sogar finanzielles.

Nichts anderes im Leben kann dir so schnell so viel Sicherheit, Gesundheit, Wohlstand, Glück und inneren Frieden bringen wie die Erfüllung des Plans deiner Seele. Natürlich wurde dir das genaue Gegenteil erzählt. Es gibt, so lauteten die Ratschläge, viele andere Dinge, denen du Aufmerksamkeit widmen solltest.

Dir wurde gesagt, um glücklich zu werden, bräuchtest du den richtigen Mann oder die richtige Frau, das Auto, den Job, das Haus, eigene Kinder, den noch besseren Job, die Beförderung, die Enkelkinder, das graue Haar, das Büro auf der Chefetage, die teure Uhr als Pensionsgeschenk, die Krankheit, die weihevollen Nachrufe, den perfekten Abgang.

Dir wurde gesagt, du müsstest Gottes Befehlen gehorchen, Gottes Willen tun, Gottes Gesetze befolgen, Gottes Wort verbreiten und Gottes Zorn fürchten, denn wenn du dereinst vor Gottes Richterstuhl treten würdest, müsstest du um Gottes Gnade flehen – und je nachdem, was du angestellt hast, würde er sie dir verweigern und dich zu ewiger, unerträglicher Folter in den Flammen der Hölle verdammen.

Dir wurde gesagt, dass nur die Tüchtigen überleben und der Sieger alles bekommt; dass Mitgefühl mit den Schwachen sich nicht lohnt und Reichtum alles ist; dass jeder für sich allein kämpft und der Zweck die Mittel heiligt; dass man im Schweiße seines Angesichts sein Brot verdienen muss, dass man sich anpassen und niemals aus der Reihe tanzten soll und so liegt, wie man sich bettet.

Dir wurde gesagt, dass Gott dir keine zweite Chance gibt; dass jeder gegen jeden kämpft und die kleinen Leute immer die Dummen sind; dass der Schuster brav bei seinen Leisten bleiben soll, dass man nicht alles haben kann und den Tag nicht vor dem Abend loben soll.

Dein Geist wurde regelrecht vollgestopft mit diesen und noch vielen anderen Botschaften. Angesichts der Alltagsrealität, die du dir, weil du es nicht besser wusstest, auf Grundlage dieser Botschaften erschaffen hast, grenzt es an ein Wunder, dass du überhaupt noch Freude oder Anregung im Leben findest.

Und hier in diesem Buch wird dir nun gesagt, das, was im Leben wirklich wichtig ist, habe *nichts* mit diesen althergebrachten Botschaften zu tun. Das fehlende Puzzlestück dreht sich ausschließlich darum, wie du auf der Heiligen Reise der Seele Erfüllung erlangen kannst. Kann das wahr sein?

Ja, es ist wahr.

Aber sei unbesorgt, wenn du dem Ruf deiner Seele folgst, musst du dafür nicht dem guten Leben entsagen. Den Plan der Seele zu erfüllen wird dir zu allem verhelfen, was dein Körper und dein Geist gerne genießen möchten. Es geht nicht darum, einen Aspekt des Lebens für einen anderen zu opfern.

Darauf kannst du vertrauen. Richte deine Aufmerksamkeit darauf, das »Programm« deiner Seele zu erfüllen, dann wird alles andere im Leben – nicht nur deine Wünsche, sondern auch alles, was du zu brauchen glaubst – dir ganz von allein zufließen. Alles fügt sich dann wie von selbst. Oder, um jemanden zu zitieren, der das viel eloquenter zu formulieren verstand:

Macht euch also keine Sorgen und fragt nicht:

Was sollen wir essen?
Was sollen wir trinken?
Was sollen wir anziehen?
Euer himmlischer Vater weiß,
dass ihr das alles braucht.

Euch aber muss es zuerst um sein Reich
und um seine Gerechtigkeit gehen;
dann wird euch alles andere dazugegeben.

Das »Reich des himmlischen Vaters«, das »himmlische Königreich«, und die »Vollendung der Heiligen Reise« beziehen sich auf die gleiche Erfahrung. Das Problem besteht aber darin, dass dir, jedenfalls in letzter Zeit, niemand erklärt oder beschrieben hat, was diese Erfahrung eigentlich *ist* oder was man tun muss, um sie machen zu können.

Das himmlische Königreich ist kein physischer Ort, sondern ein Seinszustand. Man ist in diesem Zustand, wenn man Erfüllung findet. Menschen fühlen sich »im Himmel«, wenn sie nichts mehr sein, tun oder haben müssen, um inneren Frieden, völlige Liebe und absolute Glückseligkeit zu erfahren, weil Alles-was-ist und alles, was sie sich je wünschen könnten, im Hier und Jetzt für sie vollständig präsent ist, zum Ausdruck gebracht und erlebt wird.

In diesem Zustand bis du vollständig und vollendet. Du findest Erfüllung.

Der Plan der Seele ist es, die Gesamtheit deines Seins in genau diesen Zustand zu versetzen. Dann kann jener Aspekt des Lebens, der »Du« genannt wird, jenen Aspekt des Lebens zum Ausdruck bringen, erfahren, widerspiegeln, demonstrieren und *personifizieren*, der Göttlichkeit genannt wird.

Das ist dein Grundinstinkt.

Zu überleben ist der Grundinstinkt der meisten chemischen und biologischen Lebensformen. Er veranlasst Blumen, sich der Sonne zuzuwenden. Er lässt Vögel in wärmere Gegenden fliegen. Er lässt Schildkröten sich in ihren Panzer zurückziehen, um sich zu schützen. Er bewirkt, dass Löwen brüllen und Klapperschlangen klappern.

Das Überleben ist aber nicht der Grundinstinkt des Menschen – und keines anderen gefühlsbegabten Wesens im Kosmos, das hoch genug entwickelt ist, um sich seiner selbst bewusst zu sein.

Bei solchen Wesen ist Göttlichkeit der Grundinstinkt.

Seelenwissen:
Das himmlische Königreich ist kein physischer Ort, sondern ein Seinszustand.

Wäre Überleben dein Grundinstinkt, würdest du von dem brennenden Haus *weglaufen*. Du jedoch stürzt dich in die Flammen, weil du drinnen ein Kind schreien hörst. *In diesem Moment steht nicht dein persönliches Überleben im Vordergrund.*

Wäre Überleben dein Grundinstinkt, würdest du vor dem Mann mit der Pistole davonlaufen. Aber du stellst dich zwischen ihn und den Menschen, den er bedroht. *In diesem Moment steht nicht dein persönliches Überleben im Vordergrund.*

Etwas tief in dir, etwas, das du nicht beschreiben kannst und für das du keinen Namen hast, ruft dich in solchen Momenten dazu auf, der höchsten Stufe deines Wahren Seins Ausdruck zu verleihen.

Menschen, die etwas Derartiges tun, drücken das später, wenn sie von Zeitungsreportern interviewt werden, natürlich niemals so aus. Sie sagen einfach, sie hätten *instinktiv* gehandelt. Aber dann kann es sich eindeutig nicht um den Überlebensinstinkt gehandelt haben, denn sie haben ihr Leben aufs Spiel gesetzt, um andere Menschen zu retten. Und doch hatten sie dabei keine Angst – sie *dachten* überhaupt nicht an Angst –, weil ihr Wahres Sein *wusste*, dass es nicht ums Überleben geht. Es *weiß* jederzeit, dass ihr Überleben garantiert ist. Es steht außer Frage, dass sie überleben werden und die einzigen Fragen lauten: Wie? In welcher Form? Und warum? Zu welchem Zweck?

Das sind, in Momenten der Selbsterkenntnis, die einzigen echten Lebensfragen. Und in diesen Momenten der Selbsterkenntnis denken und handeln Geist und Seele vereint.

Augenblicklich.

Dein Grundinstinkt als Mensch kommt zum Vorschein, wenn die Gesamtheit deines Seins sich vollständig an das Göttliche erinnert, es in sich selbst wiedererschafft und sich mit ihm wiedervereinigt.

So, wie die winzigste Zelle in dir Teil deines Körpers ist, existiert jedes Element des physischen Lebens als Teil von Gottes Körper. Wenn die Erfahrung des Geistes und das Wissen der Seele sich vereinen, um einen höheren Bewusstseinszustand hervorzubringen, entscheiden die Menschen sich dafür, sich wieder als Teile von Gottes Körper zu erfahren. Damit vollendet sich ihr Dasein. Sie leben im Zustand der Erfüllung.

— 13 —

DIE EVOLUTION ENDET NIE

Diese Erfüllung ist eine Erfahrung reiner Ekstase, weil sich dabei die Gesamtheit deines Seins mit *Dem Sein* wiedervereinigt.

Du erlebst dich wieder als Teil Gottes. Du kehrst nach Hause zurück. Erinnern wir uns an Em Claires Worte:

Mit großer Unschuld
ruderte ich hinaus aufs offene Meer;
ich habe mein Zuhause vor so langer Zeit verlassen,
dass ich mein Gesicht nicht wiedererkennen würde,
aber ich weiß, dass das Zuhause
zu Hause
sich an mich erinnert.

Diese heilige Bewusstheit kann in jedem Moment auftreten und in vielen Momenten im Leben eines Menschen.

Dass dies möglich ist, liegt an der Natur der Heiligen Reise, denn diese Reise verläuft zyklisch. Sie wird auf sich stetig erweiternden Ebenen der Manifestation immer wieder unternommen und vollendet. Es ist ein wenig so wie in der Schule, wo man Schuljahr für Schuljahr jeweils die nächsthöhere Klasse besucht.

In der dritten Klasse lernt man, das Wissen anzuwenden, an das man in der ersten und zweiten Klasse herangeführt wurde. Und in jedem Schuljahr begegnet man Neuem: neue und größere Herausforderungen, die Chance, mehr zu bewältigen und zu meistern.

Diese Analogie mag nützlich sein, ist aber unvollkommen, weil das Leben keine Schule ist (obwohl uns das von spirituellen Lehrern gesagt wurde). *In Wahrheit gibt es nichts, was du lernen müsstest.*

Wie der Baum vor deinem Fenster, in dessen Samen alle Informationen gespeichert sind, die es braucht, damit der Baum wieder zu dem wird, was er war, wusstest auch du schon von Geburt an alles, was du wissen musstest, um das volle Potenzial entfalten zu können, das dir mitgegeben wurde.

Datürlich wurdest du für eine höhere Bewusstseinsebene codiert als der Baum, aber in mancher Hinsicht bist du ihm nicht unähnlich. Auch du wächst nämlich stufenweise. Wie die Jahresringe eines Baumes steht jede Phase deines Lebens für eine spezielle Stufe deiner Entwicklung.

Seelenwissen:
Es gibt nichts, was du lernen müsstest.

Ein Baum hat viele Jahresringe, und auch du beginnst und vollendest während eines einzelnen Lebens Hunderte von Wachstumsphasen. Und jedes Mal wenn du eine dieser Phasen abgeschlossen hast, warten größere Aufgaben und Ziele auf dich. Dieses Wachstum ist etwas, *das du dir selbst schenkst.*

Und diese innere Entwicklung ist auch jetzt in diesem Moment in vollem Gange. *Du tust es einfach.*

Warum wärst du wohl sonst hier?

~

Glaubst du, dass du in einer grausamen und herzlosen Welt lebst? Hast du dir ein gedankliches Konstrukt geschaffen, demzufolge das Leben gegen dich ist, dich niemand mag, deine Leistungen nicht anerkannt werden oder, schlimmer noch, du dich selbst für minderwertig hältst?

Doch nichts ist weiter von der Wahrheit entfernt. In Wirklichkeit ist das genaue Gegenteil der Fall. Gerade *weil* du gemocht und wertgeschätzt wirst, reichen Lohn verdienst und wunderbar wertvoll bist, lädt das Leben dich zu der wunderbaren Erfahrung ein, an die dieses Buch dich erinnert.

Du hast schon früher immer wieder Erfüllung erreicht und erfahren, und nun gelangst du zur nächsthöheren Ebene, denn deine Entwicklung schreitet unaufhörlich voran.

Das ist der Plan der Seele, und diesen Prozess, liebe Leserin, lieber Leser, nennt man *Evolution*. Du selbst bist dafür der lebende Beweis.

Evolution endet niemals. Daher bedeutet Erfüllung nicht, dass du etwas *endgültig abschließt*.

Auf der Heiligen Reise ist es unmöglich, etwas »endgültig zu vollenden«. Sobald du für einen Moment einen Zustand der Vollendung beziehungsweise Erfüllung erlangt hast, strebt die Seele nach einer noch größeren Erfahrung. Das ist jedoch keineswegs eine Quelle der Frustration.

Und du wünscht dir auch gar nicht, dass dieser Prozess jemals endet. Sich zu immer höheren Ebenen der Göttlichkeit zu entwickeln ist die größte Verlockung und das größte Glück. Das Leben will sich zu immer mehr Leben hinentwickeln und entfalten. Es ist die Anziehung, die Gott auf sich selbst ausübt. Es ist der Impuls des Göttlichen in dir.

Der Göttliche Impuls, dein Grundinstinkt, ist es, in jedem Moment dein größtmögliches Potenzial zu entfalten. Er bewirkt, dass du dich zu jenem Teil von dir hingezogen fühlst, der dich auf jedem Schritt deines Weges und in jeder Sekunde deines Lebens lockt: die höchste Wahrheit, die wunderbarste Liebe, die tiefste Weisheit, das größte Mitgefühl, das Höchste und Beste an Verständnis, Vergebung, Geduld und Tapferkeit – das Göttliche in all seinen Aspekten. Und davon gibt es unzählige, denn das Göttliche ist *unendlich* göttlich.

Denke noch einmal an Kapitel 11. Es trägt die Überschrift »Die wichtigste Frage deines Lebens«, und darin wird gesagt, dass es in diesem Buch um folgende Frage geht: *Wie dient das, was ich gerade tue, der Zielsetzung meiner Seele?*

Eine andere Version dieser Frage könnte lauten: *Wie kann ich jetzt in diesem Moment auf die großartigste mir derzeit mögliche Weise Göttlichkeit zum Ausdruck bringen?*

Die Antwort, die du darauf findest, ist ein echter Schöpfungsakt. In ihr erfährst du die Wahrheit des Freien Willens. Du findest Gott, indem du selbst Gott bist.

Gott ist, was du sagst, dass er ist. Liebe ist, was du sagst, dass sie ist. Wahrheit ist, was du sagst, dass sie ist. *Nichts hat eine Bedeutung an sich, sondern alles hat stets nur die Bedeutung, die du ihm gibst.*

Kannst du in einer solchen Welt leben, in der es nichts Absolutes gibt? In einer solchen Welt legst du selbst fest, welche Bedeutung die Dinge haben. Du selbst bist Deuter, Entscheider, Erklärer.

In einem solchen Königreich bist du die Schöpferin oder der Schöpfer. Das ist das himmlische Königreich. Es ist kein Königreich, in dem ein anderer für dich die Entscheidungen trifft. Es ist ein Königreich, wo du selbst alles entscheiden musst. Und genau dies ist der wahre »Himmel«. Er ist kein Königreich, wo du einem anderen huldigst. Er ist ein Königreich, wo du *dich selbst* als königlich behandelst und wertschätzt.

Seelenwissen:
Der Himmel ist kein Königreich, wo du einem anderen huldigst. Er ist ein Königreich, wo du dich selbst als königlich behandelst und wertschätzt.

Kannst du es aushalten, in einem solchen Königreich zu leben? Kannst du es ertragen, dich selbst nicht als den Niedrigsten und Geringsten zu behandeln, sondern als den Höchsten?

Klingt es für dich wie ein Sakrileg, dich selbst auf diese Weise zu beschreiben? Nun, dann habe ich eine gute Nachricht für dich: Du bist *eingeschlossen* in die Definition und Beschreibung des Höchsten, du bist nicht *ausgeschlossen*.

Am Anfang war das Wort, und das Wort ist Fleisch geworden und hat unter uns gewohnt. Dieses Wort ist seit Millionen Jahren in Tausenden Augenblicken auf Hunderte verschiedene Arten geäußert worden. Dazu zählen: Adonai, Allah, Brahman, Elohim, Gott, Hari, Jehovah, Krishna, Herr, Rama, Vishnu, Jahwe …

… und keines dieser Worte schließt Dich nicht mit ein.

Am Anfang dieses Buches wurde dir gesagt, dass du vom Leben eine ganz spezielle Einladung erhalten hast. Diese Einladung werden wir nun als Fragen formulieren:

Wirst du es dir gestatten, dich selbst neu zu erschaffen, in jedem Goldenen Augenblick des Jetzt und als die jeweils nächstgrößere Version der großartigsten Vision, die du über dein wahres Sein hegen kannst?

Wirst du es dem Göttlichen *bewusst* ermöglichen, sich selbst in dir und durch dich zu erfahren und zur Entfaltung zu bringen?

»Ihr seid das Gute und Erbarmen und Mitgefühl
und Verständnis. Ihr seid Friede und Freude und Licht.
Ihr seid Vergebung und Geduld, Stärke und Mut,
Helfer in Zeiten der Not, Tröster in Zeiten des Leids,
Heiler in Zeiten der Verletzung, Lehrer in Zeiten
der Verwirrung. Ihr seid die tiefste Weisheit und
höchste Wahrheit; der höchste Friede und die
großartigste Liebe. Diese Dinge *seid ihr.* Und es gibt
Momente in eurem Leben, in denen ihr euch als
diese Dinge *erkannt* habt. Trefft nun die Wahl,
euch immer als diese Dinge zu erkennen.«

– *Gespräche mit Gott*, Band 1

— 14 —

PROZESS, PFAD UND BESTIMMUNG

Das hier Gesagte impliziert in keiner Weise, dass es bei diesem Prozess, durch den wir dem Göttlichen Ausdruck verleihen, irrelevant oder unwichtig wäre, was wir *tun*.

Bei allen Aspekten des Lebens – einschließlich der sogenannten »spirituellen« Seite des Lebens – spielt das Tun eine zentrale Rolle. Alle tun immer etwas. Es ist unmöglich, *nichts* zu tun.

Selbst wenn du schläfst, tun dein Körper und dein Geist etwas: Dein Herz schlägt, dein Haar wächst, du träumst und manchmal löst du sogar deine Probleme.

Du hast immer »etwas vor«. Die Frage ist nicht: »Was hast du vor, wenn du bewusst und wach bist?« Die Frage ist: »Wie und warum?«

Die Antwort auf diese Frage liegt darin, was du als Ursache der Dinge betrachtest, die in deinem Leben geschehen, und welche Rolle du selbst dabei zu spielen gedenkst – selbst wenn diese Rolle nur die eines Beobachters ist.

(In Wirklichkeit kannst du gar nicht »nur Beobachter« sein. Aus der Quantenphysik wissen wir, dass »alles Beobachtete durch den oder die Beobachter beeinflusst wird«. Schon der bloße Akt des Beobachtens wirkt sich auf das Beobachtete aus, ganz gleich, ob es aus der Nähe oder aus großer Entfernung beobachtet wird.)

Was immer du also in jeder Situation oder in jedem Augenblick deines Lebens tust – einfach beobachten oder dich aktiv einbringen –, denke stets daran: Dein Tun *offenbart*, Wer Du Bist, erschafft es aber nicht.

In dieser Hinsicht verwechselt der größte Teil der Menschheit Ursache und Wirkung.

~

Das Streben, dein Wahres Sein zu erfahren und zu leben, ist der Pfad deiner Seele. Im Lauf deines Lebens näherst du dich der völligen

Selbsterkenntnis und Selbstverwirklichung immer mehr an. Wenn du zum Ausdruck bringst, Wer Du Bist, gelangst du zur Selbstverwirklichung. So vollendest du die Heilige Reise und erfüllst deine Göttliche Bestimmung.

Wie schon gesagt, kann diese Erfahrung in deinem Leben viele Male auftreten – und das geschieht auch.

Es gab in deinem Leben schon mehr als einen Augenblick, in dem du die Eigenschaften des Göttlichen zum Ausdruck brachtest. Deine Bescheidenheit (oder deine Kultur) halten dich davon ab, dies auch so zu nennen, aber eine Rose, die man nicht so nennt, ist immer noch eine Rose. Du hast bei vielen Gelegenheiten ein großartiges, bewundernswertes Verhalten an den Tag gelegt.

Und jetzt, während dieser einzigartigen Zeit im evolutionären Zyklus der Menschheit, wo du mit erweitertem Bewusstsein in deinem Leben voranschreitest und *alle Dinge* viel feiner und sensibler wahrnimmst als früher, musst du eines verstehen: Es sind selten die »einfach« aussehenden Pfade, auf denen Göttlichkeit zum Ausdruck gebracht wird.

Wie bereits erwähnt, erleben manche Menschen mehr Freude, erreichen mehr Ziele und arbeiten effektiver, wenn sie sich einer großen Herausforderung stellen, als dann, wenn sie es sich »leicht« machen und Schwierigkeiten aus dem Weg gehen. In einem solchen Fall ist das »Leichte« nicht unbedingt das »Bessere«. Und es führt nicht schneller zum Erfolg.

Vielleicht hat das Leben dich bereits gelehrt, dass Abkürzungen nicht notwendigerweise schneller zum Ziel führen.

Der Pfad der Seele mag also nicht immer der Weg mit den wenigsten Herausforderungen sein, aber unter Berücksichtigung all deiner zuvor getroffenen Wahlen und Entscheidungen ist er immer der »beste« Weg dorthin, wo die Gesamtheit deines Seins gerne hingelangen möchte.

Die Seele definiert »das Beste« so: Es ist, basierend auf der Göttlichen Bestimmung des Lebens, der Weg, auf dem du die Aspekte des

Selbst, die du als Nächstes erfahren möchtest, in höchster Weise zum Ausdruck bringen kannst.

Und natürlich gibt es eine solche Göttliche Bestimmung. Die ewige Reise der Seele und ebenso dein gegenwärtiger Lebenszyklus sind nicht ohne Sinn. Es gibt einen *Grund* dafür, dass sie stattfinden.

Das Leben hat einen Sinn und eine Bestimmung. Alle Menschen sehnen sich danach herauszufinden, worin dieser Sinn besteht. Die meisten haben es noch nicht klar erkannt.

Deine Seele befindet sich keineswegs auf einer Irrfahrt. Sie bewegt sich nicht ohne klare Absicht durch Zeit und Raum. Im Gegenteil, sie hat ein *sehr* klares Ziel.

Denke daran, dass gesagt wurde: Wenn die *Göttliche Bestimmung* erfüllt wird, vollendet sich die Heilige Reise der Seele – und dies geschieht stufenweise, in aufeinanderfolgenden Entwicklungsschritten.

Schauen wir uns also näher an, was es mit dieser Göttlichen Bestimmung auf sich hat.

Die Göttliche Bestimmung des Lebens besteht darin, vom Göttlichen dazu genutzt zu werden, Göttlichkeit *zum Ausdruck zu bringen*, was dem Göttlichen dazu dient, Göttlichkeit in all ihren Aspekten zu *erfahren*. Kurz gesagt: Gott benutzt das Leben, um sich selbst zu erfahren.

> **Seelenwissen:**
> ***Nur dadurch, dass du Göttlichkeit** zum Ausdruck bringst,*
> ***kannst du** erfahren,*
> ***was Göttlichkeit ist.***

Göttlichkeit kann nur erfahren werden, indem man sie *zum Ausdruck bringt*. Man kann sich Göttlichkeit vorstellen und über sie nachdenken, aber solange sie nicht *zum Ausdruck gebracht wird*, ist sie nur eine Idee.

Man kann über Liebe reden, man kann über Liebe nachdenken, man kann eine Vorstellung von der Liebe entwickeln, aber solange man sie nicht *zum Ausdruck bringt*, kann man sie nicht erfahren.

Man kann über Mitgefühl reden, man kann über Mitgefühl nachdenken, man kann eine Vorstellung davon entwickeln, was Mitgefühl sein könnte, aber solange man es nicht *zum Ausdruck bringt*, kann man es nicht erfahren.

Und genau so verhält es sich auch mit Verständnis und mit Vergebung.

Dem Geist zu helfen, dies zu begreifen, nehmen wir jenen Aspekt des menschlichen Lebens, der Sexualität genannt wird: Du kannst über Sexualität reden, du kannst dir Sexualität vorstellen und über sie nachdenken, aber solange du sie nicht *zum Ausdruck bringst*, kannst du sie nicht erfahren.

Göttlichkeit ist all das und noch viel mehr. Sie ist Geduld und Güte, Liebenswürdigkeit und Barmherzigkeit, Akzeptanz und Nachsicht, Weisheit und Klarheit, Sanftmut und Schönheit, Selbstlosigkeit und edle Gesinnung, Wohlwollen und Großzügigkeit. Und ja, noch viel, viel mehr!

Du kannst dir alle diese Dinge vorstellen und über sie nachdenken, aber solange du sie nicht *in* dir, *durch* dich und *als du selbst zum Ausdruck bringst*, kannst du Göttlichkeit nicht erfahren.

Und erfahren kannst du diese Dinge nur, wenn das Leben dir Gelegenheit dazu gibt. Das aber tut das Leben jeden Tag – denn es ist der *Sinn* des Lebens.

Wenn das Leben dir also Herausforderungen, Schwierigkeiten und einzigartige Bedingungen, Situationen und Umstände bringt, die sich ideal dafür eignen, das Beste in dir zum Vorschein zu bringen, »urteile und verdamme nicht«, sondern sei ein Licht in der Dunkelheit. Denn so erfährst du, Wer Du Wirklich Bist – und alle, deren Leben du berührst, können dadurch ebenfalls erfahren, wer sie sind – durch das Beispiel, das du ihnen gibst.

Die Vorstellung, dass »Gott das Leben nutzt, um sich selbst kennenzulernen«, ist dir wahrscheinlich nicht neu. Doch *warum* er das tut, darüber würdest du sicher gerne mehr erfahren.

Hier kommt die Erklärung:

Gott kann alles, was Gott ist, nicht allein in der Spirituellen Dimension erfahren, weil es in dieser Dimension nichts gibt, was Gott nicht ist.

Die Spirituelle Dimension ist jener Ort, wo Gott *alles* ist, was existiert – wo es nichts als Liebe und Vollkommenheit gibt. Es ist ein wundervoller Ort, weil es dort nichts anderes gibt als Göttlichkeit. Es handelt sich, kurz gesagt, um jenen Bereich, den du Himmel nennen würdest.

Es gibt jedoch diese eine Besonderheit: Es gibt dort nichts, was Gott nicht ist. Und wenn es nichts gibt, was Gott *nicht* ist … ist das, was Gott ist, nicht *erfahrbar*.

Das Gleiche trifft auch auf dich zu. Nur in Gegenwart von dem, Was Du Nicht Bist, kannst du erfahren, was du bist. Erfahrungen sind überhaupt nur in einer Umgebung möglich, in der es Gegensätze gibt.

Ohne Dunkelheit kann man das Licht nicht erfahren. »Oben« ergibt nur dann einen Sinn, wenn auch ein »Unten« existiert. »Schnell« ist einfach nur ein Begriff, ein Wort, das nur dadurch eine Bedeutung erhält, dass es auch »langsam« gibt.

Nur in Gegenwart von Dingen, die »klein« sind, kann man erfahren, was »groß« bedeutet. Wir können sagen, dass etwas »groß« ist, wir können uns vorstellen, dass etwas »groß« ist, und darüber nachdenken, aber in Abwesenheit von etwas »Kleinem« können wir das Phänomen »groß« nicht erfahren und begreifen.

Nur in Anwesenheit von Dingen oder Phänomenen, die »endlich« sind, können wir erfahren, was »Unendlichkeit« ist. In theologischen Begriffen ausgedrückt, können wir vielleicht eine intellektuelle Vorstellung von »Göttlichkeit« entwickeln, aber wir können sie nicht erleben und erfahren.

Daher sind alle Menschen und Ereignisse in deinem Leben – jetzt oder in der Vergangenheit –, die »im Widerspruch« zu dem zu stehen scheinen, was du bist und was du erleben möchtest, Geschenke der höchsten Quelle. Sie werden durch den kooperativen Prozess mitschöpferischer Seelen erschaffen und in dein Leben gebracht, um es dir zu ermöglichen, Das, Was Du Wirklich Bist, auf bestmögliche Weise kennenzulernen und zu erfahren.

Oder, wie das Göttliche selbst es in den *Gesprächen mit Gott* so wunderbar ausdrückt:

Ich habe euch nur Engel gesandt.

Das ist ein Satz, den man sich wirklich einprägen sollte.

Wie schon gesagt, hat deine Heilige Reise einen Sinn, eine Bestimmung. Diese Bestimmung wurde vom Göttlichen selbst geschaffen.

Die Göttliche Bestimmung besteht darin, Gottes Realität zu erweitern.

Einfach ausgedrückt (wirklich stark vereinfacht), wächst Gott – er wird mehr von sich selbst – durch jenen Prozess, der Leben genannt wird. Gott IST dieser Prozess.

Gott ist gleichzeitig der Prozess des Lebens … und das Resultat.

Demnach ist Gott der Schöpfer und die Schöpfung. Das Alpha und Omega. Anfang und Ende. Der unbewegte Beweger. Der unbeobachtete Beobachter.

Weniger vereinfacht ausgedrückt, kann Gott nicht »wachsen«, weil alles, was Gott jemals war, ist oder sein wird, Jetzt existiert.

Es gibt keine Zeit, und es gibt keinen Raum. Daher gibt es keine Zeit, in der etwas wachsen könnte, und keinen Raum, in den es hineinwachsen könnte.

Der Kreislauf des Lebens geschieht überall gleichzeitig. Das, was der menschliche Geist das »Wachstum« Gottes nennen möchte, ist lediglich Gott, der immer mehr von sich selbst erlebt und wahrnimmt, während die individualisierten Teile Gottes immer mehr von sich selbst erleben und wahrnehmen. Das nennt man Evolution.

Es geschah, indem das Ganze sich aufteilte (ohne sich von sich selbst zu *trennen*). Es erschuf sich in kleinerer, endlicher Gestalt neu.

Keine endliche Gestalt vermag, eben weil sie endlich ist, die unendliche Bewusstheit und Erfahrung des Ganzen zu erfassen und zu begreifen, und doch wurde jede individualisierte Gestalt dazu erschaffen, auf einzigartige Weise einen bestimmten Aspekt des Göttlichen Ganzen widerzuspiegeln. Werden alle diese Aspekte vereint betrachtet, entsteht wie beim Zusammensetzen eines Puzzles ein Bild davon, was *alle Puzzlestücke gemeinsam ergeben*:

Gott.

Alle Stücke sind Teil des Gesamtbildes, und kein Stück gehört weniger dazu als ein anderes.

Bist du nun im Bilde?

Manche Lebensformen wurden mit einem so hohen Level an Essenzieller Essenz ausgestattet (der Rohenergie, aus der alles hervorgeht), dass sie in der Lage sind, *sich selbst zu erkennen.*

Diese Eigenschaft bestimmter Lebewesen wird Selbstbewusstheit genannt.

Der Mensch (und wir haben guten Grund anzunehmen, dass dies auch noch für andere Lebensformen im Universum gilt) wurde so geschaffen, dass ihm das möglich ist, was wir die »Expansion« von Bewusstsein und Erfahrung nennen. Tatsächlich kann das menschliche Bewusstsein sich so weit ausdehnen, dass es sich wieder als Teil des Ganzen erkennt.

Seelenwissen:
Gott ist gleichzeitig der Prozess des Lebens ... und das Resultat.

Jesus zum Beispiel sagte: *Ich und der Vater sind eins.* Er verstand seine Beziehung zu Gott vollkommen. Er verstand, dass das Gesamtbild, das Puzzle, ohne ihn unvollständig wäre. Er selbst *war* die Vervollständigung.

So wie wir alle.

Nimmt man ein Puzzleteil heraus, ist das Bild unvollständig.

Völlige Selbstbewusstheit lässt sich durch einen Prozess erreichen, bei dem der individualisierte Aspekt nicht *wächst*, sondern sich einfach mehr und mehr *bewusst* wird, dass er gar nicht wachsen *muss*, sondern in Wahrheit das Göttliche selbst ist, nur in individualisierter Form.

Das individuelle Teil erkennt sich als das gesamte Puzzle, denn alle Puzzleteile sind Elemente des Ganzen.

Der spektakuläre physiologische, psychologische und theologische Übergang in diese höhere Ebene der Selbstbewusstheit tritt bei jeder gefühlsbegabten Spezies im Kosmos *nur einmal* auf – und bei der menschlichen Spezies ereignet er sich jetzt.

Im ersten Kapitel dieses Buches sagten wir: »Auf diesem Planeten ereignet sich gegenwärtig etwas sehr Ungewöhnliches.« Das war kein Scherz.

— 15 —

WIE DAS ALLES FUNKTIONIERT

Die Geschichte vom Hineingeborenwerden der Menschheit in die kosmische Gemeinschaft Hoch Entwickelter Wesen ist bereits vollendet, ist längst der Ewigkeit aufgeprägt.

In der Zeit/Zeitlosigkeit ist alles bereits geschehen. Es fehlt nur noch Eines: dass wir mit den Augen unseres eigenen Bewusstseins noch einmal Zeugen dieser Geschichte werden. Dass wir selbst Zeugen der Entfaltung dieser Geschichte werden, macht sie für uns real.

Nimm, um das eben Gesagte wirklich zu verstehen, eine DVD deines Lieblingsfilms in die Hand. Mache dir bewusst, dass auf der Plastikscheibe *der gesamte Film* bereits vorhanden ist.

Wenn du sie in den DVD-Player schiebst und zuschaust, wie sich die Geschichte entfaltet, weißt du, dass das alles bereits geschehen ist. Die DVD erschafft den Film ja nicht, während er abgespielt wird. Sie ermöglicht dir lediglich den Zugang zu der Geschichte, indem sie eine winzige Portion dessen, *was in vollständiger Form bereits existiert*, Bild für Bild auf deinen Computermonitor oder Fernsehschirm projiziert. Das Ganze scheint jetzt in diesem Moment zu geschehen, aber natürlich weißt du, dass die Geschichte von Anfang bis Ende bereits auf der Disc gespeichert ist.

Du kannst den schnellen Vorlauf einschalten und zusehen, wie sich die Geschichte schneller abspult, nicht mehr in »Realzeit« (so wie du »reale Zeit« verstehst). Im wahren Leben wissen wir alle, dass die »Zeit wie im Flug vergeht«, wenn man Dinge tut, die Freude machen.

Umgekehrt kannst du die Geschichte auf der DVD auch in Zeitlupe betrachten – und viele Leute wissen zu berichten, dass ihnen ein besonders kritischer Augenblick in ihrem Leben so vorkam, *als würde die Zeit langsamer ablaufen.*

So lässt sich auf leicht verständliche Weise veranschaulichen, wie das Leben funktioniert.

Denn du musst wissen: Alles, was jemals war, ist und sein wird … existiert *jetzt*. Das Universum ist voller Geschichten, fertig erschaffener Geschichten, die nur darauf warten, dass wir sie anschauen, Zeugen des Geschehens werden.

Möchtest du das in realistischen Begriffen verstehen? Schau in den Nachthimmel hinauf. Wenn du die Sterne funkeln siehst, wirfst du einen Blick in die Vergangenheit. Was dort heute, in der Gegenwart, geschieht, kannst du nicht sehen. Und was du siehst, liegt Jahre zurück – *Licht*jahre.

Jahrtausende.

So kannst du dir übrigens auch klarmachen, dass auf dem Planeten Erde nichts wirklich Schlimmes passieren wird. Damit meinen wir, keine totale Katastrophe von planetaren Ausmaßen. Wir werden nicht durch einen Meteor vom Himmel gefegt werden, und auch keine andere galaktische Katastrophe wird unsere Spezies auslöschen. Könnte das geschehen, *dann wäre es bereits geschehen*, und *wir wären nicht mehr hier, um es in menschlicher Gestalt mitzuerleben.*

Die Tatsache, dass wir hier sind, um das Leben zu beobachten, ist der Beweis dafür, dass das Leben weitergeht. Das ist für dich nur dann nicht offensichtlich, wenn du glaubst, es gäbe eine »Zukunft«. Doch die »Zukunft« ist Jetzt. Es gibt nur Diesen Moment. Würde also die Zukunft unsere Auslöschung beinhalten, dann würde Dieser Moment gar nicht existieren!

~

Wäre es nicht eine schöne Ironie, wenn der mikroskopische Blick auf eine DVD-Scheibe eine Ansammlung von submolekularen Teilchen enthüllte, die genau wie eine rotierende Galaxie aussähen?

Findest du die Vorstellung wirklich zu wild, dass die Milchstraße nur eine von einer Million »DVGs« (Demonstrierte Visionen Gottes) in der göttlichen »Heimkinosammlung« ist?

Dir so etwas auszumalen fällt dir schwer? Gut, das ist verständlich. Es ist vielleicht wirklich zu weit hergeholt. Allerdings nur die Worte, nicht die Physik. Es mag dich erstaunen, aber die Physiker sagen, dass sich das gesamte Universum mithilfe mathematischer Formeln erklären lässt. Und du weißt sicherlich, dass auf einer DVD *digitale Daten* gespeichert sind. Mathematik also. Keine Bilder, sondern Ziffern, die durch ihre Sequenzierung und Anordnung Bilder *erzeugen*.

Und wenn dich das noch nicht fasziniert, versuche es mit William Shakespeare:

»Es gibt mehr Ding' im Himmel und auf Erden,
als Eure Schulweisheit sich träumt.«

»Hamlet«
1. Akt, 5. Szene

(Anmerkung des Herausgebers: Teile der DVD-Analogie wurden erstmals in *Der Sturm vor der Ruhe* veröffentlicht, dem ersten Band der Reihe *Gespräche mit der Menschheit*, von der Sie hier den zweiten Band in Händen halten. Zusammengenommen laden diese beiden Bücher dazu ein, eine brandneue Geschichte der Menschheit zu erschaffen. Sie präsentieren eine Fülle von Ideen, wie jeder Mensch Einfluss auf die Erschaffung unserer individuellen und kollektiven Erfahrung nehmen kann.)

Nun, welche Vorteile hat es für dich, dass alles, was war, ist und sein wird, jetzt existiert? Ist das nur ein weit hergeholtes esoterisches Wissen oder besitzt es einen praktischen Wert?

Ja. Es gibt dir die Gewissheit, dass letztlich alles gut werden wird, *wie auch immer die momentane Situation aussehen mag*. Der Beweis dafür ist, dass du immer noch hier bist und miterlebst, wie du deine »Rolle« in diesem »Drama« spielst.

Setzen wir nun erneut unsere Imagination ein. Stell dir vor, dass du dich im Archiv eines Filmstudios befindest. Du schaust dir alte

Zelluloidfilme an. Angenommen (und das ist keineswegs ein Ding der Unmöglichkeit), du hättest die Möglichkeit, dir verschiedene »Takes« klassischer Filmszenen anzuschauen – Takes, die herausgeschnitten wurden und im fertigen Film, den du dir zuvor angesehen hast, nicht enthalten sind. Darunter sind auch *alternative Schlussszenen* für den Film, die nicht verwendet wurden.

Oder stell dir vor, du sitzt in der letzten Reihe im abgedunkelten Zuschauerraum eines Broadway-Theaters. Vor zwei Wochen hatte ein wichtiges neues Stück Premiere. Nun experimentieren der Autor und der Regisseur mit unterschiedlichen Variationen eine bestimmte Szene, die noch nicht so funktioniert, wie sie es gerne hätten.

Stell dir nun vor, dass dein Leben genauso ist. Stell dir vor, dass es eine Szene gibt, die nicht zu deiner Zufriedenheit funktioniert hat. Wäre es nicht wunderbar, wenn du diese Szene noch einmal spielen könntest, auf andere Art?

Das »esoterische Wissen«, das mit der DVD-Analogie veranschaulicht wurde, sagt dir, dass du *tatsächlich* die Möglichkeit hast, diese Szene noch einmal zu spielen. Und nicht nur eine – alle Szenen! Ganz, wie du es wünschst.

Du möchtest eine Verratsszene noch einmal spielen? Eine Wutszene? Einen Moment der Selbstentdeckung? Eine Szene des Versagens? Eine Szene großer Freude, die noch nicht wirklich zum Ausdruck gebracht wurde?

Du kannst jede Szene so oft spielen, wie du es wünschst. *Deshalb* ist es gut zu wissen, dass alles, was war, ist und sein wird, *jetzt* existiert. Alle Möglichkeiten des Universums existieren gleichzeitig. Du selbst entscheidest, welche du in Szene setzen möchtest.

Hattest du noch nie das Gefühl »Oh, mein Gott, *hier war ich schon einmal*«?

Das Phänomen, etwas in der Vergangenheit schon einmal erlebt zu haben, bezeichnet man als Déjà-vu (französisch für »bereits gesehen«). So ein Déjà-vu ist etwas ganz Reales.

Dir dein Leben als Theaterstück vorzustellen, in dem du selbst die Hauptrolle spielst, mag neu für dich sein, aber für William Shakespeare, den wir weiter oben zitierten, war es überhaupt nicht neu. Er schrieb:

»Die ganze Welt ist eine Bühne
Und alle Frauen und Männer bloße Spieler.
Sie treten auf und gehen wieder ab,
Sein Leben lang spielt einer manche Rollen.«

»Wie es euch gefällt«
2. Akt, 7. Szene

Schauen wir uns nun an, wie eine »aus dem Leben gegriffene« Szene in deinem Alltag inszeniert werden könnte.

Hier ist ein Beispiel:

Sagen wir, die Göttliche Absicht besteht zu einem bestimmten Zeitpunkt darin, durch dich jenen Aspekt der Göttlichkeit zu erleben, der »Geduld« genannt wird.

> **Seelenwissen:**
> ***Alles, was war, ist und sein wird,***
> **existiert jetzt.**

Wäre es dieser Absicht dienlich, wenn deine Seele, als die »Beauftragte« des Göttlichen, einen Moment, eine Stunde oder einen Tag erschaffen würde, wo alles perfekt läuft und deine Geduld in keiner Weise auf die Probe gestellt wird? Wäre es nicht viel sinnvoller, in schöpferischer Zusammenarbeit mit anderen Seelen Umstände herbeizuführen, durch die du Gelegenheit erhältst, Geduld zu *demonstrieren* – und sie so zu *erfahren* und zu ihr zu *werden*?

Ah!, sagt der Geist, *ich verstehe.*

Es zeigt sich also, dass die Erfüllung der Göttlichen Absicht nicht immer bedeutet, dass die Seele den leichtesten Weg wählt. Dennoch wird der Pfad der Seele immer der *einfachste* Weg sein und der, der am schnellsten zum Ziel der Heiligen Reise führt. Du kannst frei wählen, auf welche Weise du die Szenen deines Lebens spielen willst. Du kannst den »leichtesten« Weg wählen (in diesem Fall also ohne Szenen, in denen »Geduld« gefragt ist) oder du entscheidest dich für den »schnellsten« Weg. Für alle Szenen deines Lebens gilt, dass du sie spielen kannst, wie es dir gefällt.

Letztlich wirst du entdecken, dass der schnellste Weg dir auch die meiste Freude bereitet - weil dann, wenn man die größten Herausforderungen meistert, auch die Befriedigung am größten ist. Herausforderungen, wohlgemerkt. Keine Schwierigkeiten.

Das Wort »Herausforderung« meint nicht das Gleiche wie »Mühsal«. Die Bewältigung einer Herausforderung muss nicht notwendigerweise mühselig sein.

Die Herausforderungen in deinem Leben sind nicht als mühseliger Kampf gedacht, sondern es sind *Fragen.* Und die höchste Herausforderung ist auch die größte Frage: Wer bist du in Wirklichkeit? Was ist die Wahrheit deines Seins?

Mit jedem Gedanken, den du denkst, jedem Wort, das du aussprichst, und jeder deiner Handlungen gibst du selbst die Antwort. Du *offenbarst und beweist* deine individuelle Wahrheit.

— 16 —

DAS LEBEN EINFACHER UND UNKOMPLIZIERTER GESTALTEN

Es gibt etwas, das du unbedingt wissen und verstehen solltest, sonst könnte dieser Teil unserer Untersuchung sehr entmutigend für dich werden.

Es gibt eine alte, traditionelle religiöse Auffassung (in dem Buch *Was Gott will* wurde sie ausführlich behandelt), wonach es angeblich Gottes Wunsch sei, dass die Menschen Leiden dafür nutzen, sich zu bessern und ihre Seele zu reinigen. Leiden ist gut. Man erwirbt sich dadurch Pluspunkte oder Kredit bei Gott, besonders wenn man es still erträgt und es vielleicht sogar als »Opfer« für Gott betrachtet.

Leiden gehört notwendigerweise zum menschlichen Entwicklungs- und Lernprozess dazu, und, was noch wichtiger ist, die Menschen verdienen sich dadurch Gottes Gnade.

Auf diesem Glauben ist sogar eine ganze Religion aufgebaut, der zufolge alle Menschen durch das Leiden eines Menschen erlöst wurden, der für die Sünden aller gestorben ist. Dieser Eine bezahlte jene »Schuld«, die Gott wegen der Schwäche und Verdorbenheit der Menschheit angeblich zustand.

Gemäß dieser Doktrin wurde Gott durch die Schwäche und Verdorbenheit der Menschheit Schmerz zugefügt, und um das wieder in Ordnung zu bringen, *musste jemand leiden*. Sonst hätte es keine Versöhnung zwischen Gott und der Menschheit geben können. So wurde das Leiden als Erlösungserfahrung etabliert.

Wenn Menschen infolge von »natürlichen« Ursachen leiden, darf dieses Leiden unter keinen Umständen durch einen Tod verkürzt werden, der nicht »natürlich« ist. Das Leiden von Tieren wird barmherzigerweise schon vor deren »natürlichem« Tod künstlich beendet, nicht aber das Leiden von Menschen. Es ist Gott und Gott allein, der bestimmt, wann das Leiden eines Menschen enden soll.

Ein Resultat dieser Lehre: Menschliche Wesen haben unvorstellbares Leid über lange Zeiträume erduldet, um Gottes Willen zu gehorchen und nicht im Jenseits Opfer von Gottes Zorn zu werden. Millionen Menschen sind der Ansicht, dass ein Mensch, selbst wenn er sehr, sehr alt ist und sehr, sehr leidet – dem Tod nah ist, aber noch nicht stirbt und stattdessen ständige Schmerzen hat –, dennoch alles ertragen muss, was das Leben ihm bringt.

Die Menschheit hat sogar Zivilgesetze erlassen, wonach Menschen kein Recht haben, ihr eigenes Leiden zu beenden oder anderen bei der Beendigung von deren Leiden zu assistieren. Wie quälend die Umstände auch sein mögen, wie ansonsten hoffnungslos ein Leben auch geworden sein mag, das Leiden muss weitergehen.

Das sei, so sagt uns die kirchliche Orthodoxie, *Gottes Wunsch.*

Nun, in unserem Zeitalter, das von manchen für aufgeklärt gehalten wird, lehnen viele Menschen (aber keineswegs alle) diese alte Doktrin ab. Doch eine beträchtliche Zahl hat sie durch *neue* Gedanken ersetzt, die nicht viel besser sind: Nun heißt es, der dem Menschen angeborene Wunsch, das Göttliche zu erfahren, könne nur befriedigt werden, indem das *durchlitten* wird, was die Menschheit als das Gegenteil von Göttlichkeit erlebt.

Das könnte einen Menschen, der das vorige Kapitel gelesen hat, dazu veranlassen, wütend zu erklären: »Wollen Sie etwa behaupten, dass ich, wenn Gott die Göttliche Eigenschaft namens ›Geduld‹ erfahren möchte, alles durchleiden muss, was meine Geduld herausfordert? Soll das heißen, ich muss all die Probleme und schwierigen Situationen in meinem Leben nur durchleiden, damit Gott *sich selbst erkennt*? Nein danke! Ohne mich!«

Ehe du dir solche Gedanken zu eigen machst, lies bitte den folgenden Hinweis des Kundendienstes:

GOTT VERLANGT KEINE ERSATZLEIDEN VON DIR.

Das solltest du dir unbedingt klarmachen, damit du nicht denkst, du würdest Leiden oder Mühen erleben, *weil* es Gottes Wunsch ist, Göttlichkeit zu erleben.

Wenn du Leiden und Mühen erlebst, dann nicht, weil du damit einem Wunsch Gottes nachkommst, sondern weil du Gottes wirkliche Wünsche vergessen hast.

Gottes Größter Wunsch besteht darin, Göttlichkeit in ihrer Höchsten Form zu erleben. Diese Höchste Form beinhaltet keine Mühsal und kein Leid. Damit Gott Göttlichkeit in jeder möglichen Form erleben kann, ist es nicht erforderlich, dass du in irgendeiner Form Negativität erleben musst.

Die Emotionen, die Mühsal und Leid erzeugen, sind Produkte des menschlichen Geistes. Es gibt keine Situation, die Gott als »schlecht« bezeichnen würde. Und nie veranlassen irgendwelche Zustände ihn dazu, »ärgerlich«, »beleidigt« oder »frustriert« zu reagieren.

Gott versteht, dass alles, was geschieht, eine Einladung an das Göttliche ist, sich selbst auf der nächsthöheren Ebene zum Ausdruck zu bringen.

Auf theoretischer Ebene verstehst du das vermutlich auch, doch obwohl du ein göttliches Wesen bist, bist du nicht alles, was Gott ist. So ist es verständlich, dass zwar Gott kein Leiden erlebt, aber du.

Ein Tropfen des Ozeans ist zweifellos Wasser, aber er ist nicht der Ozean. Doch verglichen mit der Größe eines submolekularen Teilchens, kann ein Wassertropfen sehr wohl ein Ozean sein – denn so ist seine relative Größe, wenn er durch ein submolekulares Partikelfeld rollt. Und du stehst zu Gott im gleichen Verhältnis wie der Tropfen zum Ozean. Das heißt, du besitzt Göttliche Macht entsprechend deiner Größe. Und *das* heißt, *dass deine Göttliche Macht in einem angemessenen Verhältnis zur Größe deiner Probleme steht.*

Das ist vielleicht die wichtigste Information, die du je erhalten wirst.

Gemessen an dem gesamten Bezugsrahmen, in dem Gott existiert, sind die Probleme, denen du dich alltäglich gegenübersiehst, zweifellos winzig. Ja, in diesem Bezugsrahmen sind sie überhaupt keine »Probleme«, sondern lediglich »Zustände«. Doch uns Menschen geht es so, dass uns unsere größten Probleme verständlicherweise (und völlig angemessen) sehr groß und bedeutsam erscheinen. Schließlich sind wir es, die damit konfrontiert sind, nicht Gott.

Aber ist das wirklich so?

Was wäre, wenn Gott mit ihnen konfrontiert wird – *durch* uns?

Wenn Gott in uns lebt, träfe das zu. Und Gott lebt wirklich in uns. Also trifft es zu.

Die Botschaft hier lautet, dass wir größer sind, als wir glauben – und unsere Probleme sind in Relation zu uns kleiner, als wir denken. Die Mystiker und Weisen sagen schon seit sehr langer Zeit, dass das Leben uns niemals ein Problem schickt, das wir nicht bewältigen können. Sie haben recht. Und wenn wir in Gruppen zusammenarbeiten, haben wir genug Macht, um jedes Problem zu überwinden, das von anderen Menschengruppen verursacht wurde. Wir müssen uns nur dafür *entscheiden.*

Und so sind wir sowohl in unserem persönlichen Lebensumfeld wie auch in der Umwelt, die wir uns gemeinsam erschaffen, eigentlich *Götter*, so wie ein Wassertropfen im Reich der submolekularen Teilchen ein »Ozean« ist.

Dass du über eine so enorme Macht verfügst, liegt an den Hilfsmitteln, die dir mitgegeben wurden, um dich in die Lage zu versetzen, deine Lebenserfahrungen selbst zu erschaffen. Mit diesen Hilfsmitteln und Werkzeugen kannst du das Leiden in deinem persönlichen Leben für immer beenden und auch in deinen zwischenmenschlichen Beziehungen Mühsal und Kampf beseitigen.

Seelenwissen:
Deine Göttliche Macht steht in einem angemessenen Verhältnis zur Größe deiner Probleme.

Diese Hilfsmittel werden im dritten Teil dieses Buches vorgestellt, wo wir uns damit beschäftigen werden, wie sich Das, Was Wirklich Wichtig Ist, im Alltag praktisch anwenden lässt.

Mache dir einstweilen bewusst, dass deine Seele alle Momente des Lebens ganz anders erlebt, als dein Geist sie erlebt. Daher wirst du diese mächtigen Hilfsmittel nicht unter den Ressourcen deines Geistes finden.

Jedenfalls zunächst nicht. Erst einmal musst du deinen Geist darauf trainieren, deine Seele in alle deine Überlegungen und Wahrnehmungen einzubeziehen. Dann kann dein Geist diese Hilfsmittel und Werkzeuge nutzen, und zwar in jeder äußeren Situation, in Vergangenheit oder Gegenwart, die dich zur Demonstration deiner Göttlichkeit einlädt.

Wir weisen aber erneut darauf hin, dass eine solche Demonstration nicht notwendig ist. Du musst das nicht tun. Es wird nicht von dir verlangt.

Du kannst dich dafür entscheiden, es zum Sinn und Zweck eines jeden Lebensmomentes zu machen, Göttlichkeit auszudrücken und zu erfahren oder nicht, ganz wie du es wünschst. Am Ende deines jetzigen Erdenlebens wird dir nichts »Schlimmes« geschehen, wenn du es nicht tust. Die Wahl liegt allein bei dir. In vielen Theologien auf dem Planeten bezeichnet man das als freien Willen.

~

Es hat einen Grund, dass dir nichts Schlimmes geschehen wird, wenn du dich nicht dafür entscheidest, in deinem Leben Göttlichkeit zum Ausdruck zu bringen – einen Grund, den die meisten Theologien auf der Erde leugnen. Dieser Grund ist, dass du gar nicht anders *kannst*, als Göttlichkeit auszudrücken, ganz gleich *was* du tust.

Wieder einmal müssen wir dich um Geduld bitten. Wir dringen nun tiefer in diese komplexe spirituelle Materie ein, weil dir das helfen kann, dein menschliches Leben viel einfacher und unkomplizierter zu gestalten.

Nachdem das gesagt ist, müssen wir darauf hinweisen, dass das, was du nun lesen wirst, *vielleicht das schwierigste Konzept über das Leben und Gott ist, welches der Menschheit je präsentiert wurde.*

~

Es gäbe nur eine Möglichkeit, wie ein Mensch Göttlichkeit *nicht* zum Ausdruck bringen könnte: Er müsste etwas denken, sagen oder tun, das nicht göttlich ist, *und das ist unmöglich*. Es ist die Große Unmöglichkeit des Lebens.

Im physischen Leben gibt es unterschiedliche *Formen* des Göttlichen – manche vollständig, andere unvollständig; manche rein, andere verzerrt – aber es gibt keine *Abwesenheit* der Göttlichkeit.

Damit es eine absolute Abwesenheit des Göttlichen geben könnte, müsste das Leben auf der Erde von Dem Was Göttlich Ist getrennt sein oder »anders sein« als dieses. Doch ist das physische Leben *nicht* vom Göttlichen getrennt und kann es auch nie sein, denn es ist in seiner Gesamtheit ein Ausdruck des Göttlichen.

Gott sieht daher nichts, was nicht göttlich wäre – selbst wenn es in verzerrter Form in Erscheinung tritt. Im physischen Leben gibt es keine Abwesenheit des Göttlichen – aber es tritt in unterschiedlichen Graden der Verwirklichung auf.

Es kann helfen, wenn du dir das als Reinheitsgrade vorstellst. Stell dir vor, du gibst einen Tropfen Lebensmittelfarbe in einen großen Krug mit reinstem Bergquellwasser. Dass sich nun ein Tropfen Farbe darin befindet, bedeutet nicht, dass der Krug kein Wasser mehr enthält. Es bedeutet, dass das Wasser nun nicht mehr völlig rein ist. Je mehr Farbtropfen du in das Wasser gibst, desto weniger rein wird es sein – aber es bleibt immer Bergquellwasser.

Je mehr Gedanken du denkst, die auf die Erfahrung des Geistes beschränkt sind, statt die Bewusstheit der Seele mit einzuschließen, desto weniger rein wird die Energie sein, die dein Sein erfüllt. Dennoch wird diese Energie immer die Essenz des Göttlichen bleiben.

Oder stell dir einen Zerrspiegel in einem Spiegelkabinett vor. Dein Bild, das du darin siehst, ist entsprechend der Krümmung des Spiegels verzerrt, aber dennoch zeigt der Spiegel immer *dich*, wenn du hineinschaust. Dein Spiegelbild kann verzerrt sein, aber es bleibt immer dein Bild. Es kann nichts anderes sein.

Nun wollen wir versuchen, ein aus dem täglichen Leben gegriffenes Beispiel zu finden. Verwenden wir dazu wieder eine allgemein bekannte Erfahrung. Angst.

Angst (und alles, was sich aus ihr ableitet, also Wut, Hass und Gewalt) ist eine verzerrte Form der Liebe.

Das ist eine wichtige Feststellung. Du solltest sie ein zweites Mal lesen.

Wenn du darüber nachdenkst, wirst du erkennen, dass ein Mensch, der nichts liebt, vollkommen frei von Angst, Wut, Hass oder Gewalttätigkeit wäre, denn es gäbe dann gar kein *Bedürfnis* nach solchen Emotionen – und für die aus ihnen resultierenden Handlungen.

Wenn wir dies weiter untersuchen, sehen wir, dass Angst, Wut, Hass und Gewalt Ausdruck davon sind, dass wir etwas, das wir lieben, *verloren* haben oder *befürchten, es zu verlieren*. Oder, dass wir uns *verzweifelt nach etwas sehnen*, das wir lieben können.

Wenn keine Liebe für irgendetwas da ist, gibt es auch kein Gefühl des Verlustes oder Mangels, und daher kann die Abwesenheit von irgendetwas keine negativen Emotionen auslösen. Verstehst du?

Weil viele Menschen in ihrer begrenzten Perspektive noch nicht richtig verstehen, wie sie ihre Liebe zum Ausdruck bringen können, zeigen sie Verhaltensweisen, die das völlige Gegenteil von Liebe zu sein scheinen – doch in Wirklichkeit handelt es sich dabei um verzerrte, verzweifelte *Schreie* nach Liebe.

Wut und Angst, Hass und Gewalt sind ein verzerrtes Flehen nach Liebe. Vergiss das nie. Merke es dir für dein ganzes Leben.

Wer das begreift, ist dem Göttlichen nah.

Dort, wo das Göttliche zum Ausdruck gebracht wird, bedarf es keiner Vergebung, denn sie ist sinnlos in Gegenwart des absoluten Verständnisses – das, natürlich, Göttlichkeit *ist*.

Darum geht es in der biblischen Geschichte, in der Jesus dem Dieb vergibt, der neben ihm am Kreuz hängt.

Jesus mit seinem absoluten göttlichen Verständnis erkannte, dass der Dieb aus einem Gefühl der Liebe, das er gegenüber bestimmten Dingen empfand, gestohlen hatte. Er hatte diese Liebe lediglich in verzerrter Form zum Ausdruck gebracht.

Und natürlich wäre der Dieb so oder so in den Himmel gekommen, denn es gibt keinen anderen Ort, zu dem er hätte gehen können. Genau deshalb, weil Gott alles und jeden vollkommen versteht, hat er kein Bedürfnis, einen Ort ewiger Verdammnis zu erschaffen, wo den Menschen unbeschreibliches Leid, unaussprechliche Folter und nie endende Qualen erwarten. *Es gibt nichts als den Himmel*, und das Leben auf Erden ist Teil dieses Paradieses.

~

Wenn wir das Leben auf der Erde nicht als paradiesisch erfahren, liegt das daran, dass wir den wahren Sinn des Lebens noch nicht verstanden haben oder noch nicht wissen, wie wir ihn in unserem Alltag manifestieren können. Doch durch das Wirken der Evolution werden alle gefühlsbegabten Wesen diese Erkenntnis erlangen. Und dass es die Evolution gibt, wird wohl niemand ernsthaft leugnen.

Die außergewöhnliche Erkenntnis der Evolution besteht darin, dass Gott die schlimmsten Verbrechen und zerstörerischsten Verhaltensweisen nie vergibt.

Niemals.

Nicht, weil Gott die Vergebung verweigert, sondern weil eine Absolution gar nicht notwendig ist, da sämtliche Handlungen der Menschen letztlich auf Liebe beruhen, wie verwirrt, irregeleitet oder verzerrt sie diese auch zum Ausdruck bringen mögen.

Seelenwissen:
Angst ist eine verzerrte Form der Liebe.

In *Gespräche mit Gott* wird das so ausgedrückt: Niemand tut je etwas Unangemessenes, alle handeln entsprechend ihres Modells von der Welt.

Die heilende Botschaft dieses Dialogs ist einfach: Evolution ist keine Sünde, und Gott bestraft Verwirrung nicht.

— 17 —

DAS PUZZLE WIRD ZUSAMMENGESETZT

»Mag schon sein, dass Gott Verwirrung nicht bestraft, aber Ungehorsam bestraft er ganz sicher. Etwas nicht besser zu wissen ist die eine Sache, aber wenn dir klar und deutlich gesagt wird, was erlaubt ist und was nicht, und du es dann einfach ignorierst, ist das etwas ganz anderes.«

Solche Sätze hast du vermutlich schon gehört. Darin kommt das Grundprinzip, das Fundament, der meisten großen Religionen zum Ausdruck. Wenn du dieses Buch bis hierher gelesen hast und für die darin präsentierten Ideen aufgeschlossen bist, dann steckst du in den Augen der meisten religiösen Glaubenssysteme nun in großen Schwierigkeiten.

Denn sie sagen dir, dass Gott und das Leben keineswegs Eins sind, sondern dass Gott das Leben *erschuf* und dass er den Menschen als Gottes Ebenbild schuf, dass aber der Mensch – mag er auch das göttliche Ebenbild sein – niemals Gott werden kann und auf keinen Fall versuchen darf, Gott zu *sein*, denn damit begeht er die größte aller Sünden, und sie zieht zweifellos die ewige Verdammnis als Strafe nach sich.

Das, so behaupten diese Glaubenssysteme, sei die große Sünde Satans gewesen – und er führt uns in Versuchung, genau die gleiche Sünde zu begehen, damit wir ihm in die Hölle folgen müssen. Satan handelt so, weil er es Gott offenbar heimzahlen will, von ihm an diesen schrecklichen Ort verbannt worden zu sein. Satan will Gott seine Seelen »rauben«, indem er sie für sich beansprucht. So kann er Gott strafen, wie er selbst bestraft wurde.

~

Wahrscheinlich hast du solche Kommentare zu den Doktrinen mancher organisierter Religionen schon früher gehört. Aber es könnte nützlich sein, statt sich darüber zu beklagen, einmal genauer zu untersuchen, woher die Ideen von Richtig und Falsch/Gut und Böse in diesen Doktrinen eigentlich stammen.

Das Dogma, das die »Sünde« umgibt, beruht auf der theologischen Doktrin der Getrenntheit. An dieser Doktrin muss starr festgehalten werden, sonst würde das Konstrukt der »Sünde« sich in nichts auflösen. Die Religionen wissen das. Deswegen lehren viele Religionen, Gott sei »dort drüben« und der Mensch »hier drüben«. Und die beiden werden einander niemals treffen bis zum Tag des Jüngsten Gerichts, wenn – obwohl dir jeder Versuch verboten ist, Gott sein zu wollen – darüber geurteilt werden wird, wie gott*gleich* du dich verhalten hast.

Den Menschen wird gesagt, sie sollten sich *wie* Gott verhalten, aber ohne dass sie Gott *sein* dürfen. Man sagt ihnen, sie wären nach dem Ebenbild Gottes geschaffen, hätten aber nicht Gottes Fähigkeiten. Und damit müssen sie an der ihnen gestellten Aufgabe, so gottähnlich wie möglich zu werden, zwangsläufig scheitern.

Seelenwissen:
Das Leben lädt dich jederzeit dazu ein, das Leben zu leben, für das du geschaffen wurdest.

Dennoch vergibt Gott ihnen ihr Scheitern, wenn sie sich nur bemühen. Wenn sie es allerdings *nicht* versuchen oder wenn sie es versuchen, dabei aber elendig und auf die schlimmstmögliche Weise scheitern, wird Gott sie verdammen und mit ewiger Folter bestrafen.

Das ist, kurz zusammengefasst, die gegenwärtig vorherrschende menschliche Theologie. Es gibt Variationen dieses Themas, aber im Wesentlichen läuft es darauf hinaus.

Es bringt an dieser Stelle nichts, sich damit ausführlicher zu befassen. Zu dem Thema sind schon Hunderte Bücher geschrieben worden.

Doch überlege einmal Folgendes: Wenn das Getrenntsein von Gott *nicht* die Letzte Realität ist, wenn Gottes angebliche Identität als *der, der das Leben erschuf, aber selbst etwas anderes als das Leben ist*, unwahr ist, dann beruhen die meisten Theologien der Menschen auf einer falschen Grundlage. Ihre Doktrinen fallen dann in sich zusammen.

Wenn die Menschheit sich entscheiden würde, die Doktrin von der Getrenntheit aufzugeben, könnte sie gemäß einer Neuen Theologie leben, auf neue Art: Sie müsste nicht länger verzweifelt versuchen, *wieder zu Gott in den Himmel zurückzukehren*, sondern könnte *selbst den Himmel auf Erden erschaffen*; statt darum zu kämpfen, nicht aus Gottes Königreich ausgeschlossen zu werden, könnten wir uns dafür entscheiden, das Königreich Gottes nicht aus *unserem* Leben auszuschließen – und diesen ganzen *Ort* (die Erde) als *Teil* dieses Königreiches zu behandeln.

Ironischerweise können wir das dadurch erreichen, dass wir so weit, wie es uns möglich ist, Gott ähnlich werden. Das ist also die Höchste Ironie: Erst wird uns erzählt, Satan wäre dafür bestraft worden, dass er sich für Göttlich hielt, und dann heißt es, wir seien »nach dem Ebenbild Gottes« erschaffen und würden bestraft, wenn wir uns *nicht* wie Gott verhalten.

Die Theologie unserer Vorfahren steckt also voller Widersprüche, und die menschliche Spezies muss heute eine wichtige Wahl treffen: Alte Theologie oder Neue Theologie; der Gott von gestern oder der Gott der Zukunft?

Die Neue Theologie bietet dir die aufregendste Verlockung, die es im Leben gibt: das Leben zu leben, für das du *geschaffen* wurdest, dein Selbst in seiner wahrhaftigsten Form kennenzulernen und Schritt für Schritt deine wahre Essenz zum Ausdruck zu bringen.

Und das liegt keineswegs außerhalb des für Menschen Möglichen. »Ganz normale Leute« wie du haben es immer wieder getan. Schließlich musst du nicht alles auf einmal schaffen, sondern kannst Schritt für Schritt vorgehen, bringst das Göttliche immer so gut zum Ausdruck, wie es dir auf deinem momentanen Entwicklungsstand möglich ist. Selbst wenn du nur eine winzige *Portion* Göttlichkeit zum Ausdruck bringst, kann bereits das dein Leben so dramatisch verändern, dass Kampf und Leiden, Verzagtheit und Sorgen, Furcht und Wut, Trauer und Elend für immer aus deinem Alltag verschwinden.

~

Den *gesamten* Prozess der Göttlichen Selbsterfahrung durch Selbstausdruck in der physischen Welt zu vollenden ist nicht möglich, weil diese Welt ihre Grenzen hat – darauf wiesen wir im 14. Kapitel hin, als wir über die Endlichkeit unseres Lebens sprachen. Doch in der Gesamtheit des dreigeteilten Königreiches Gottes (*physischer* Bereich, *spiritueller* Bereich und der Bereich des *reinen Seins*) kann die Gesamtheit des Göttlichen von der Gesamtheit deines Seins zum Ausdruck gebracht und erfahren werden.

Dass es unmöglich ist, während eines einzelnen physischen Lebens die Heilige Reise in ihrer *Gesamtheit* zu vollenden, wurde von der herkömmlichen Theologie richtig verstanden, aber fehlerhaft gelehrt. Die Theologen haben in gutem Glauben versucht, es zu lehren, aber es geschah auf ungenaue und schädliche Weise. Die Getrenntheit von Gott wurde zum Dogma erhoben, statt die wunderbare Größe Gottes zu feiern.

> **Seelenwissen:**
> ***Der Himmel ist kein Königreich, wo du einem anderen huldigst. Er ist ein Königreich, wo du dich selbst als königlich behandelst und wertschätzt.***

Dass wir die Reise in der physischen Welt nicht vollständig abschließen können, liegt *nicht* daran, dass alles Physische von Gott getrennt wäre. Das genaue Gegenteil ist der Fall. Gerade weil wir alle *auf so großartige und grenzenlose Weise* mit dem Göttlichen verbunden sind, benötigen wir mehr als ein physisches Leben, um es in seiner Gänze zu erfahren!

Wie wir mit unserer Theater-Analogie bereits veranschaulicht haben, kann eine Seele viele hundert Leben benötigen (wodurch es manchmal zu den erwähnten *Déjà-vus* kommt), um völlige Erfüllung zu finden! (Man nennt es auch *Reinkarnation …*) Das bringt uns wieder zurück zu jener individualisierten Ausdrucksform des Göttlichen, die gerade dieses Buch liest. Was hat das alles mit deinem Ziel zu tun, dich im Alltag, hier und heute, auf das zu konzentrieren, Was Wirklich Wichtig Ist?

Um erkennen zu können, warum etwas *nicht* funktioniert, muss man zunächst einmal verstehen, wie es *funktioniert*. Dieses Buch hat dich bisher Schritt für Schritt durch den Bauplan des Lebens geführt.

Es hat deinen Geist an das Wissen deiner Seele über den ursprünglichen göttlichen Plan erinnert. Hier folgt nun eine kurze Zusammenfassung dieses Wissens.

Der Große Plan: Gott erschuf die physische Welt, um Seine Ganzheit in relativen Begriffen zum Ausdruck bringen zu können, was es Ihm ermöglicht, Göttlichkeit in all ihren Aspekten zu erfahren.

Der Bauplan des physischen menschlichen Lebens: Du bist ein dreiteiliges Wesen, das aus Körper, Geist und Seele besteht. Innerhalb dieser Dreiheit, die in diesem Buch die »Gesamtheit deines Seins« genannt wird, gibt es keine Trennung. Die Gesamtheit deines Seins ist in Wirklichkeit eine individualisierte Ausdrucksform des Göttlichen Seins. Ebenso wie das Göttliche in dreifaltiger Form existiert (SEIN, WISSEN, ERFAHREN), bist auch du eine Dreiheit (SEELE, GEIST, KÖRPER). Du wurdest tatsächlich, wie es in theologischen Kreisen heißt, nach dem Ebenbild Gottes erschaffen.

Die Absicht der Seele: Sie möchte jeden Aspekt ihrer wahren Identität als individualisierte Form des Göttlichen erfahren. Das erreicht sie dadurch, dass sie ihre Heilige Reise vollendet, indem sie sich von Augenblick zu Augenblick im physischen Leben ausdrückt und erfährt. In Zusammenarbeit mit anderen Seelen erschafft sie die perfekten Zustände und Situationen, um diese Erfahrungen machen zu können.

Die Heilige Reise: Der ewige Prozess, durch den die Seele die Urkraft oder Essenz des Lebens zum Ausdruck bringt, und zwar in spezifischer und individueller Form. So erfüllt sie die Göttliche Absicht mithilfe von physischen Verkörperungen, die in menschlichen Begriffen »Lebensspannen« oder »Inkarnationen« heißen.

Die Göttliche Absicht: Unaufhörliche Erfüllung. Das heißt, die vollständige Selbsterfahrung des Göttlichen in all seinen Aspekten durch fortlaufende physische Manifestationen, die die Natur des Göttlichen in dem Maße widerspiegeln, wie es dem jeweiligen evolutionären Entwicklungsstand der einzelnen physischen Manifestation entspricht.

Wenn eine Blume blüht, erfüllt sich darin die Göttliche Absicht (alle Aspekte des Göttlichen auszudrücken und zu erfahren) – und in diesem Stadium vollendet sich die Heilige Reise jener Lebensform, die »Blume« genannt wird. Sie erreicht aber keine »totale« Vollendung, weil die Lebensform namens »Blume« niemals »sterben« oder »verschwinden« kann. Ihre Energie wechselt einfach die Form und schreitet zum nächsten Stadium ihres Ausdrucks und ihrer Manifestation weiter.

Wenn ein Baum seine größte Wuchshöhe erreicht und infolge seines eigenen Gewichts umstürzt, erfüllt sich darin die Göttliche Absicht (alle Aspekte des Göttlichen auszudrücken und zu erfahren) – und in diesem Stadium vollendet sich die Heilige Reise jener Lebensform, die »Baum« genannt wird. Sie erreicht aber keine »totale« Vollendung, weil die Lebensform namens »Baum« niemals »sterben« oder »verschwinden« kann. Ihre Energie wechselt einfach die Form und schreitet zum nächsten Stadium ihres Ausdrucks und ihrer Manifestation weiter.

Wenn ein Mensch zu völligem Selbstausdruck gelangt, erfüllt sich darin die Göttliche Absicht (alle Aspekte des Göttlichen auszudrücken und zu erfahren) – und in diesem Stadium vollendet sich die Heilige Reise jener Lebensform, die »Mensch« genannt wird. Sie erreicht aber keine »totale« Vollendung, weil die Lebensform namens »Mensch« niemals »sterben« oder »verschwinden« kann. Wenn die Lebensspanne eines Menschen endet, tut er genau das, was auch andere Lebensformen tun: Seine Energie wechselt die Form und schreitet zum nächsten Stadium ihres Ausdrucks und ihrer Manifestation weiter.

Im Gegensatz zu Blumen, Bäumen und anderen weniger entwickelten biologischen Lebensformen ist der Mensch in der Lage, Weisheit zum Ausdruck zu bringen und zu erfahren – die Weisheit der Seele, um genau zu sein. So kann der Mensch, wenn die Weisheit der Seele zu den im Geist gespeicherten Erfahrungen hinzugefügt wird, in zahlreichen Augenblicken während eines einzigen physischen Lebens immer wieder »teilweise Erfüllung« erlangen.

Den Augenblick auskosten,
das Ende der Reise in jedem Schritt des Weges finden,
so viele gute Stunden wie möglich erleben,
das ist Weisheit.

Ralph Waldo Emerson

Der Grad an Bewusstheit, den die Menschen erreicht haben, ist möglicherweise höher als bei allen anderen Lebensformen auf der Erde. (Zumindest meinen wir, höher entwickelt zu sein als Delfine oder Wale und die meisten anderen Lebewesen – aber sicher ist das keineswegs.)

Wie bereits erwähnt, erreicht die menschliche Lebensform gegenwärtig eine neue Ebene der Bewusstheit, weil der Geist heute der Bewusstheit der Seele viel mehr Aufmerksamkeit schenkt – geradeso wie der primitive Mensch an einem bestimmten Punkt seiner Entwicklung erkannte, dass das Gesicht im Wasser sein eigenes Spiegelbild war.

Durch den Prozess, auf den du dich mit der Lektüre dieses Buches eingelassen hast, wird dir dein Spiegelbild gezeigt, und du hast es erkannt.

Um die Metapher des Lebenspfades ein letztes Mal zu benutzen: Wenn dein Geist und dein Körper vom Pfad der Seele abweichen, vergisst der Geist. Und, wie wir erklärt haben, werden Körper und Geist nicht *gezwungen*, dem Pfad der Seele zu folgen, und so lassen sie sich durch andere Attraktionen ablenken.

Doch, und nun erweitern wir die Metapher, gibt es in diesem Prozess eine »Schutzvorrichtung«, und dieser Schutzmechanismus garantiert, dass du letztendlich sicher auf den Berggipfel gelangst. Wie alle guten Bergsteiger sind auch die drei Teile der Gesamtheit deines Seins angeseilt. (Manche spirituelle Lehrer nennen diese Verbindung eine »silberne Schnur«.)

Dieses Verbindungsseil ist sehr lang, sodass Geist und Körper sehr, sehr weite »Extratouren« unternehmen können, ehe das Seil straff wird. (Man könnte sagen, Gott hat dir »viel Seil« mit auf den Weg gegeben.) Aber irgendwann kommt doch der Punkt, wo das Seil sich anspannt. Dann bekommst du das Gefühl, in drei verschiedene Richtungen gezogen zu werden.

Dieses Gefühl hat jeder schon erlebt. Vielleicht erlebst du es gerade jetzt. Wenn ja, dann aus dem Grund, weil du vom Pfad der Seele abgewichen bist. Aber sorge dich nicht. Du bist bereits auf dem Rückweg zu diesem Pfad. Und diesmal hast du eine Karte dabei, die dir zeigt, wie du in Zukunft *auf dem Pfad bleiben* kannst.

Denn du wirst in Zukunft wissen, Was Wirklich Wichtig Ist.

— 18 —

DIE KARTE

Und so kommen wir zum Kern des Ganzen. Nachdem wir das Leben und seine Göttliche Bestimmung angeschaut, die Heilige Reise anhand von Metaphern beschrieben, die Absichten der Seele detailliert erläutert und die Gesamtheit deines Seins definiert haben, gelangen wir wieder zu der Frage, mit der unsere Untersuchung begann: *Was* ist wirklich wichtig?

Die Antwort wird künftig das Fundament sein für jeden Tag, jede Stunde, jede Minute deines Lebens.

Diese Antwort wird sich auf alles auswirken, was du sagst und tust. Diese Antwort wird vom Morgen bis zum Abend die Qualität deines Lebens beeinflussen.

Diese Antwort bestimmt, wie erfolgreich du bist – und wie du »Erfolg« definierst.

Diese Antwort bestimmt, wie gesund du bist – und wie du »Gesundheit« definierst. Diese Antwort bestimmt, wie du geliebt wirst und wie liebevoll du bist – und wie du »Liebe« definierst.

Auf Grundlage dieser Antwort wirst du deine Beziehungen erschaffen – sowohl deine romantischen Beziehungen wie auch deine Beziehungen zu Verwandten, Freunden und überhaupt allen Menschen in deinem Umfeld. Diese Antwort bestimmt, auf welche Weise du Zeit mit den Menschen verbringst, die dir am Herzen liegen, und was du tust, wenn du allein bist.

Diese Antwort wirkt sich auf *alles* aus, auf dein ganzes Leben, von diesem Moment bis zum Moment deines Todes. Sie wirkt sich sogar darauf aus, *wie* du sterben wirst.

Das, Was Wirklich Wichtig Ist, ist *so* wichtig, dass verglichen damit alles andere zur Bedeutungslosigkeit schrumpft beziehungsweise wahrscheinlich überhaupt nur *seinetwegen* existiert.

Deine gesamte Vergangenheit ist ein Spiegelbild Dessen, Was Wirklich Wichtig Ist, und deine gesamte Zukunft wird durch es erschaffen.

Hier also ist es nun. In diesem Leben auf Erden gibt es nur Eines, Was Wirklich Wichtig Ist:

DEINE SEHNSUCHT

Das hast du vermutlich nicht erwartet. Doch sich mit Hingabe den eigenen Sehnsüchten zu widmen, sie zu erkennen und ihnen Ausdruck zu verleihen und nur zu erschaffen, was du dir wirklich von Herzen wünschst, was du wirklich tief im Inneren begehrst, verleiht dir die Fähigkeit, den Plan deiner Seele auszuführen und die Heilige Reise zu vollenden, womit du die Göttliche Absicht erfüllst.

Die Entscheidung, diesen Weg zu gehen, ist die wichtigste, folgenreichste Entscheidung, die du jemals treffen wirst. Und es ist keine Entscheidung, die du einmal triffst und mit der du dann lebst.

Es ist eine Entscheidung, die du in jeder Sekunde, jeder Minute, jeder Stunde eines jeden Tages immer wieder treffen musst. Tatsächlich triffst du diese Entscheidung, seit du alt genug bist, um über sie nachzudenken.

Aber wahrscheinlich hast du bisher auf die falsche Art über sie nachgedacht.

Und darum geht es im dritten Teil dieses Buches.

Es geht darum, was wir uns wünschen und wonach wir uns sehnen – und was das wirklich bedeutet.

Mach dich bereit.

Es ist nicht so, wie du denkst.

DRITTER TEIL

Hier wird dir beschrieben, wie es ist,
dem Pfad der Seele zu folgen,
und du wirst mit hervorragenden
Hilfsmitteln und Techniken vertraut gemacht,
die dich in die Lage versetzen,
dein ganzes Leben auf das auszurichten,
Was Wirklich Wichtig Ist.

— 19 —

SOLL MAN WIRKLICH SEIN LEBEN GANZ DER ERFÜLLUNG DER EIGENEN SEHNSÜCHTE UND WÜNSCHE WIDMEN?

Liebe Leserin, lieber Leser … falls du gleich zum dritten Teil gesprungen bist, ist es nun erforderlich, dass du zumindest ein paar Seiten zurückblätterst und das letzte Kapitel liest. Wenn du den zweiten Teil des Buches bereits gelesen hast, weißt du, dass deine Wünsche und Sehnsüchte Das Sind, Was Wirklich Wichtig Ist.

Könnte das denn wirklich wahr sein?

Ist dies tatsächlich die Schlussfolgerung, zu der wir nach dieser langen und gründlichen Erforschung der wichtigsten Dinge im Leben gelangen – dass die eigenen Wünsche das Wichtigste im Leben sind?

Ja, das ist wirklich wahr! Und die meisten Menschen wissen es bereits. Das Problem besteht nicht darin, dass sie es nicht wissen, *sondern dass sie auf die falsche Art darüber denken.*

Die meisten Menschen denken, sich auf die eigenen Wünsche und Sehnsüchte zu konzentrieren würde bedeuten, sich auf sich selbst zu konzentrieren. Doch es bedeutet das genaue Gegenteil. Doch woher sollen wir das wissen, wo doch in unserer Kultur– in unserer Erziehung, unseren sozialen Interaktionen – dieses Missverständnis massiv geschürt wird?

Selbst jene, die die Orthodoxie unserer modernen Gesellschaft – das Größer/Besser/Mehr – ablehnen und sich stattdessen »alternativen« Lebensweisen und Überzeugungen zuwenden, haben aus dem Mund ihrer neuen Lehrer, Prediger und Heiler *genau die gleiche Botschaft* vernommen: Nutze die Macht in dir! Dann kannst du alles bekommen, was du wünschst.

Das stimmt! Hast du den Film gesehen? Vor gar nicht langer Zeit wurde ein Film zu diesem Thema produziert. Es ging darum, wie wir ein grundlegendes Gesetz des Universums, das Gesetz der Anziehung, nutzen können, um magnetisch alles in unser Leben zu ziehen, was unser Herz begehrt – und wie über Jahrtausende die wenigen, die darüber Bescheid wussten, diese schöpferische Macht vor uns geheim hielten.

Nun endlich, wird in dem Film behauptet, sei diese Formel enthüllt worden, und *alle* könnten bekommen, was sie sich wünschen!

Und welche Wünsche wurden dann im Film gezeigt?

> **Seelenwissen:**
> ***Wirklich Wichtig Ist Das, Was Wir Uns Wünschen.***

Ein Mann geht freudestrahlend auf sein Traumauto zu, das endlich vor seinem Haus steht. Eine Frau blinzelt in freudiger Überraschung, weil plötzlich und wie durch Zauberei ein kostbares Diamantcollier um ihren Hals hängt. Ein kleiner Junge ist außer sich vor Freude, weil draußen vor der Tür ein funkelnagelneues Fahrrad auf ihn wartet.

Kein Wort darüber, dass wir – wenn wir *wirklich* über diese schöpferische Macht verfügen – den Weltfrieden erschaffen könnten. Oder den Hunger in der Welt für immer beseitigen. Oder die ökologischen Wunden des Planeten dauerhaft heilen.

Kein Wort.

Und das ist nicht die Schuld der Filmemacher. Sie haben nur die Prioritäten unserer Kultur widergespiegelt, die auch zu den Prioritäten des sogenannten »New Age« geworden sind.

In diese Kultur wurden die meisten von uns hineingeboren, und wir sind tagtäglich von ihr umgeben. Es ist also kein Wunder, dass die Frage, Was Wirklich Wichtig Ist, uns verwirrt.

Und nun kommt ein Buch daher, das genau diesen Titel trägt und in dem behauptet wird, unsere Verwirrung könnte beseitigt werden – aber dann wird uns darin genau das Gleiche erzählt, was uns alle anderen sowieso schon immer gesagt haben …!

Wirklich Wichtig Ist Das, Was Wir Uns Wünschen.

Aber einen Moment, bitte. Da ist noch mehr. Es gibt noch einiges mehr darüber zu sagen, was wir uns wirklich wünschen.

Auf höheren Ebenen des Bewusstseins gewinnen unsere Wünsche eine viel umfassendere Bedeutung. Wenn du voll erwacht bist, erkennst du, dass das, »was man sich wünscht«, keineswegs nur deine persönlichen, individuellen Wünsche umfasst, sondern die Wünsche Des Einen.

Auf noch höheren Ebenen des Bewusstseins erkennst du, dass *beides ein und dasselbe* ist. Deine persönlichen Wünsche und die Wünsche Des Einen sind *identisch.*

»Der, Die, Das Eine«?

Ja, *Der, Die, Das Eine.*

~

Alle Dinge sind Ein Ding. Es gibt nur Ein Ding, und alle Dinge sind Teil des Einen Dings, das ist.

Diesem Einen Ding sind schon viele Namen gegeben worden – das Leben, die Essenzielle Essenz, die Energie, Allah, Brahma, Göttlichkeit, Elohim, Gott, Jehovah und noch viele andere. Es spielt keine Rolle, welchen Namen du benutzt – es ist das einzige Ding, das existiert, und du bist ein Teil von ihm.

Weil du ein integraler Bestandteil dieses Dings bist, ist es nur natürlich, dass deine Herzenswünsche identisch sind mit dem, was es sich in seinem tiefsten Wesenskern wünscht.

Um des besseren Verständnisses willen bezeichnen wir das Eine Ding in diesem Buch als »Göttlichkeit«, »das Göttliche« oder manchmal auch einfach »Gott«.

~

Das Göttliche hat nur einen Wunsch: Es möchte sich selbst erfahren, indem es sich dadurch kennenlernt, dass es sich selbst schöpferisch ausdrückt. Dies tut es, indem es das Leben in all seinen Manifestationen hervorbringt. Nicht nur einen bestimmten *Teil* des Lebens, sondern die *Gesamtheit* allen Lebens. Durch die *Summe und Substanz* allen Lebens, kollektiv und kooperativ, erfährt das Göttliche Erfüllung auf allen Ebenen.

Diese Erfüllung insgesamt wird dadurch erreicht, dass jeder einzelne Aspekt des Göttlichen seinen völligen Selbstausdruck findet.

Das Göttliche verleiht sich selbst die Macht, dieses Resultat hervorzubringen. Das heißt, das Leben ermächtigt das Leben, immer mehr Leben hervorzubringen und Leben in seiner ganzen Fülle auszudrücken und zu entfalten – weil Wunsch und Sehnsucht des Göttlichen darin besteht, dass sich das Leben vollständig entfaltet.

Und das ist auch dein Wunsch.

Von deinen ersten Tagen als Säugling bis zu deinem Atemzug in diesem Augenblick war und ist das deine Sehnsucht, dein Traum und dein Ziel. Jetzt, wo du dich wieder daran erinnerst, ist es doch ganz offensichtlich, nicht wahr? Und genauso offensichtlich ist, dass es zwischen deiner wahren Sehnsucht und dem Wunsch Gottes keinen Unterschied gibt.

Gottes Wunsch wurde deiner Seele eingepflanzt, und sie ist deine Essenzielle Essenz, jener Teil von dir, der den Göttlichen Impuls trägt – in diesem Leben und in *allen* Leben beziehungsweise Inkarnationen.

> **Seelenwissen:**
> ***Diese Erfüllung insgesamt wird dadurch erreicht, dass jeder einzelne Aspekt des Göttlichen seinen völligen Selbstausdruck findet.***

Deine Seele ist also jener Aspekt in dir, der sich an dieses Wissen erinnert. Sie vergisst niemals, sie kann nicht vergessen, denn sie ist die Erinnerung selbst. Daher ist sich die Seele jederzeit sämtlichen Wissens bewusst, bis in alle Ewigkeit. Dein Geist hingegen speichert nur die Erfahrungen deines jetzigen Lebens.

(Wir wissen, all das wurde bereits weiter vorne in diesem Buch Stück für Stück erläutert. Doch nun fügen wir es so zusammen, dass das Puzzle vollendet werden kann.)

Wenn die Seele weiß, was der Wunsch Des Einen ist, und wenn dein Geist dir sagt, was du dir aufgrund der in diesem Leben gesammelten Erfahrungen wünschen *solltest*, dann besteht die Einladung des Lebens an dich und zugleich deine große Herausforderung darin, diese beiden zusammenzubringen: Die Seele informiert den Geist, öffnet ihn, erweitert seine Kapazität, sodass die Mechanik der Realitätsschöpfung eine neue und großartigere Erfahrung deines Wahren Seins hervorbringt.

Das ist die Besondere Einladung, die du in diesem Moment empfängst. Du bist eingeladen, *den Wunsch Des Einen* ganz *bewusst* zu *deinem* Wunsch zu machen. Du bist eingeladen, das, was du von der Idee her bereits weißt, zu einer praktischen Erfahrung zu machen.

Ein Weg, das zu realisieren, besteht darin, *den Wunsch Des Einen* zu deinem neuen Mantra zu machen. Wenn dein Geist dann mit verwirrenden Situationen und Ereignissen konfrontiert wird und eine Reaktion formulieren möchte, richtest du dein Bewusstsein darauf, nicht nur auf den Geist zu hören, sondern ebenso die Seele zu berücksichtigen. So kann die Gesamtheit deines Seins zum Ausdruck bringen und erfahren, was *der Wunsch Des Einen* ist.

Auf diese Weise sagst du: »Nicht mein Wille geschehe, sondern Deiner.«

— 20 —

WAS DER PFAD DER SEELE *NICHT* IST

Ehe wir beschreiben, was es bedeutet, sich auf den Wunsch Des Einen zu konzentrieren und dem Pfad der Seele zu folgen, möchten wir etwas klarstellen: Die Menschen weichen nicht vom Pfad der Seele ab, weil sie ihn verlassen wollen, sondern weil sie nicht wissen, wie dieser Pfad aussieht.

Die Menschen weichen nicht mit Absicht vom Pfad der Seele ab, sondern aus Versehen. Sie würden lieber »auf Kurs« bleiben, als vom Weg abzukommen, aber sie verirren sich dennoch, weil manche dieser Um- und Abwege bereits von sehr vielen Menschen beschritten wurden. Sie sind so gut ausgetreten, dass es wirkt, *als wären sie der Pfad.*

Das Streben nach Liebe sieht aus wie der Pfad.
Das Streben nach Sicherheit sieht aus wie der Pfad.
Das Streben nach Erfolg sieht aus wie der Pfad.
Das Streben nach Macht sieht aus wie der Pfad.
Das Streben nach Geld sieht aus wie der Pfad.
Das Streben nach Glück sieht aus wie der Pfad.
Das Streben nach sexueller Erfüllung sieht aus wie der Pfad.
Das Streben nach Popularität sieht aus wie der Pfad.
Das Streben nach Frieden sieht aus wie der Pfad.
Das Streben nach sozialer Gerechtigkeit sieht aus wie der Pfad.

Keiner dieser Wege ist der Pfad, aber alle sehen sie von Zeit zu Zeit *genau wie der Pfad aus*, als würden sie dich geradewegs dorthin bringen, wo du gerne sein möchtest – vor allem wenn du dir nicht völlig über dein Ziel *im Klaren* bist (geschweige denn über den schnellsten Weg dorthin).

Den ersten Schritt zurück auf den wahren Pfad tust du, indem du dir klarmachst, was du über Gott, den Sinn deines Lebens und über deine Seele glaubst. Der zweite Schritt besteht darin, dir darüber klar zu werden, wohin du willst. Du musst dorthin gehen, wohin deine Seele geht, und nicht dorthin, wohin es den Körper oder den Geist manchmal zieht – und das oft nicht, weil sie es wirklich wollen, sondern weil sie denken, sie *sollten* dorthin gehen.

Die Seele ist unterwegs zu einem Ort namens *Erfüllung*, und dieses Ziel kannst du, als die Gesamtheit deines Seins, in diesem Leben immer wieder erreichen, indem du Schritt für Schritt, Stufe für Stufe dem Pfad der Seele folgst.

Wenn du zu diesem Kapitel vorgeblättert hast, ohne den zweiten Teil ganz gelesen zu haben, kennst du die ausführliche Erklärung hierfür noch nicht. Du denkst dann vielleicht, im Leben ginge es um ein langfristiges Ziel. Oder die Verwirklichung hochfliegender Pläne. Oder um die Erfüllung einiger leicht zu formulierender und allgemein anerkannter Wünsche wie den oben aufgelisteten.

Solche Wünsche zu hegen ist verzeihlich, denn zumindest einige davon sind überaus wertvoll. Wer könnte etwas dagegen einzuwenden haben, wenn sich ein Mensch die Verwirklichung von Liebe, Frieden und sozialer Gerechtigkeit als Lebensziel wählt?

Seelenwissen:
Wenn du dem Pfad der Seele folgst, ändert sich alles.

Nur wenn wir spirituell erwacht sind – oder wenn wir ein ganzes Leben damit zugebracht haben, uns diesen anderen Dingen zu widmen, und diese Ziele zumindest teilweise erreicht haben, nur um dann festzustellen, dass *es das doch nicht ist* und wir uns immer noch nicht erfüllt fühlen –, können wir wissen, dass der Pfad der Seele ein *völlig anderes Ziel* hat.

Und wenn wir wirklich dem Pfad der Seele zu diesem völlig anderen Ziel *folgen*, werden wir dort auch alles andere finden, wonach wir gesucht haben und was wir durch das *Verlassen* des Pfades zu erlangen hofften – einschließlich der oben aufgelisteten Bestrebungen.

Wie wir bereits sagten: Würde die ganze Menschheit ihre Aufmerksamkeit darauf richten, die Absichten der Seele zu verwirklichen, würden die Dinge auf der Liste und vieles andere, worauf alle Menschen hoffen, sich ganz automatisch in unserer Welt manifestieren.

Auf der individuellen Ebene, im persönlichen Leben zahlreicher Menschen, überall auf dem Planeten geschieht das bereits.

Wie sieht das denn nun konkret aus: dem Pfad der Seele folgen und zum Ausdruck bringen und erfahren, was Wir uns wünschen – was Das Eine sich wünscht?

Alles wird sich dadurch verändern.

Dein ganzes Leben wird sich verändern: wie du denkst, wie du fühlst, wie du redest, wie du handelst, wie du mit anderen interagierst, wie du liebst, wie du arbeitest, wie du spielst, wie du isst und sogar wie du schläfst.

Du wirst besser schlafen als je zuvor, weil dein Geist ausgeruhter sein wird als je zuvor, dein Herz offener und weiter sein wird als je zuvor und du mehr als je zuvor auf deine Seele hören wirst.

Du wirst immer noch vieles tun, was du auch bisher getan hast, aber du wirst diese Dinge aus anderen Gründen tun, auf andere Weise, in anderer Absicht. Dein Tun wird auf andere Ergebnisse ausgerichtet sein, und du wirst diese Ergebnisse erreichen.

Du wirst dir über das »Warum« hinter jedem »Was« in deinem Leben klar werden, und wenn du dir über das »Warum« im Klaren bist, wirst du intuitiv wissen, »was« zu tun ist und »was« du anstrebst – und dir wird gar nicht mehr in den Sinn kommen, etwas zu tun, was nicht dem Pfad der Seele entspricht.

Du wirst auch weiterhin aktiv handeln, aber künftig wird dein Handeln widerspiegeln und demonstrieren, wo du dich gerade auf dem Seelenpfad befindest. Es wird kein Versuch mehr sein, irgendwohin zu gelangen.

Plötzlich wird sich alles in deinem Leben genau »richtig« anfühlen, ganz so, wie es *ist* – selbst wenn du es gestern noch als »nicht richtig« bezeichnet hättest.

Diese sehr rasch eintretende Veränderung bedeutet nicht etwa, dass du apathisch wirst und die Dinge tatenlos hinnimmst, sondern das genaue Gegenteil – da du die Dinge nun ganz bewusst erfährst, sie in ihrer *Gesamtheit* wahrnimmst, kannst du auch aus *der Ge-*

samtheit deines Seins heraus auf sie reagieren, also mit Körper, Geist *und* Seele, statt nur mit Körper und Geist, wie die meisten Menschen auf Erden es bisher tun. (Letzteres ist der Grund, warum 98 Prozent der Menschheit 98 Prozent ihrer Zeit mit Dingen verbringen, die nicht wirklich wichtig sind.)

— 21 —

EINE BETRACHTUNG DER GÖTTLICHEN ABSICHT UND DER AUFGABEN AUF DEM PFAD

Um herauszufinden, was die Göttliche Absicht, also der Wunsch Des Einen ist, musst du deinen Geist für deine Seele öffnen, sodass die beiden sich vereinen. Um *den Wunsch Des Einen zum Ausdruck zu bringen*, musst du auch deinen Körper mit einbeziehen. Das nennt man Integration. Die Gesamtheit deines Seins wirkt dann harmonisch zusammen. So wird die Heilige Dreifaltigkeit realisiert – *in dir!* Das ist es, worum es bei der spirituellen Meisterschaft eigentlich geht.

Wenn es dir gelingt, die drei Aspekte deines Seins vollständig zu integrieren, wird in diesem Moment *der Wunsch Des Einen* (die Göttliche Absicht) zum einzigen Was Wirklich Wichtig Ist.

Damit erreichst du Vollendung, Erfüllung.

Du hast den Augenblick gemeistert.

Der Wunsch Des Einen manifestiert sich durch dich, in dir, als Du. Dein Körper, dein Geist und deine Seele bilden in der physischen Welt ab, was in der spirituellen Welt existiert und bekannt ist. So wird die Göttlichkeit *erfahrbar*. Und diese Erfahrung entsteht durch das, was du *bist* – nicht durch dein *Tun*.

Jedes Mal wenn du völlige Liebe *bist*, wandelst du auf dem Pfad der Seele und findest Erfüllung. Du bist angekommen. Du hast dein Ziel, deine Bestimmung, erreicht.

Jedes Mal wenn du völliges Verständnis *bist*, wandelst du auf dem Pfad der Seele und findest Erfüllung. Du bist angekommen. Du hast dein Ziel, deine Bestimmung, erreicht.

Jedes Mal wenn du völliges Mitgefühl *bist*, wandelst du auf dem Pfad der Seele und findest Erfüllung. Du bist angekommen. Du hast dein Ziel, deine Bestimmung, erreicht.

Jedes Mal – in jeder *Nanosekunde* – wenn du völlige Geduld, Fürsorge, Sanftheit, Klarheit, Güte, Weisheit, Großzügigkeit, Hingabe oder Wohltätigkeit demonstrierst, wandelst du auf dem Pfad der

Seele und findest Erfüllung. Du bist angekommen. Du hast dein Ziel, deine Bestimmung, erreicht.

Wenn du in deinem Leben für einen Moment alle diese Eigenschaften gleichzeitig demonstrierst, hast du in diesem Moment, in dieser Nanosekunde, dein Ziel erreicht. Du hast Göttlichkeit zum Ausdruck gebracht und somit erfahren, und zwar auf der höchsten Ebene, zu der dein Bewusstsein gegenwärtig in der Lage ist.

Das Aufregende hierbei ist, dass sich dein Bewusstsein dann sofort erweitern wird, was es dir ermöglicht, immer noch großartigere, aufregendere Erfahrungen zu machen.

Seelenwissen:
Jetzt beginnt die nächste Phase deiner spirituellen Evolution.

Und genau das geschieht jetzt. Es geschieht hier und jetzt in deinem Leben, *während du dieses Buch liest.* Du hast alle diese Dinge verwirklicht, jedes für sich, aber auch schon alle gleichzeitig. Jetzt steigst du zur nächsten Stufe auf und beginnst die nächste Phase deiner spirituellen Evolution.

Da du dich nun so leicht an all das erinnerst, stellt sich die Frage: Warum erinnerst du dich nicht daran, wenn du gerade die nächste Stufe erklimmst und diese Erinnerungen gut gebrauchen könntest – in der Nanosekunde, wenn deine bewusste Entscheidung, diese Aspekte des Göttlichen auf der nächsthöheren Ebene zu demonstrieren und zu verkörpern, eine dramatische Veränderung in deinem Leben herbeiführen könnte (vom Leben anderer Menschen ganz zu schweigen)?

So wie die Dinge stehen, gibt es in deinem Leben nach wie vor Momente, wo du dich *nicht* liebevoll, verständnisvoll, mitfühlend, geduldig, fürsorglich, sanft, klar, gütig, weise, großzügig, hingebungsvoll oder wohltätig fühlst. *Warum nicht?* Vor allem, da du *weißt*, dass du dich so fühlen *würdest*, wenn du dein Höchstes Selbst wärst.

Warum kannst du dich nicht öfter auf dieses Level begeben? Nach Belieben? Und dort bleiben?

Es könnte daran liegen, dass dein »Schwamm« voll ist und nicht noch mehr vom »Ozean« aufsaugen kann. Er muss erst ausgewrungen werden, damit du wieder mehr von der Bewusstheit deiner Seele absorbieren kannst.

In solchen Momenten verliert dein Geist den Kontakt zur Seele. Er vergisst etwas von dem, was die Seele weiß, und stellt sich vor, du wärst in irgendeiner Weise bedroht und müsstest dich verteidigen, weil er glaubt, zu überleben wäre deine oberste Priorität.

Oder dein Geist denkt, dass dir ein Verlust droht oder du bereits etwas verloren hast oder dass dir etwas vorenthalten wird, dir jemand Unrecht tut oder dass dir eine Situation (oder gar dein ganzes Leben) außer Kontrolle gerät.

Oder du hast das Gefühl, im Moment nicht genug Zeit und Energie zu haben, um dich abzurackern, gegen den Wind anzukämpfen. Vielleicht wünschst du dir ein bisschen Rückenwind, wenigstens für ein paar Augenblicke …

Was du brauchst, sind Werkzeuge. Hilfsmittel. Methoden oder Techniken, die *bewirken*, dass der Wind von hinten weht und du auf deiner Reise gut vorankommst, wenigstens für eine Weile. Werkzeuge, mit denen du Hindernisse auf dem Pfad wegräumen kannst, wenigstens jene, die unmittelbar vor dir liegen, damit nicht jeder … einzelne … Schritt ein mühsamer Kampf ist.

Nun, damit bist du hier genau an der richtigen Adresse. Du hast dir mit diesem Buch die Hilfe geholt, die du brauchst. Durch deine Bereitschaft, hier zu sein, hast du dir diese Situation selbst *erschaffen*. Diese Bereitschaft hast du in dem Moment demonstriert, als du dieses Buch zur Hand nahmst.

Und …

… das alles geht noch sehr viel tiefer …

— 22 —

WER BIST DU, UND WER BIN ICH?

Meine liebe Seelenfreundin, mein lieber Seelenfreund … erkennst du allmählich, was hier geschieht?

Es ist dein großer Wunsch, Zugang zu deiner *eigenen* Weisheit, deiner *eigenen* Bewusstheit zu finden, um die »unvermeidlichen, hartnäckigen und bedrückenden Probleme des Alltags (Geldsorgen, beruflicher Stress, Beziehungskrisen und dergleichen …)« zu lösen. Also projizierst du diese Weisheit und Bewusstheit hinaus in die Außenwelt, wodurch dein inneres Wissen von außen in Form eines Buches, eines Films oder eines Vortrags zu dir kommt. Oder durch die Bemerkung eines Freundes, den du scheinbar zufällig auf der Straße triffst. Oder im Text des nächsten Songs, den du im Radio hörst.

Diese kleinen Ereignisse werden von dir in schöpferischer Zusammenarbeit mit vielen anderen Seelen erschaffen. Deshalb spricht man ja auch davon, dass Ereignisse *zusammen*treffen.

Ständig bist du dabei, zusammen mit allen anderen Menschen eure Realität zu erschaffen. Das verstehst du dann allmählich, wenn du dich daran erinnerst, dass Wir Alle Eins sind und dass die anderen Leute auf der Erde einfach der Rest von Dir sind.

Wenn du dazu übergehst, dies nicht nur zu *wissen*, sondern es zu *erfahren*, gelangst du zur Höchsten Erfüllung. Du erfährst dann dein Selbst nicht nur als *einen* der Aspekte des Göttlichen (Liebe, Mitgefühl, Verständnis, Geduld, Akzeptanz usw.), sondern als *alle* Aspekte in ihren endlosen Manifestationen. Du erlebst das Vollkommene Einssein Mit Allem.

In diesem Moment kannst du dich mit dem »Opfer« genauso identifizieren wie mit dem »Täter«, wobei beide Personen das weiße und das schwarze Gewand tragen – und du weißt, dass auch du schon gleichzeitig Weiß und Schwarz getragen hast. Und dennoch liebst du dich und vergibst dir, weil du weißt, dass Verwirrung kein Verbrechen ist und dass sich letztlich jede Schurkerei darauf zurückführen lässt, dass jemand den Pfad der Seele vergessen hat.

Dass der Geist sich in solcher Weise völlig für die Totale Bewusstheit der Seele öffnet, ist alltäglicher und geschieht viel öfter, als du denkst. Die Kunst besteht, wie schon gesagt, darin, diese Öffnung ständig *aufrechtzuerhalten.*

Seelenwissen:
Deine Seele ist sich der Höchsten Realität voll bewusst.

Hast du es nicht auch bereits erlebt, dass dann, wenn der Geist verzweifelt bemüht ist, etwas zu verstehen – wenn ein besonders akutes Lebensproblem dringend nach einer Lösung verlangt –, die richtige und perfekte Antwort oft spontan auftaucht, und zwar von außen, aus einer scheinbar von dir »getrennten« Quelle?

Doch was ist, wenn es so etwas wie eine von dir getrennte Quelle gar nicht gibt? Was ist, wenn es nur eine einzige Quelle gibt – und zwar eine Quelle, die in dir selbst liegt? Was ist, wenn sich etwas zwar *außerhalb* von dir manifestiert, aber seinen Ursprung *in* dir hat?

Kannst du dir das vorstellen?

~

Okay, sprechen wir also jetzt über diese Eine Quelle, die in uns allen existiert.

In manchen Realitätsentwürfen – auch in den *Gesprächen mit Gott* – wird sie als die Seele bezeichnet. Dort heißt es, deine Seele sei sich der Höchsten Realität voll bewusst. Das heißt, sie weiß, woher sie kommt, wo sie sich zurzeit befindet und wohin sie zurückkehren wird.

Aus dieser enormen Bewusstheit bezieht deine Seele alles Wissen und erschafft in Zusammenarbeit mit anderen Seelen die Umstände, Situationen und Ereignisse, die in deinem Leben genau zur rechten Zeit auftauchen. (Und das tut sie auch jetzt in diesem Augenblick.)

Tatsächlich ist genau das die *Aufgabe* der Seele. Das ist ihre *Bestimmung* und *Funktion.*

Viele Menschen haben das noch nie im Leben gehört. Vielleicht bist du einer von ihnen. Wenn ja, dann hast du vermutlich immer wieder gehört, dass von der Seele die Rede war, aber niemand hat dir je gesagt, *warum* du eine Seele hast. Viele Leute werden dir gesagt haben, *dass* du eine Seele hast, aber nicht, *warum*.

Jetzt weißt du, warum: Du erinnerst dich nun an Bestimmung und Funktion deiner Seele. Aber Vorsicht! Vielleicht hat es für dich den Anschein, dieses *Buch* hätte dir das vermittelt, während in Wahrheit *deine eigene Seele* dir diese Information übermittelt hat.

Begreifst du jetzt, wie das alles funktioniert? Deine eigene Seele hat es herbeigeführt. Sie hat es *aus deinem Inneren* nach *außen* geholt, damit es sich dort für deine Augen sichtbar manifestiert – aber dein Geist wird möglicherweise darauf beharren, dass dieses Wissen aus einer außerhalb von dir liegenden Quelle kommt.

Deine Seele verwendet eine Vielzahl von Methoden und Herangehensweisen – sogar welche, die deinen Geist *umgehen* (die benutzt sie besonders häufig), um ihn *aufzuwecken* und dazu zu erziehen, die Herausforderungen des Alltags zu meistern.

Sie wird außerdem Werkzeuge und Hilfsmittel einsetzen, die *scheinbar* völlig von deinem Geist getrennt existieren – etwa ein Buch, das dir »rein zufällig« in die Hände gerät. So scheint es dem Geist, als hättest du die Antwort außerhalb von dir gefunden.

Am Anfang deiner Suche nach der höheren Wahrheit erscheint eine solche Antwort akzeptabler, weil in diesem frühen Stadium die meisten Menschen noch nicht bereit für die Erkenntnis sind, dass sie die Antworten schon immer selbst in sich trugen.

Du aber befindest dich nicht mehr am Anfang deiner Suche. Bei dir wird es sich kaum um einen Suchenden im frühen Stadium handeln. Du bist längst ein ernsthafter, fortgeschrittener Schüler, sonst würdest du dieses Buch gar nicht lesen. Du bist bereit für die Einsicht, dass alle Bewusstheit, die du brauchst, um sämtliche Probleme im Leben lösen zu können, immer schon in dir war – und dass du sie einfach nur *aktivieren* musst. Die Methoden und Hilfsmittel, die du dazu benutzt, können manchmal den Eindruck erwecken, die von dir angestrebte Erkenntnis käme aus einer Quelle außerhalb von dir.

Auch anderen Menschen, die vom »Spielfeldrand« deines Lebens zuschauen, mag es so erscheinen. Zweifellos hast du schon oft zu deiner Familie und deinen Freunden gesagt: »Ich habe gerade ein tolles Buch gelesen!« Oder: »Ich habe einen aufregenden Film gesehen!« Oder: »Ich habe mir einen faszinierenden Vortrag angehört!« Wenn sie dann eine Veränderung an dir bemerken, werden sie natürlicherweise annehmen, das Buch, der Film oder der Vortrag wären die Quelle deiner neuen Einsichten.

Doch nichts ist weiter von der Wahrheit entfernt.

— 23 —

EINE MUTPROBE – VON AUTOR ZU AUTOR

Gut, jetzt kommt der für den Geist ziemlich verwirrende und anstrengende Teil. Dieses ganze Buch war bisher eine weit ausholende Betrachtung der Gesamtheit deines Seins, aber jetzt laden wir dich ein, dich auf eine höchst ungewöhnliche Erforschung einzulassen. Dabei wirst du nicht einfach nur über die Idee nachdenken, dass wir alle Eins sind, sondern du wirst es *erfahren* – und somit erkennen, dass es zwischen dir und dem Verfasser dieses Buches keine wirkliche Trennung gibt.

Die »rationale« Seite deiner »mystischen« Seite (ja, diese beiden können gleichzeitig existieren) hat vermutlich ziemlich schnell die Grundaussage dieses Buches akzeptiert, dass »du hierhergekommen bist, um dich an alle Einsichten und Erkenntnisse deiner Seele zu erinnern und sie als Erfahrungen in deinem Leben zu manifestieren«, und ebenso auch die Idee, dass du »diese Weisheit selbst aus dem Brunnen deiner Seele geschöpft hast«. Aber was sollst du nun damit anfangen? Wohin geht deine Reise von hier aus?

Du bist daran erinnert worden, dass *der Wunsch Des Einen* das Einzige ist, Was Wirklich Wichtig Ist. Und jetzt? Wie geht es weiter?

Es geht folgendermaßen weiter: Wir gehen zu einem geistigen Ort, wo du deinen größten Wunsch kennenlernen und erfahren kannst, den Wunsch, der mit der Göttlichen Absicht, dem Wunsch Des Einen, identisch ist: von nichts und niemandem getrennt zu sein, sodass alle Einsamkeit für immer ein Ende hat.

Wir schlagen vor, dass du diesen mutigen nächsten Schritt deiner Selbsterforschung mit Fragen einleitest, die dir vermutlich früher schon in den Sinn gekommen sind: »Wie kann ich meine eigene Weisheit dadurch finden, dass ich das Buch eines anderen lese? Ist das nicht gerade das, was ich immer schon getan habe – die Antworten bei anderen Menschen suchen?«

Darauf antworten wir dir: Es mag den Anschein haben, du hättest das früher getan, aber jetzt tust du es eindeutig nicht. Das hier ist anders. Jetzt in diesem Moment bist du dir bewusst, dass deine innere Weisheit, wenn du sie bewusst aktivierst, sich auf hundert verschiedene Arten in zahllosen Augenblicken deines Lebens zeigt:

Im Text des nächsten Liedes, das du im Radio hörst.

In der Botschaft auf einer Reklametafel neben der Autobahn.

In einem Satz, der in einem Gespräch fällt, das du »zufällig« mit anhörst, oder den ein Freund äußert, den du »unerwartet« auf der Straße triffst.

Und ja: Es ist auch möglich, dass du in einem scheinbaren Selbstgespräch diese Weisheit selbst formulierst.

Das bringt uns wieder zu diesem Buch zurück – und den Aussagen am Anfang des 4. Kapitels. Es mag »aussehen«, als käme die Weisheit auf diesen Seiten aus einer äußeren Quelle, aber *du selbst* hast sie *herbeigerufen*.

Wie du dich sicher erinnerst, hieß es im 3. Kapitel, dass du Weisheit auf zwei Arten herbeirufen oder *aktivieren* kannst: Die eine Art besteht darin, dir das Wissen von einem Ort zu holen, der sich außerhalb von dir zu befinden scheint. Das ist das, was du jetzt in diesem Moment *scheinbar* tust. Der zweite Weg besteht darin, die Informationen *in dir selbst* zu finden. Das ist das, was du jetzt in diesem Moment *in Wirklichkeit* tust. Es *sieht aus*, als würdest du Ersteres tun, aber in Wirklichkeit tust du das Letztere.

Wenn du nun noch tiefer in die Weisheit eintauchst, die du wachgerufen hast, fragst du dich vielleicht: Ist es »Zufall«, dass ich auf dieses Buch gestoßen bin, das ich gerade lese? Und was bedeutet das Wort »Zufall« eigentlich? Ist es möglicherweise so, dass ich das, was mir »zufällt«, selbst herbeigerufen habe?

Geschieht es auf die richtige Weise im richtigen Moment aus dem richtigen Grund? Entfaltet sich alles perfekt?

Könnte es sein, dass du dieses Buch nicht nur mühelos entdeckt hast, sondern dass es sich für dich auch so mühelos liest, weil das alles in Wirklichkeit einfach *Du* bist, ein Dialog mit dir selbst?

Tun wir für den Moment einfach so, als wäre das wahr.

Betrachte es als Experiment, als eine *geistige Übung* … tue so, als wäre dieses Buch, das du in den Händen hältst, *von* dir *für* dich geschrieben worden – scheinbar durch eine andere Person verfasst … aber dieser »Andere« ist vielleicht gar kein Anderer.

Bei diesem Experiment geht es darum, dir zu einer unmittelbaren Erfahrung dessen zu verhelfen, Was Wirklich Wichtig Ist. Bist du also bereit, dich auf dieses »Spiel« einzulassen? Dann beginne, indem du dir, nur so zum Spaß, vorstellst, dass alles Seelenwissen, an das du dich bei der Lektüre dieses Buches »erinnert« hast, von dir selbst erschaffen und dir zugänglich gemacht wurde, indem du dafür einfach ein äußeres Hilfsmittel, nämlich dieses Buch, nutztest.

»Nun, wenn das der Fall ist, dann könnte dieses Buch ja ebenso gut in der ersten Person verfasst worden sein, als wäre es gar *nicht* von jemand anderem geschrieben worden«, könntest du sagen. Und das wäre durchaus denkbar.

Du wirst nun also vom Leben dazu eingeladen, dir in diesem Moment vorzustellen, dass du selbst der Autor dieses Buches bist, dass du es *für dich selbst schreibst.*

Du erkennst jetzt, dass dir weiter vorne im Buch deutlich gesagt wurde, dass das Leben dich dazu einlädt, viele Dinge *gemeinsam mit dir selbst* zu ergründen. In diesem Moment geht es in deinem Leben darum, dich nach innen zu wenden, dir anzuschauen, was du bereits weißt, auch wenn du dich bislang vielleicht nicht daran erinnert hast.

Wie wäre es also, wenn jetzt ganz real »umgeschaltet« wird? Es mag ungewöhnlich erscheinen, aber warum wechseln wir nicht einfach die Erzählerstimme dieses Buches – von der dritten zur ersten Person?

Bist du bereit, dich auf das Wagnis einzulassen, dieses Buch als deine eigene Stimme zu betrachten und es zu lesen, als *wäre* es dein eigenes wiedergefundenes Tagebuch?

— 24 —

DAS EXPERIMENT BEGINNT

Im Grunde gefällt mir die Idee. Ich kann mir sehr gut vorstellen, dass dieses Buch *von* mir *für* mich geschrieben wurde. Mir gefällt die Idee, dass dieses »Ich« viel größer ist als jene eine physische Gestalt, die sich gegenwärtig »Ich« nennt.

Ich habe schon oft erlebt, dass ich »Selbstgespräche führte« oder »laut nachdachte«, und deshalb ist es eigentlich keine große Sache, mir, rein experimentell versteht sich, vorzustellen, dieses Buch sei einfach ein solches Selbstgespräch *in schriftlicher Form*.

Ich kann mir vorstellen, dass diese Gedanken und Worte von jenem Teil Meines Selbst für mich transkribiert werden, dem die Leute einen anderen Namen geben und den sie für den Verfasser dieses Buches halten.

Menschen, die nicht verstehen, womit ich hier experimentiere und was ich gerade erlebe, mag das etwas seltsam vorkommen. Für sie ist es absolut wahr, dass eine andere Person das Buch geschrieben hat und ich es lediglich lese.

Würde ich mit ihnen darüber sprechen, was ich in diesem Moment dadurch erlebe, dass ich die Perspektive vom Leser hin zum Autor gewechselt habe, würde ich ihnen erzählen, dass ich es ernsthaft für möglich halte, selbst zumindest in einem kooperativen Sinne die Ursache für dieses Buch zu sein – würden sie bestimmt sagen, ich hätte den Kontakt zur Wirklichkeit verloren. Darin liegt eine gewisse Ironie, denn für mich fühlt es sich so an, als wäre ich jetzt gerade *in Kontakt* mit der Wahren Realität gekommen.

Wieder.

Endlich.

Es ist wahr … ich weiß tatsächlich *alles*, was mir auf diesen Seiten begegnet. Ich weiß, dass dieser »Jemand«, der dieses Buch geschrieben hat, lediglich ein Anderer Teil Von Mir ist. Ich habe immer schon verstanden, dass das gesamte *Leben* einfach ein Anderer Teil Von Mir ist. Und deshalb weiß ich jetzt, dass ich selbst dieses Buch *ins Dasein gerufen* habe – dass ich es jetzt, in Realzeit, ins Dasein rufe – als eine weitere Möglichkeit, mich selbst an die größten Wahrheiten in meinem Leben zu erinnern.

Ich weiß, dass das Einssein der Gesamten Menschheit (und tatsächlich des gesamten Universums) für viele Menschen schwer zu begreifen ist. Sie sind noch nicht vertraut mit der »M-Theorie« in der modernen Physik. Diese mathematisch begründete Weltformel oder »Theorie von Allem« geht davon aus, dass wir gar nicht in einem Universum leben, sondern in einem Multiversum, das aus einer *unendlichen Anzahl* von Universen besteht – alle durch ein Phänomen erschaffen und verbunden, das »die Membran« genannt wird.

Die Leute wissen noch nicht, dass dies kein esoterischer »New-Age-Unsinn« ist, sondern neuer Stand der *Wissenschaft*.

Diese Vorstellung, dass ich Eins mit dem Autor bin, dass der Autor Eins mit mir ist und dass wir alle auf diesem Planeten Eins miteinander sind, erscheint sehr UN-wissenschaftlich. Sie widerspricht allem, was uns von unseren Kulturen, unseren Klans, unseren Familien, unseren Religionen erzählt wurde und wird. Sie steht in völligem Gegensatz zu allem, was gegenwärtig in Politik, Wirtschaft und der Gesellschaft insgesamt geschieht. Tatsächlich stellt sie unsere ganze Welt auf den Kopf.

Das macht sie aber nicht weniger wahr.

Das Leben lädt mich dazu ein, nicht nach dem »äußeren Anschein« zu urteilen, sondern an der Wahrheit festzuhalten. Diese Wahrheit ermöglicht es mir, andere Menschen als Aspekte meines Selbst zu sehen und sie auch so zu *behandeln*.

Schon das allein könnte mein Leben verändern. *Selbst wenn ich weiter nichts tun würde*, als von nun an andere Menschen als Aspekte meines Selbst wahrzunehmen und sie entsprechend zu behandeln, würde das meine gesamte Welterfahrung verändern.

Aber das reicht mir nicht. Nicht mehr. Ich habe es satt, mich mit kleinen Schritten oder einfachen Aphorismen zufriedenzugeben. Es ist jetzt Zeit für eine tief greifende, aufrichtige Selbsterforschung. Das ist einer der Gründe, warum ich auf dieses Buch gestoßen bin – einer der Gründe, warum ich es für mich schreibe. Ich muss mir einige Fragen stellen. Wichtige, ja sogar ziemlich bohrende Fragen:

Habe ich wirklich das Gefühl, dass die Aktivitäten, denen ich gegenwärtig in meinem Leben nachgehe, dem entsprechen, was ein entwickeltes Wesen tun würde? Vom reinen *Überleben* abgesehen und jenseits von »Geschäft ist Geschäft« und den »Erfordernissen des Alltags« – welche meiner Ziele scheinen wirklich wichtig, und wie viel fühlt sich eigentlich überflüssig und unsinnig an, ist also, um es mit Shakespeare auszudrücken, *viel Lärm um nichts* …?

Sind meine Lebensminuten mit Aktivitäten ausgefüllt, die mir *Erfüllung* schenken? Finde ich in den Stunden meines Alltags echte Befriedigung? Widme ich meine Tage, Wochen und Monate wirklich der Heiligen Reise, dem Plan meiner Seele?

Sind meine Jahre reich an spiritueller Energie und seelenvoller, Göttlicher mitschöpferischer Entfaltung und Erfahrung? Oder erwache ich an Tagen der Besinnung – Geburtstagen, Jubiläen, jährlichen Festen – mit dem vagen Gefühl, wie schnell die Zeit vergeht und wie wenig ich erst von dem verwirklicht habe, weswegen ich hergekommen bin – und wie schwierig diese Verwirklichung ist …?

Und bin ich mir überhaupt darüber im Klaren, *dass* ich mit einer solchen Bestimmung hergekommen bin? Und wenn ja, weiß ich, worin diese besteht?

Ich denke, falls nicht, brauche ich deswegen nicht überrascht zu sein oder mich zu schämen. Es zeigt sich, dass 98 Prozent der Weltbevölkerung es auch nicht wissen. Und das ist nicht ihre Schuld. Und es ist nicht meine Schuld, wenn es mir selbst heute noch von Zeit zu Zeit so geht wie diesen 98 Prozent. Denn niemand hat ihnen und *mir* je gesagt, Was Wirklich Wichtig Ist. Oh, sie haben versucht, es uns zu sagen. Manche Leute haben versucht, uns zu überzeugen. Und viele, viele von uns haben auf diese Leute gehört, denn etwas *mit Sicherheit zu wissen* – was Religion und Politik uns gerne glauben machen – fühlt sich besser an als Nichtwissen.

Aber je mehr *ich* zuhörte, desto klarer erkannte ich, dass das, was die Leute sich von anderen Leuten einreden lassen, nicht wahr sein kann. Also kehrte ich all diesen Doktrinen und Programmen den Rücken. Auch wenn ich noch nicht genau wusste, wohin ich wollte, wusste ich doch, was ich *hinter* mir lassen wollte.

So kommt es, dass ich heute weniger Zeit in dieser größeren Gruppe verbringe. Jetzt in diesem Moment bin ich überhaupt nicht Teil von ihr … sonst würde ich dieses Buch nicht in den Händen halten. Es ist wunderbar, dass ich jetzt nicht mehr zu jenen 98 Prozent gehöre und dass ich immer weniger Zeit dort zubringe, denn nichts ist schlimmer, als den größten Teil seines Lebens an Dinge zu vergeuden, die einfach nicht wichtig sind.

Nein, warte, es gibt doch noch etwas Schlimmeres. Schlimmer wäre es, *nicht zu wissen*, was *wichtig* ist. Schlimmer wäre es, nicht zu wissen, dass ich hierhergekommen bin, um eine Heilige Reise zu unternehmen und eine Göttliche Bestimmung und Absicht zu erfüllen.

Nun, deswegen muss ich mir keine Sorgen machen. Ich verstehe jetzt – und ich verstehe, dass ich schon eine ganze Weile *verstehe*, was ich verstanden habe. Ich habe bisher nur nicht viel damit angefangen.

Oh, ab und zu habe ich einen kleinen Versuch gestartet. Ich las das eine oder andere Buch zum Thema, ging zu einigen Veranstaltungen, fasste ein paar gute Vorsätze. Aber ich habe mich nie wirklich auf die Sache eingelassen. Ich war ängstlich wie ein Huhn.

Eines Tages gingen Huhn und Schwein zusammen spazieren. Sie kamen an einer Reklametafel vorbei, auf der eine große Portion Eier mit Speck abgebildet war. Darüber stand der Werbeslogan: Das beliebteste Frühstück der Welt.

Das Huhn sagte zufrieden lächelnd zum Schwein: »Schau dir das an! Macht dich das nicht stolz?«

»Du hast gut reden«, erwiderte das Schwein. »Dein Beitrag ist ja vergleichsweise klein. Aber bei mir ist es totale Hingabe.«

Ich glaube, ich bin jetzt bereit für die totale Hingabe. Ich habe genug davon, entsetzt den Kopf zu schütteln und Traurigkeit im Herzen zu spüren, wenn ich mir auf meinem Computer oder im Fernsehen die Nachrichten anschaue oder die neuesten Zeitungsschlagzeilen lese.

Die Welt, in der ich lebe, fühlt sich immer mehr wie eine Welt an, in die ich nicht gehöre. Ich fühle mich seltsam fehl am Platz, wie jemand, der zufällig an einem Ort im Kosmos ausgesetzt wurde, wo die Einheimischen sich sehr merkwürdig benehmen. Ich weiß nicht, warum sie tun, was sie tun, denn es scheint *in völligem Gegensatz zu dem* zu stehen, was ein normales liebevolles, mitfühlendes, intelligentes Lebewesen tun würde …

Ich habe genug davon, und ich bin so froh, dass ich hierhergekommen bin – mich selbst hierhergebracht habe –, weil ich wissen möchte, warum die Dinge so sind, wie sie sind, ehe ich weiterreise.

Und was ich tun kann, um wieder zu dem zurückzufinden, Was Wirklich Wichtig Ist.

Deshalb habe ich eine Entscheidung getroffen. Ich bin an Bord. *Ich will es wissen.*

Kann ich meine Entscheidung *vollkommen* erleben und erfahren, während ich mich in meiner momentanen physischen menschlichen Gestalt befinde? Nein. Das ist unmöglich. Ein einziges physisches Leben ist dafür zu begrenzt. Das Grenzenlose Einssein passt dort niemals vollständig hinein. Das kann ich nachvollziehen. Muss ich denn meine Wahre Identität *vollständig* erfahren, damit mein Leben einen Sinn bekommt und mir Erfüllung schenkt? Nein. Auch das ist nachvollziehbar. Mir ist jetzt klar, dass es genügt, einzelne »Portionen« oder Aspekte des Göttlichen (das Einssein insgesamt ist die Summe aus diesen Aspekten) zu erfahren, um enorme Freude und Erfüllung zu erleben.

Mir ist außerdem klar geworden, dass die Heilige Reise zur Erfüllung des Plans der Seele genau die Herausforderung ist, auf die ich mich in all den Jahren vorbereitet habe. Deshalb kann ich mich nun auf außergewöhnliche, aufregende Zeiten freuen!

Die ganze Erde durchlebt derzeit mit mir diese wichtigen Momente, und ich möchte aktiv mithelfen, diese Momente zu *erschaffen*. Ich will nicht bloß passiver Zeuge sein. Ich erinnere mich jetzt, dass ich meinen Beitrag am besten leisten kann, indem ich mich in meinem Leben stärker auf das konzentriere, Was Wirklich Wichtig Ist.

Doch wie kann mein größter Wunsch, der zugleich *der Wunsch Des Einen* ist, Gutes für mich und für die Welt hervorbringen – und wie sieht ein klarer Fokus auf *den Wunsch Des Einen* in unserem Alltag konkret aus?

Das ist die nächste große Frage. Und ich bin sicher, dass ich viele Antworten finden kann, wenn ich mich nach innen wende, denn dorthin, zu meiner Seele, zieht es mich. Ein guter Weg ist es vermutlich, *mit diesem Buch fortzufahren* – aber als Autor oder als Leser?

— 25 —

EINE DEMONSTRATION DES FREIEN WILLENS

Das Problem besteht darin, dass ich offenbar immer wieder dieses Wissen »verliere«, dessen ich mir jetzt gerade bewusst bin. Es hat den Anschein, dass ich »dorthin« gelange, nur um dann wieder »draußen« zu sein – manchmal gleich im nächsten Moment … ganz so, wie es am Ende des zweiten Teils dieses Buches beschrieben wurde.

Im Moment bin ich offenbar »drinnen«, habe Zugang zu dem Wissen. Ich kann die Argumentation in diesem Buch gut nachvollziehen, dass wir alle Eins sind und dass ich deshalb das, was ich für mich tue, gleichzeitig auch für andere tue, und das, was ich für andere tue, auch für mich tue. Und daher ist es überhaupt nicht »selbstsüchtig«, mich auf meine Wünsche zu konzentrieren.

Ich verstehe auch, dass Autor und Leser auf der essenziellen Ebene in keiner Weise voneinander getrennt sind – und dass ich immer die Wahl habe, mich für diese Erfahrung zu öffnen.

Und ich weiß noch etwas: Ich weiß, dass die Illusion des Getrenntseins für die Menschheit manchmal nützlich sein kann. Würde sie der Spezies *nicht* von Nutzen sein, hätten wir die Illusion schon vor langer Zeit dauerhaft beendet. Die Evolution hätte zweifellos dieses Resultat hervorgebracht. Aber wir haben die Illusion des Getrenntseins aufrechterhalten, weil sie uns in vielerlei Hinsicht nützt.

Nun scheint es mir, dass es für unsere Spezies in diesem Stadium unserer Evolution überaus segensreich wäre, wenn wir die Illusion der Getrenntheit in jenen Bereichen aufgeben, wo das für uns von Nutzen wäre (um weltweites Leiden zu beenden oder um eine großzügigere und freudvollere Selbsterfahrung zu ermöglichen). Dort, wo die Illusion unser Wachstum und unsere Erkenntnis fördert, sollten wir sie *beibehalten.*

Das gilt zum Beispiel, wenn die Illusion es dem menschlichen Geist erleichtert, sich bereitwillig für echte Weisheit und Erkenntnis zu öffnen.

In meinem Fall zum Beispiel stelle ich fest, dass das Festhalten an der Idee, ich selbst würde dieses Buch schreiben (statt einfach nur die Worte eines anderen Menschen zu lesen), irgendwie dazu führt, dass ich den Worten weniger Gewicht beimesse. Sie erscheinen mir dadurch weniger glaubwürdig.

Aus mir nicht völlig ersichtlichen Gründen (die aber wahrscheinlich mit meiner spirituellen Unreife und einer daraus resultierenden Weigerung, mich als meine eigene spirituelle »Autorität« zu betrachten, zu tun haben) stehe ich eindrucksvollen neuen Erkenntnissen über das Leben aufgeschlossener gegenüber, wenn sie scheinbar aus einer Quelle kommen, die sich außerhalb von mir befindet.

Ich bin mir sicher, dass dies nicht auf alle Menschen zutrifft (zum Beispiel glaube ich nicht, dass Paramahansa Yogananda beim Verfassen von *Autobiographie eines Yogi* große Selbstzweifel plagten). Aber als die Person, die dieses Buch hier und jetzt in den Händen hält, fällt es mir leichter, die Botschaft einfach nur »anzuhören«, statt mir vorzustellen, ich würde das Buch selbst verfassen.

Und weißt du was? Mich durchzuckt gerade der Gedanke, *dass dies vielleicht der Grund ist, warum wir Gott außerhalb von uns selbst angesiedelt haben.*

Dieses kleine »Gedankenexperiment« war also sehr interessant. Es verhalf mir zu der unmittelbaren Erfahrung, dass die Weisheit, die mir in diesem Buch vermittelt wird, und die Weisheit, die in mir selbst wohnt, Ein und Dieselbe sind – aber da ich (wie mir ja in diesem Buch vermittelt wird) nicht verpflichtet bin, ständiges Einssein zu erleben, bin ich nun gerne bereit, wieder in die Rolle des Lesers oder der Leserin zu schlüpfen. Ich löse mich von der Idee, der Autor zu sein, da es mir offenbar besser gelingt, einen Gedanken voll zu erfassen und mich für ihn zu öffnen, wenn ich eine größere Distanz zwischen Denker und Gedanken schaffe.

Also … kehre ich nun wieder völlig zur Rolle des Lesers zurück – selbst wenn der Autor und ich in Wahrheit Eins *sind*. Damit demonstriere ich, dass mein freier Wille es mir ermöglicht, selbst zu entscheiden, wie ich das Leben erfahren möchte.

— 26 —

ES WIRD ZEIT, DEN KAMPF ZU BEENDEN

Bravo! Ausgezeichnet! Was für eine wunderbare – und ungewöhnliche – Erfahrung, nicht wahr? Das findet man in Büchern nicht oft. Wir (du und ich) haben diese unkonventionelle (um nicht zu sagen *höchst sonderbare*) Methode benutzt, um anschaulich und lebendig zu demonstrieren, wie sich durch einen einfachen Wechsel deiner Perspektive deine Erfahrung dramatisch verändern kann.

Wenn du den Geist, der ja ständig damit beschäftigt ist, die Daten auszuwerten, die dein Körper ihm übermittelt, mit der Bewusstheit der Seele in Kontakt bringst, verändert sich deine gesamte Perspektive. Und wie du die Dinge wahrnimmst, hängt natürlich immer von deiner Perspektive ab.

Und deine Wahrnehmung erzeugt deine Überzeugungen und Glaubenssätze. Diese wiederum bestimmen dein Verhalten. Und dein Verhalten bringt deine Erfahrungen hervor.

Genau darum geht es in diesem Buch: dir Zugang zur Bewusstheit deiner Seele zu verschaffen, wodurch deine Erfahrung sich dramatisch verändern wird! Also schauen wir einmal, ob wir deine Erfahrung im Hinblick auf »Kampf« und »Leiden« verändern können …

Liebe Leserin, lieber Leser …

Diese Reise, auf der du dich befindest, ist bis jetzt alles andere als leicht. Sie hat dir Mut und Entschlossenheit abverlangt, Geduld und Einsicht, die Bereitschaft, entgegen allen Erwartungen diesem Weg zu folgen und selbst dann noch das Licht zu suchen, wenn ringsum die Dunkelheit wächst, und nach dem Guten zu streben, obwohl rings um dich das Schlechte zu überwiegen scheint.

Das alles ist dir auf dieser Reise abverlangt worden – und du hast gegeben, worum du gebeten wurdest.

Gott segne dich! *Du hast gegeben, worum du gebeten wurdest.*

Nun wird es Zeit, dass dein Kampf ein Ende hat. Das steht dir zu. Du hast es dir verdient.

Deine Seele weiß das natürlich und ist einverstanden. Deshalb fühltest du dich von diesen Worten hier angezogen. Dir wird hier ein höchst wirkungsvolles Werkzeug an die Hand gegeben – vielleicht das mächtigste, das je geschaffen wurde –, um den Kämpfen und Leiden in deinem Leben ein Ende zu setzen.

Schauen wir uns dieses Werkzeug an, wobei wir mit einem Blick darauf beginnen werden, was die Ursache für Kampf und Leiden ist.

Wenn du einen der vielen Augenblicke der Vollendung der Heiligen Reise erlebst – was, wie wir gesehen haben, jederzeit im Leben geschehen kann –, erwacht in dir sofort der Wunsch, *mehr* davon zu erleben, in noch großartigerer Form.

Seelenwissen:
Die Vollendung der Heiligen Reise kann in jedem Augenblick geschehen.

Und so beginnt deine Seele diesen Prozess erneut.

Dabei fängt sie aber nicht wieder bei null an, sondern bei deinem momentanen Wissens- und Entwicklungsstand.

In gewisser Weise wirst du wiedergeboren, denn du hast deine Heilige Reise erfüllt und vollendet. Nun wirst du die Reise wieder unternehmen, mit einem neuen Ziel, das ein Stück über das bisher Erreichte hinausgeht.

Das könnte eine Quelle der Frustration sein, und vielleicht war das bei dir in der Vergangenheit auch der Fall, aber von jetzt an nicht mehr. Denn jetzt weiß du, was vor sich geht. (Deshalb hast du dir zur Lektüre dieses Buches verholfen. Um die Frustration zu beenden. Deshalb hast du dich an das erinnert, Was Wirklich Wichtig Ist.)

Wenn deine Bewusstheit voll erwacht ist, *wirst du dir niemals mehr wünschen, dass der hier beschriebene Prozess endet.* Das Glück, sich zu immer höheren Ebenen der Göttlichkeit zu entwickeln, wird die größte Attraktion des Lebens und eine natürliche Reaktion werden.

Es ist das: eine »Re-aktion« – eine erneut ausgeführte Handlung, bei der du als die Person handelst, Die Du Wirklich Bist. Es ist ein Wiedererkennen – du weißt nun wieder, was deine Wahre Identität ist. Es ist die grundlegende Attraktion des Lebens: Das Leben fühlt sich zu immer noch mehr Leben hingezogen. Es ist die Attraktion, die Gott auf sich selbst ausübt. Es ist der Impuls des Göttlichen in Dir.

Das ist das »Gesetz der Anziehung« – nicht die Macht, magnetisch Autos, Juwelen und Fahrräder anzuziehen.

Die Heilige Reise in ihrer physisch zum Ausdruck gebrachten Form wird manchmal Evolution genannt. In metaphysischen Begriffen kann man sie als einen Prozess beschreiben, bei dem Ziel und Aufbruchsort identisch sind. Das Ende wird zum Anfang im Zyklus Gottes.

Was geschieht, wenn die Uhr Mitternacht schlägt? Endet der Tag oder beginnt ein neuer? Und wann genau geschieht das Erstere und wann das Letztere? *Oder ist es möglich, dass sich beides gleichzeitig ereignet?*

Das trifft auf den Pfad der Seele zu. Er scheint im *Kreis* zu verlaufen. Und doch hast du nicht das Gefühl, dich im Kreis zu bewegen und nirgendwohin zu gelangen. Vielmehr erlebst du deine Reise als eine aufwärts führende Spirale.

Kennst du das Kinderspielzeug *Slinky*? Wenn man es von oben oder unten betrachtet, sieht es aus wie ein Kreis. Doch dann offenbart es sich als ein fortlaufendes multidimensionales Element, das sich zu einer Spirale streckt und seinen eigenen Schwung als Energiequelle nutzt. Diese Beschreibung eines Spielzeugs ist eine schöne Analogie für den Pfad, den die Gesamtheit deines Seins beschreitet.

Das Universum weiß, dass du sogar schon jetzt, während du diese Zeilen liest, in ein neues Stadium deiner persönlichen, spirituellen und emotionalen Entwicklung eintrittst. Daher ist es in dieser verletzlichen Zeit von großer Wichtigkeit, dass du dich nicht entmutigen lässt. Auf diesen Punkt haben wir schon früher hingewiesen, und er ist es wert, wiederholt zu werden.

Es wurde dir versprochen, dass du ein Werkzeug an die Hand bekommst, das dir helfen wird, dich *nicht* entmutigen zu lassen, ein Werkzeug, mit dem du Kampf und Leiden in deinem Leben dauerhaft beseitigen kannst. Wir werden dich nun gleich mit diesem Werkzeug vertraut machen. Aber zunächst müssen wir das, was gesagt werden wird, in den richtigen Zusammenhang setzen.

Es ist leider so, dass viele Menschen in ihrem Leben traurige und schwere Erfahrungen erdulden müssen und dass diese Ereignisse und ihre Auswirkungen sehr real sind. Das, was wir hier schreiben, soll diese Realität und die schweren Zeiten, die viele Leute durchmachen, in keiner Weise bagatellisieren. Für den unwissenden Beobachter mögen die Herausforderungen und Leiden im Leben von Millionen Menschen als ein grausamer Weg erscheinen, das zu erfüllen, was wir hier die »Göttliche Absicht« nennen.

Warum aber sollten Menschen leiden, nur um sich selbst, anderen oder Gott zu demonstrieren, Wer Sie Wirklich Sind – oder um es Gott zu ermöglichen, Göttlichkeit zu erfahren?

Das ist eine angemessene, naheliegende und wichtige Frage. Wir empfinden sie zu Recht als drängend und bedeutsam. Jeder denkende Mensch braucht eine befriedigende Antwort auf diese Frage. Nur dann haben die spirituellen Konzepte in diesem Buch einen Anspruch auf Glaubwürdigkeit, ein solides Fundament.

Die Antwort auf diese Frage tauchte bereits in den vorherigen Kapiteln auf, und sie verdient es, an dieser Stelle wiederholt zu werden:

Die Menschen müssen nicht leiden, um ihr Wahres Sein zum Ausdruck zu bringen und erfahren zu können. Gott verlangt das nicht von ihnen.

Das heißt aber nicht, dass ein Leben ohne Traurigkeit und Schmerz möglich wäre. Sie wird es immer geben. Doch es gibt für Traurigkeit und Schmerz einen gesegneten Grund, und Tränen sind nicht Zeichen des Leids, sondern der *Erlösung* vom Leiden.

Tränen waschen unsere Illusionen fort. Sie bringen uns an jenen ruhigen Ort, wo das Göttliche wirklich wohnt.

Was wir hier nun an dich weitergeben, ist nicht leicht auszusprechen. Es wäre ein Fehler anzunehmen, dass tief greifende Erkenntnisse wie der folgende Absatz sich leichthin oder unbekümmert präsentieren ließen. Das genaue Gegenteil trifft zu. Sie werden mit großem Ernst an dich weitergegeben und sollten ernst genommen werden.

Seelenwissen:
Traurigkeit, Schmerz und Leiden sind keineswegs das Gleiche.

Wir empfinden große Achtung für jene, die gegenwärtig leiden. Und wir hoffen, ihnen helfen zu können, damit ihre Leiden und Kämpfe ein Ende haben.

Aus diesem sanften Mitgefühl heraus beobachten wir, dass Traurigkeit, Schmerz und Leiden keineswegs das Gleiche sind.

Das bedeutet nicht, dass wir alles Leiden ignorieren, vor den Qualen eines anderen Menschen die Augen verschließen und so tun sollen, als geschähe auf der Welt nichts Schlechtes. Ganz im Gegenteil. Alle Situationen auf unserem Planeten, alle Lebensumstände werden uns *von uns selbst* präsentiert (wir führen sie *gemeinsam* herbei, denn wir sind alle Eins), damit wir entscheiden, ausdrücken und erfahren können, wer wir in Relation zu ihnen sind.

So erfahren jene, die leiden, und jene, die das Leiden anderer beenden, beide, Wer Wir Wirklich Sind. Und genau das geschieht auf der Erde. Alles, was geschieht, geschieht auf vollkommene Weise so, dass alle erwachen können.

Viele Seelen entscheiden sich dafür, Instrumente unseres Erwachens zu sein, und dafür machen sie enorme Herausforderungen durch, viele sterben sogar, damit wir alle in uns die göttlichen Qualitäten Mitgefühl, Fürsorge, Vergebung, Verständnis, Geduld, Liebe und vor allem die Einheit und das Einssein des Lebens erwecken.

Wir alle, die wir Zeugen dessen sind, erleben deswegen natürlich tiefe Traurigkeit. Auf der tiefsten Ebene sind wir traurig, dass *etwas Derartiges* für unser Erwachen notwendig ist.

Traurigkeit ist der emotionale Beweis für unsere große Menschlichkeit. Würdest du nicht lieben und hättest du kein Mitgefühl, gäbe es für dich nur wenig Grund, traurig zu sein. Deine Traurigkeit ist wie ein Ehrenabzeichen. Trage sie mit Stolz. Du hast sie dir durch die Wunden deines Herzens verdient.

Schmerz ist eine psychologische oder physiologische Reaktion auf einen äußeren Reiz. Dass du ihn erlebst, ist Beweis für die großzügige Bereitschaft deiner Seele, ganz und gar Mensch zu werden und zu sein. Wenn du ihn mit Tapferkeit und Stärke erträgst, demonstrierst du damit die edle Größe deiner Heiligen Reise.

Leiden ist die *Reaktion* des Geistes auf Traurigkeit oder Schmerz. Wenn du leidest, während du Traurigkeit oder Schmerz erfährst, hast du zuvor die klare Entscheidung getroffen, dass du jetzt keine Traurigkeit oder keinen Schmerz erleben *solltest.* Diese Entscheidung, nicht die Empfindung von Traurigkeit oder Schmerz an sich, ist die Ursache für dein Leiden.

Traurigkeit und physischer oder emotionaler Schmerz sind das, was in deinem Erleben auftaucht. Leiden ist deine Erklärung, dass du nicht wirklich verstehst, *warum* du sie erlebst und wie das alles in den Plan der Seele hineinpasst.

> **Seelenwissen:**
> ***Es gibt einen Weg, wie wir Kampf und Leiden beenden und die Heilige Reise dennoch fortsetzen können.***

Wenn du vollständig verstehst, was in deinem Leben geschieht, und du auch den Lebensprozess selbst wirklich begreifst, dann endet dein Leiden, selbst wenn der Schmerz weiterbesteht. *Nichts verändert sich, aber alles ist anders.*

Der größte Unterschied besteht darin, dass du dich nicht länger als Opfer der Umstände fühlst. Und wenn du deine Opferrolle beendest, enden damit auch deine Kämpfe und Leiden.

Es kommt für viele Menschen sogar eine Zeit, wo sie (ob du es glaubst oder nicht) die eigenen Kämpfe und Schmerzen *feiern* werden, und zwar sogar noch dann, während sie sie erleben. Die Kämpfe und Schmerzen werden dann nicht mehr als Leiden definiert, sondern als Freude.

Jeder, dem schon einmal ein Zahn gezogen wurde, der das Hantieren des Zahnarztes in seinem Mund und die Betäubungsspritze erdulden musste, weiß genau, was wir meinen.

Auf einer tiefer gehenden Ebene versteht auch jeder, was hier gemeint ist, der schon einmal das Sterben eines geliebten Menschen verkraften musste und sich zugleich die ganze Zeit über bewusst war, dass diesen Menschen die glückliche Wiedervereinigung mit allen, die er je liebte, und dem Göttlichen selbst erwartete.

Und jede Frau, die schon einmal ein lange und voller Liebe erwartetes Kind zur Welt brachte, weiß genau, was mit einem Schmerz gemeint ist, der sich in Freude verwandelt – und zwar bereits während er erlebt wird.

Wenn du diesen Wandel im Hinblick auf *deine sämtlichen Lebenserfahrungen* vollziehst, schaltest du damit vom Leiden auf Freude um. Von da an kann dich *nichts* mehr in einer Weise berühren, dass du leidest – gegen Traurigkeit oder Schmerzen wirst du deswegen aber *nicht* immun sein.

Es stellt sich also die Frage: Wie kannst du in deinem gesamten Leben diesen Wandel herbeiführen? Wie kannst du Leiden in Freude verwandeln und Kampf in Frieden?

Durch alle Zeiten haben die Mystiker und Meister uns versichert, dass dies möglich ist. Es *gibt* einen Weg, wie wir Kampf und Leiden beenden und die Heilige Reise dennoch fortsetzen können.

Das Leben hat uns zu diesem Zweck mit einem sehr machtvollen Werkzeug ausgestattet. Doch eine Warnung vorab: Wenn du zum ersten Mal hörst, um was es sich handelt, mag dir das viel zu einfach erscheinen.

Täusche dich nicht.

Dieses Werkzeug kann alles verändern.

Und was ist es?

Dankbarkeit.

— 27 —

DU VERFÜGST JETZT ÜBER EINE GEWALTIGE MACHT

Hier hast du nun eines der fehlenden Puzzleteile - eines der transformativen Werkzeuge. (Du wirst noch andere erhalten.) Die Macht dieses Werkzeugs ist gewaltig. Es kann jeden Augenblick deines Lebens auf wunderbare Weise verwandeln, und zwar praktisch sofort.

Aber greifen wir nicht vor. Zunächst müssen wir genau verstehen, was es mit diesem Werkzeug auf sich hat.

Dankbarkeit ist nicht einfach ein Gefühl, es ist eine Entscheidung.

Diese Entscheidung ist so machtvoll, dass sie zu einer Definition und Erklärung wird. Du definierst und erklärst damit, wie du dein Hier und Jetzt erlebst - und demnach deine Realität.

Dankbarkeit kann eine simple Reaktion sein oder sie kann eine großartige Schöpfung sein. Eine simple Reaktion ist sie, wenn dein Geist sich im Automatik-Modus befindet. Eine großartige Schöpfung ist sie, wenn dein Geist sich mit deiner Seele verbunden hat und beide eine gemeinsame Entscheidung über den gegenwärtigen Augenblick treffen.

In jedem Augenblick deines Lebens handelt es sich stets um die gleiche Entscheidung: ob du reagierst oder *schöpferisch agierst.* Reaktion oder Schöpfung.

~

Obwohl Dankbarkeit eines der mächtigsten Werkzeuge ist, die deinem Geist zur Verfügung stehen, wird von ihr nur wenig Gebrauch gemacht. Zweifellos ist das darauf zurückzuführen, dass die meisten Menschen sich nicht bewusst sind, wie wirkungsvoll man mithilfe der Dankbarkeit jenen Gedanken umkehren kann, der die Wurzel allen Leidens ist.

Wie schon erwähnt, ist die Ursache für das Leiden die Vorstellung, *dass etwas geschieht, was nicht geschehen sollte.* Dankbarkeit setzt eine Energie frei, durch die diese Vorstellung auf den Kopf gestellt wird. Denn durch sie signalisieren wir, dass etwas Unangenehmes keineswegs unwillkommen oder unerwünscht sein muss.

Wir haben bereits demonstriert, dass Schmerz (physisch wie emotional) durchaus erwünscht und willkommen sein kann – aus einer ganzen Reihe von Gründen.

Seelenwissen:
Dankbarkeit ist kein Werkzeug, um den Geist zu täuschen, sondern ein Werkzeug, um ihn zu öffnen.

Wenn der Geist aber *denkt*, ein bestimmter Schmerz wäre »unerwünscht«, wird er diesen Schmerz ablehnen und unerträglich finden – und dadurch entstehen innerer Kampf und Leiden.

Dieser innere Kampf resultiert daraus, dass der Geist ablehnt, was die Seele anbietet. Der Geist entscheidet sich dafür, in eine andere Richtung zu gehen, den Pfad der Seele zu verlassen. Leiden ist das emotionale Produkt dieser Entscheidung. Der Kampf und das Leiden sind Schöpfungen des Geistes, denn durch den Geist erschaffst du deine Realität.

Wie du eine Situation erlebst, hängt entscheidend davon ab, was dein Geist über sie *denkt* – und Dankbarkeit kann dich veranlassen, dieses Denken zu verändern.

Jedoch ist Dankbarkeit kein Werkzeug, um den Geist zu täuschen, sondern ein Werkzeug, um ihn zu öffnen. Sie erweitert dein normales begrenztes Denken und macht dich aufnahmefähig für eine scheinbar deiner Intuition widersprechende Wahrheit: dass nämlich etwas, das »schlecht« zu sein scheint, in Wirklichkeit sogar gut für dich ist.

Dieser Wahrheit liegt eine noch tiefere zugrunde: Nichts, was *je* geschieht, ist »schlecht« für dich, denn sonst würde es gar nicht geschehen. Das Leben ist gar nicht fähig, Ereignisse oder Zustände hervorzubringen, die dich nicht zur nächsten Stufe deiner Evolution tragen und dabei auf die höchste dir gerade mögliche Weise Göttlichkeit zum Ausdruck bringen.

Da der Grund für dein Hiersein darin besteht, Göttlichkeit auszudrücken, kannst du dich darauf verlassen, dass alles, mit dem das Leben dich konfrontiert, dieser Göttlichen Absicht und Bestimmung dient. (Mit anderen Worten, *deiner* Absicht und Bestimmung.)

Also sagen wir: *Danke, Gott.* Wir danken für die Gelegenheit, eine alte Verletzung zu heilen, eine alte Wunde zu schließen, ein altes Muster zu verändern, eine alte Realität zu verwandeln, uns von einer alten Geschichte zu lösen, eine alte Idee zu verändern und eine neue Erfahrung des Selbst und des Lebens zu erschaffen.

Na gut. Das sagt eine Menge. Und vielleicht fragst du dich jetzt: »Ist denn das überhaupt möglich? Wie kann so viel Heilung und Veränderung verwirklicht werden?«

Um das zu verstehen, musst du beobachten, und zwar mit Dankbarkeit. Dann entdeckst du das wunderbarste Geschenk des Lebens:

ZUVERLÄSSIGE WIEDERHOLUNG

Was hat es damit auf sich? Du kannst dich fest darauf verlassen, dass das Leben voller Wiederholungen ist. Nur sehr wenige Ereignisse und Situationen werden für dich völlig überraschend kommen. Jedenfalls nicht in dem Sinne, dass du noch nie Vergleichbares erlebt hättest. Wie du als Nächstes reagieren wirst, kannst du also in der Regel vorhersehen. Und du kannst deine bisherigen Entscheidungen, wie du in bestimmten Situationen reagierst, für die Zukunft ändern, wenn du das wünschst.

Und *das* ist das große Geheimnis des Lebens. Das größte Geheimnis ist nicht das Gesetz der Anziehung, sondern das Gesetz des Widerrufs.

Kraft dieses Gesetzes kannst du alte Entscheidungen *widerrufen* und neue, andere treffen, und zwar in jedem Augenblick. *Das ist es, worum es beim Prozess der Schöpfung wirklich geht.*

Wenn du deine Reaktionen auf die momentanen Ereignisse in deinem Leben bewusst beobachtest und sofort *widerrufst*, was du bei ähnlichen Ereignissen *in der Vergangenheit* entschieden hast, verleihst du dir selbst damit eine unvorstellbare Macht – einschließlich der Macht, Kampf und Leiden für alle Zeiten zu beenden.

Buddha hat genau das demonstriert und gelehrt.

Die Dankbarkeit verleiht dir diese Macht. Dankbarkeit ermöglicht dir einen Neuanfang. Das ist, als würdest du neugeboren, und es fände ein »Reset« deines Geistes statt. (Darauf werden wir später näher eingehen.) Alle früheren negativen Werturteile, die du über Menschen, Ereignisse und Umstände gefällt hast, werden gewissermaßen von der Tafel gewischt.

Auf die Gefahr hin, dass wir uns wiederholen, werden wir nun den gesamten Lebensprozess aus einem etwas anderen Blickwinkel betrachten, damit das alles für dich noch deutlicher wird:

Nach deiner Geburt kamst du in einem verblüffend kurzen Zeitraum mit einer enormen Datenmenge bezüglich deiner Umwelt in Kontakt, die dann von dir analysiert, arrangiert, gespeichert wurde. Du hast das so effizient erledigt, dass es schon nach wenigen Jahren auf diesem Planeten für dich nahezu unmöglich wurde, noch neue Erfahrungen zu machen. Neue *Ereignisse* gibt es, ja, aber keine neuen *Erfahrungen.*

Das soll so sein, es ist Teil des Plans. Du *sollst* keine neuen Erfahrungen machen. Die Göttliche Absicht besteht darin, dass du *die gleichen Erfahrungen wieder und wieder machst.*

Die sich ständig wiederholenden Erfahrungen finden *in dir* statt, nicht in der Außenwelt. *Alle* Erfahrung ist innen. Außerhalb von dir gibt es nur *Ereignisse.* Ereignisse haben aber gar nichts mit Erfahrung zu tun. Der Beweis dafür ist, dass zwei Menschen *dasselbe Ereignis* völlig *unterschiedlich* erfahren und erleben können.

Wir sehen also, dass du neue äußere *Ereignisse* in beliebiger Anzahl erleben kannst, während neue *Erfahrungen* nahezu unmöglich sind. Und je älter du wirst, desto offensichtlicher wird das für dich. Tatsächlich wird diese Wahrheit sich von Jahr zu Jahr mehr beweisen.

Du hast es *bereits* erlebt.

Du hast bereits Liebe erlebt und ohne Zweifel wirst du sie wieder erleben. Du hast bereits Feindseligkeit erlebt und ohne Zweifel wirst du sie wieder erleben. Du hast bereits Hingabe erlebt und ohne Zweifel wirst du sie wieder erleben. Du hast bereits Verrat erlebt und ohne Zweifel wirst du ihn wieder erleben.

> **Seelenwissen:**
> ***Alle Erfahrung ist innen. Außerhalb von dir gibt es nur Ereignisse.***

Du hast schon Enttäuschung und freudige Erwartung erlebt, Agonie und Ekstase, Frustration und Heiterkeit, Verbitterung und Begeisterung, Unruhe und Frieden, Wut und Freude, Verlust und Gewinn, Furcht und Furchtlosigkeit, Feigheit und Tapferkeit, Ignoranz und Weisheit, Überdruss und Erfüllung, Verwirrung und Klarheit und nahezu jede andere emotionale Polarität, die man sich vorstellen oder beschreiben kann.

Erfahrung ist etwas Inneres, weil deine *Emotionen darüber bestimmen*, auf welche Weise du ein Ereignis erfährst, und alle Emotionen werden in dir erzeugt. Ereignisse sind einfach ein äußeres physisches Geschehen. Die Emotion, die du bezüglich eines bestimmten Ereignisses hegst, bringt deine Erfahrung hervor. Und in diesem Stadium deines Lebens hast du bereits sämtliche Emotionen kennengelernt. Es gibt eine unendliche Zahl einzigartiger neuer Ereignisse, die sich in deinem Leben physikalisch manifestieren können, aber die Emotion, die durch ein Ereignis ausgelöst wird, und die innere Erfahrung, die durch diese Emotion hervorgerufen wird, sind nicht neu. *Du hast sie schon erlebt.* Und zwar in den meisten Fällen schon viele Male.

~

Der Geist erinnert sich an seine Erfahrungen. An jede einzelne von ihnen.

Wirklich.

Jede

Einzelne.

Und nun offenbart sich uns der Grund dafür.

Dein Geist wurde dafür geschaffen, buchstäblich Millionen von Erfahrungen zu speichern, damit du erkennst, dass Zustände und Ereignisse in deiner äußeren Umwelt *in ihrem emotionalen Gehalt* früheren Ereignissen und Zuständen gleichen oder zumindest stark ähneln.

Das zu erkennen gibt dir immer wieder Gelegenheit – buchstäblich *Millionen* Gelegenheiten –, anders auf Zustände und Ereignisse (in Vergangenheit wie Gegenwart) zu reagieren, ganz so, wie du es wünschst. Auf diese Weise *erschaffst du dich immer wieder neu*, jeweils in der nächstgroßartigeren Version deiner höchsten Vision deines Selbst.

Wir sehen also, dass ein einzelnes Leben uns im Kleinen genau das ermöglicht, was die Reinkarnation im großen Maßstab ermöglicht: unbegrenzte Entwicklungsmöglichkeiten.

Das ist der Prozess des Lebens in all seinen Erscheinungsformen.

Die Wissenschaft sagt uns, dass sich sogar das Universum entwickelt. Warum sollte das also auf dich nicht zutreffen?

— 28 —

DIE ANFORDERUNGEN ERHÖHEN – *FREIWILLIG*

Wenn du gegeben hast, worum du gebeten wurdest – wenn du also in einem Augenblick deines Lebens Erfüllung, Vollendung erreicht hast, indem du Göttlichkeit auf die dir gerade bestmögliche Weise zum Ausdruck brachtest –, *wird die Ziellinie vorwärts verschoben.*

Ist das eine gute Nachricht? Veranlasst es dich, morgens froh aus dem Bett zu springen, mit einem Lächeln, mit einem Lied im Herzen, weil du es kaum erwarten kannst, in den neuen Tag zu starten?

Ja, genau das!

Wenn du klar weißt, warum du hier bist, wohin die Reise geht und wie dieser Prozess namens »Evolution« funktioniert ... dann ist das *wirklich* eine gute Nachricht. Denn du erinnerst dich dann, wie unglaublich ... *unglaublich* ... gut du dich jedes Mal fühltest, wenn du in den früheren Stadien deiner Entwicklung diesen Punkt der Vollendung erreichtest.

Du erinnerst dich an die Wärme, die Glückseligkeit, das Staunen und die Freude, die ruhige Erleichterung und sanfte innere Zufriedenheit, die dich in solchen Momenten überkamen, wenn du die Liebe, das Verständnis, die Weisheit und Klarheit, das Mitgefühl und die Fürsorge und jeden anderen Aspekt des Göttlichen (einzeln oder alle zusammen) auf der höchsten Ebene zum Ausdruck brachtest und den Menschen schenktest, deren Leben durch dich berührt wurde.

Du erinnerst dich an dieses Gefühl. *Und dieses Gefühl möchtest du wieder erleben.* Das ist eine Erfahrung, die du wiederholen möchtest.

Das ist das Selbstgefühl, das du immer schon als dein *Wahres Sein* erkannt hast. So bist du in deinen besten Momenten – und davon wünschst du dir *mehr.*

Die Antwort des Lebens auf deinen Wunsch, mehr solcher Momente zu erfahren, ist die glorreiche, wundervolle Freude der Zuverlässigen Wiederholung.

»Mehr« bedeutet in diesem Zusammenhang nicht, eine Erfahrung endlos auf genau gleiche Weise zu wiederholen. Du willst nicht einfach »mehr vom Gleichen«, du willst ein *größeres Maß* von dem, was du zuvor erlebt hast.

Stell es dir so vor: Als du klein warst, war das Kinderkarussell auf der Kirmes ein aufregendes Vergnügen – aber irgendwann genügte es dir nicht mehr. Du wolltest die große Achterbahn ausprobieren.

Und weißt du noch: Dieser viel größeren Herausforderung hast du dich *freiwillig* gestellt.

Du hast die anderen auf der Achterbahn kreischen sehen. Du hast die Nervosität im Magen gespürt, als du dich vor der Kasse in die Reihe stelltest. Und du hast deine Fahrkarte trotzdem gekauft. Du bist *freiwillig* Achterbahn gefahren.

Das ist nur eine Analogie, aber sie ist nicht allzu weit von dem entfernt, was in deinem Leben vor sich geht. *Es ist die Natur des Lebens, nach immer größeren Ausdrucks- und Erfahrungsmöglichkeiten seiner selbst zu streben.*

Dennoch *ist* es wirklich an der Zeit, dass der innere Kampf aufhört. Eine spannende Herausforderung ist eine Sache, Kampf und Mühsal eine andere.

Genug ist genug. Und so wurde ein Weg gefunden, die Reise fortzusetzen, aber den Kampf zu beenden. Die Werkzeuge dafür wurden dir gezeigt. Eines davon ist das Gesetz des Widerrufs, das durch Dankbarkeit aktiviert wird.

Der Einsatz dieses Werkzeugs bringt dich zur nächsten Etappe deiner Heiligen Reise. Es ist der nächste Schritt zur Meisterschaft. Meisterschaft erlangst du, wenn die Herausforderungen größer werden, aber der Kampf verschwindet.

Wenn du leidest, dann nicht, weil du dem Pfad der Seele folgst, sondern weil du einen Umweg genommen hast, der dich vom Pfad wegführt. Du hast vergessen, dich daran zu erinnern, wer du in

Wahrheit bist, warum du hier bist und welches Ziel du dir ursprünglich gesetzt hast.

Der Pfad der Seele beinhaltet kein Leid und erfordert es nicht. Deinen Kampf beendest du, *indem du auf dem Pfad bleibst*. Die Dankbarkeit bringt dich dorthin zurück. Sie beschleunigt deine Evolution. Sie ist der schnelle Weg.

Dennoch gibt es für deine Entwicklung kein vorgeschriebenes Tempo. Du kannst während eines ganzen Lebens in immer gleicher Weise auf die gleichen Ereignisse reagieren. Viele Leute verhalten sich so. Die *meisten* tun das. Nur jene, die sich mit ganzer Hingabe dem Wachstum widmen, ihrer persönlichen Evolution und der Evolution insgesamt, bringen die Zeit und Energie auf, ihre Emotionen bewusst zu wählen und zu verändern – zum Beispiel, indem sie von Wut oder Frustration zur Dankbarkeit umschalten –, um neue, größere Selbsterfahrungen hervorzubringen.

> **Seelenwissen:**
> ***Meisterschaft erlangst du, wenn die Herausforderungen größer werden, aber der Kampf verschwindet.***

Dafür ist es nötig, sich selbst ein sehr großes Versprechen zu geben. Man muss sich klarmachen, dass hier etwas Größeres im Gange ist – etwas, was über den normalen Alltagsablauf weit hinausgeht: ein heiliger Evolutionsprozess. Ein ewiger Prozess, der einer Göttlichen Absicht dient – wie im 14. Kapitel ausführlich beschrieben.

Wenn du dich mit Hingabe auf diesen Prozess einlässt, dich voll und ganz in den Dienst des Göttlichen Plans stellst, rufst du damit in die Welt hinaus: »In meinem Leben geht es um *mehr*, nicht bloß darum, den Mann oder die Frau zu bekommen, das Auto, den Job, das Haus und all diese Dinge, hinter denen alle her sind! Ich werde meine Zeit *nicht* für jene 98 Prozent an Dingen und Aktivitäten vergeuden, die einfach *nicht* wichtig sind. Das … werde … ich … nicht … tun!«

— 29 —

KANN MAN EMOTIONEN BEWUSST WÄHLEN?

Wenn Dankbarkeit ein machtvolles Werkzeug ist, um deine Alltagserfahrung dahingehend zu verändern, dass du in die Lage versetzt wirst, dich auf das zu konzentrieren, Was Wirklich Wichtig Ist, stellt sich die Frage: Was könnte dich veranlassen, dich angesichts von Ereignissen oder Zuständen für Dankbarkeit zu entscheiden, die du normalerweise verdammen und nicht loben würdest? Wie kannst du also die Macht der Dankbarkeit praktisch anwenden?

Beachte hierbei bitte die Formulierung, die wir in der Frage benutzt haben: »Was könnte dich veranlassen, dich für Dankbarkeit *zu entscheiden* ...?«

Dich dafür entscheiden? Wir können uns dafür entscheiden, bestimmte Emotionen zu empfinden?

Ja.

~

Emotionen werden nicht durch Erfahrungen erzeugt, sondern sie erzeugen deine Erfahrungen. Die meisten Menschen erkennen das nicht.

Auch ist den meisten Menschen nicht bewusst, dass sie selbst ihre Emotionen aktiv auswählen. Vielleicht sind sie der Meinung, dass sie ihre Emotionen *kontrollieren* können, indem sie die Emotion, die sich als erste Reaktion auf ein Erlebnis einstellt, durch eine andere ersetzen. Aber sie sind nicht der Ansicht, dass sie ihre erste, scheinbar spontane Reaktion frei wählen können. Sie sagen, dass die Emotionen einfach in ihnen hochsteigen. Eine Emotion *überkommt* sie. Unangekündigt. Ungebeten. Manchmal sogar unerwartet.

Die Menschen denken von sich, sie *hätten* einfach eine emotionale Reaktion. Oft sagen sie, ihre Gefühle hätten sie *überwältigt*. In Wahrheit wählen wir alle unsere Emotionen selbst – auch die ersten. Der

Geist *entscheidet*, sich auf eine bestimmte Weise zu fühlen. Emotionen sind ein Willensakt.

Diese Wahrheit zu akzeptieren fällt nicht leicht. Wenn du sie akzeptierst, bist du plötzlich für alles verantwortlich: dafür, wie du dich fühlst, wie du dich als Resultat dieses Gefühls anderen gegenüber verhältst und wie du sämtliche Ereignisse in deinem Leben wahrnimmst und erfährst. Kein Wunder, dass die Leute, wenn sie das hören, häufig nach einer Ausrede suchen.

(»Es kann doch gar nicht sein, dass ich allein für meine Gefühle verantwortlich sein soll! Ich kann einsehen, dass ich dafür verantwortlich bin, wie ich mit meinen Gefühlen *umgehe*, aber für die Gefühle selbst? Also wirklich! *Dafür* kann ich doch nicht selbst verantwortlich sein. Ich fühle mich nun einmal so, wie ich mich fühle. Das ist eben einfach *meine Wahrheit*. Soll ich das etwa verleugnen? Soll ich etwa unauthentisch sein?«)

Hast du dir je eine Version dieser Argumente eingeredet (oder verkauft)? Die meisten Menschen haben das schon getan.

Doch die menschliche Spezies kann sich niemals weiterentwickeln, solange wir nicht erkennen, welche Rolle wir alle bei der Erschaffung unserer Emotionen spielen. Mit dem, was wir uns selbst bezüglich unserer Emotionen einzureden versuchen, geben wir zu, dass wir keine Ahnung haben, wie der Geist wirklich funktioniert.

Es ist Zeit, diese Ahnungslosigkeit zu beenden.

Emotionen sind immer selbst gewählt. Du wählst sie ebenso aus wie die Kleider, die du anziehst. Emotionen sind die Kleider des Geistes. Der Geist *beschließt*, wie er sich fühlt.

Eines müssen wir allerdings zugeben: Diese Entscheidung erfolgt *so schnell*, dass es so *wirken* kann, als hättest du überhaupt keine Kontrolle über deine Emotionen. Jedenfalls nicht über deine anfängliche Reaktion auf ein Erlebnis.

Dein Geist versetzt dich sehr rasch in eine Emotion, basierend auf dem Gedanken, den er gerade denkt. Das meinen die Leute, wenn sie sagen: »Ich fühlte mich tief bewegt.« Das trifft tatsächlich zu.

Gedanken sind *Energie*, und dein Geist hat die Aufgabe, *diese Energie in Bewegung zu versetzen.* (»E« für Energie plus das englische Wort für Bewegung »Motion« ist gleich »E-Motion«.)

Weil dies *blitzschnell* geschieht, ist es von entscheidender Bedeutung, dass wir *im Voraus* wissen, *warum wir eine Emotion einer anderen vorziehen*, also noch ehe wir mit einer »emotionalen Situation« konfrontiert werden.

Du hast bereits gelernt, dass es dein Gedanke ist. Doch was *erzeugt* den Gedanken, der dann eine Emotion erzeugt? *Woher* kommen die Gedanken?

Wenn du das begriffen hast, bist du der Möglichkeit, dein Denken zu *verändern*, einen großen Schritt näher gekommen. Und wenn du dein Denken bezüglich einer Situation verändern kannst, kannst du auch eine andere Emotion erzeugen – die dann die Art und Weise verändert, wie du diese Situation erlebst.

~

Das Ganze funktioniert also folgendermaßen: In dem Moment, in dem dein Geist in deiner Außenwelt etwas wahrnimmt – wozu er sein Wahrnehmungsinstrument benutzt, nämlich deinen Körper –, sammelt er die empfangenen Daten und durchsucht sein Gedächtnis nach ähnlichen Daten.

> **Seelenwissen:**
> ***Wir wählen alle unsere Emotionen selbst. Sie sind ein Willensakt.***

Dann vergleicht er das, was momentan geschieht, mit dem, was in seinem Gedächtnis über frühere ähnliche Ereignisse aufgezeichnet ist.

Aus diesen kombinierten Daten formt er deine jetzige Wahrheit bezüglich des Ereignisses, das gerade in deiner Außenwelt stattfindet.

Diese momentane Wahrheit wird sich überwiegend aus der *Vergangenheit* speisen und nur zu einem sehr geringen Teil aus dem, *was gerade in der Gegenwart geschieht.* Der Grund dafür ist, dass das, was gerade im gegenwärtigen Augenblick geschieht, nur wenige Daten umfasst, während über die Vielzahl ähnlicher früherer Ereignisse riesige Datenmengen im Gedächtnis gespeichert sind. Das »Jetzt« wird einfach vom »Damals« überwältigt. Das Heute vermischt sich intensiv mit dem Gestern.

Die Wahrheit, die dein Geist auf diese Weise erschafft, bringt die Gedanken hervor, die du über das gegenwärtige Geschehen denkst. Dabei kann es sich entweder um eine imaginierte Wahrheit, eine scheinbare Wahrheit oder die tatsächliche Wahrheit handeln. Das hängt von der Qualität der Daten ab, die der Geist abgerufen hat.

Dein Gedanke wird rasch eine Emotion erzeugen, und diese Emotion wird sehr schnell deine Erfahrung hervorbringen. All das geschieht im Millionstel einer Sekunde. Die Erfahrung, zu der du auf diese Weise gelangst, wirst du dann »Realität« nennen.

Auf diese Weise »erschaffst du deine eigene Realität«.

Nun denke einmal darüber nach: Wenn du (mithilfe des *Gesetzes des Widerrufs* und durch die Anwendung des Werkzeugs *Dankbarkeit) im Voraus* die Daten deines Geistes über *deine gesamte Vergangenheit* veränderst, könntest du von einem Augenblick zum nächsten der Meisterschaft ein gewaltiges Stück näher kommen – denn du empfindest dann Dankbarkeit, sowohl bezüglich deiner Erinnerungen an belastende frühere Ereignisse als auch bezüglich einer schwierigen gegenwärtigen Situation, die du rasch ändern möchtest. Und Dankbarkeit ist *transformativ*.

Die Neugeist-Bewegung und ähnliche Lehren sagen uns seit Jahren, dass »wir uns unsere Realität selbst erschaffen«, doch leider erklären sie uns nicht sehr genau, wie man das eigentlich bewerkstelligt.

Die Erschaffung der eigenen Realität geht über simples »positives Denken« oder das Aufsagen von »Affirmationen« weit hinaus, auch wenn uns Letzteres als das »Geheimnis« verkauft wird, mit dem wir uns angeblich jeden Wunsch erfüllen können.

Das ist Kinderkram, metaphysische Sandkastenspiele. Und in Filmen und Büchern über das große »Geheimnis« des Lebens wird gezeigt, wie sich mit diesen simplifizierten Techniken simple Spielzeuge manifestieren lassen.

Wenn du wirklich erfahren möchtest, wie du deine Höchsten Selbsterfahrungen manifestieren kannst (und nicht bloß ein schickes neues Auto), wenn du wissen möchtest, wie du eine bessere Welt erschaffen kannst (und nicht bloß ein teures Juwelencollier), wirst du enorm davon profitieren, dich mit der Arbeitsweise des Geistes vertraut zu machen, wie sie oben kurz zusammengefasst beschrieben wurde.

(Eine ausführliche, wunderbar klare und wesentlich detailliertere Erklärung findest du in dem Buch *Wenn alles sich verändert, verändere alles*. Verlag Goldmann Arkana, München, 2010.)

~

So rasch der Geist auch arbeiten mag, er arbeitet immer nur mit den von ihm gespeicherten Daten. Computerprogrammierer sind mit diesem Konzept bestens vertraut: GIGO (Kürzel für »garbage in/garbage out«). Damit ist gemeint, dass ein Computer, der fehlerhafte Daten gespeichert hat, mit größter Wahrscheinlichkeit auch fehlerhafte Ergebnisse produzieren wird.

Wenn du also im schier unendlich großen Speicher deines Geistes »Datenmüll« abgespeichert hast (über das Leben, über Gott, über eine früher gemachte Erfahrung), wird dieser Datenmüll zum Vorschein kommen, sobald in der Gegenwart etwas eintritt, was dieser früheren Erfahrung auch nur annähernd *ähnelt*. Hast du hingegen Dankbarkeit gespeichert, dann wird bei jeder neuen Erfahrung Dankbarkeit zum Vorschein kommen. Dein Geist reproduziert immer das, was du zuvor in ihm gespeichert hast.

Anders ausgedrückt: Wenn du bezüglich *all* deiner bisherigen Erlebnisse *in Dankbarkeit lebst*, dann wird auch bei jedem zukünftigen Erlebnis Dankbarkeit in dir aufsteigen – *ganz gleich, um was für ein Erlebnis es sich handelt.*

~

Die Anwendung von Dankbarkeit als Werkzeug ist es, die den Meister (der sie ständig anwendet) vom ernsthaften Schüler unterscheidet (der sie gelegentlich anwendet) und den ernsthaften Schüler vom Anfänger (der in diesem Zusammenhang noch gar nicht von ihr gehört hat - oder zwar von ihr gehört hat, sie aber nur sehr selten anwendet, wenn überhaupt).

Der Meister hat erkannt, dass jedes Lebensereignis innerhalb eines Bezugsrahmens existiert (wie in Kapitel 14 näher erläutert). Dieser Rahmen bietet dem Meister den Raum, die jeweils nächstgrößere Version der großartigsten Vision zu verwirklichen, die der Meister darüber hegt, wer er ist oder wer zu sein er sich entscheidet.

Deshalb sagt der Meister Ja und ausschließlich Ja zu jeder Erfahrung. Und der Meister sagt das voller Freude und Dankbarkeit, denn der Meister weiß, dass ein wunderbarer Augenblick da ist, der sich perfekt dafür eignet, das Wunder zum Ausdruck zu bringen und zu erleben, das Göttlichkeit genannt wird.

Wie könnte der Meister angesichts dessen etwas anderes sein als dankbar? Und wenn der Meister weiß, dass alles, was geschieht, von vielen Seelen gemeinsam erschaffen wird, die dazu einvernehmlich mit des Meisters eigener Seele zusammenarbeiten, wie könnte er sich da beklagen? Was könnte er da missbilligen?

— 30 —

EIN WERKZEUG ZU KENNEN UND ES ZU GEBRAUCHEN SIND ZWEI PAAR SCHUHE

Gib dich nicht damit zufrieden, einfach nur über dieses wunderbare Transformationswerkzeug namens Dankbarkeit Bescheid zu wissen. Triff eine klare, feste *Entscheidung*, dieses Werkzeug konsequent anzuwenden. Dann wirst du erleben, wie die Energie, die du bezüglich unwillkommener Ereignisse, vergangen oder gegenwärtig, in dir trägst, transformiert werden kann, und zwar augenblicklich.

Sobald ein sogenanntes »negatives« Ereignis eintritt oder du dich an ein solches erinnerst, sage einfach: *Danke, Gott.* Entscheide dann sofort, *wofür* du Gott dankst.

Sage: »Danke, Gott, dafür, dass du mir diese Gelegenheit schenkst, mein Denken zu heilen bezüglich …« Oder: »… diese alte Geschichte zu ändern.« Oder: » … mich von der Angst zu befreien, dass …« – oder *wie immer* dudiese zuverlässige Wiederholung einer Emotion sonst nutzen möchtest.

Entscheide dann auf der Stelle, Wer Du Bist und Wer Du Zu Sein Beschließt im Hinblick auf das Ereignis oder die Situation, mit dem oder der du gerade konfrontiert bist.

Hier folgen einige zusätzliche Beispiele, wie du die Dankbarkeit als Hilfsmittel nutzen kannst, um deinen Alltag klarer und beständiger auf das auszurichten, Was Wirklich Wichtig Ist.

Das Morgengebet

Gewöhne dir an, jeden Morgen nach dem Aufwachen zu sagen:

Danke, Gott, für einen weiteren Tag und eine
neue Gelegenheit, mein Höchstes Selbst zu sein.

Sprich dieses Gebet, *bevor* du irgendetwas anderes denkst oder tust. Nach ungefähr einer Woche wird dir das in Fleisch und Blut übergehen.

Dies morgens sofort nach dem Aufwachen zu praktizieren, ist eine wunderbare Methode, als Ersten Gedanken des Tages den Samen in deinen Geist zu pflanzen, dass du für dein Leben an sich dankbar bist, *weil es dir ermöglicht*, immer wieder die Höchste Vision deines Selbst auf die jeweils für dich bestmögliche Weise zum Ausdruck zu bringen.

Damit sagst du deinem Geist, dass du weißt, worum es bei den Ereignissen des neuen Tages wirklich geht, und du deshalb bereits *im Voraus* dankbar für sie bist.

Eine solche Ankündigung bewirkt nicht nur, dass du geistig gut eingestimmt bist. Wenn die Art, wie du über das Leben denkst, zumindest eine gewisse Auswirkung darauf hat, wie dein Leben sich entwickelt, leuchtet es ein, dass eine so starke Bekräftigung deines Glaubens an das Leben *formbildend* auf deinen Lebensprozess einwirken muss.

Es heißt, dass das Leben durch den Lebensprozess das Leben über das Leben informiert. Wenn das zutrifft (und es trifft zu), dann bewirkst du mit diesem Morgengebet viel mehr, als nur zu sagen, was du erwartest.

Du erklärst, was du mitschöpferisch hervorbringen willst. Eine solche Erklärung ist weder zwecklos noch bedeutungslos.

Das Lösungsgebet

Solltest du während des Tages mit einem Erlebnis oder einer Situation konfrontiert werden, die du für problematisch hältst und die dich stark beschäftigt, versuche es mit diesem Gebet:

Danke, Gott, für die Einsicht, dass
dieses Problem bereits für mich gelöst wurde.

Das ist eines der wirkungsvollsten Gebete überhaupt, weil es das Resultat *als gegeben voraussetzt*. Es handelt sich nicht um einen Wunsch oder ein Bittgebet, sondern um die klare, einfache Feststellung einer Tatsache.

Wenn du Gott um etwas bittest, sagst du damit, dass es dir an Zuversicht bezüglich der Resultate mangelt. Es ist nicht notwendig, um etwas zu bitten, das du bereits besitzt. Wenn du also um etwas bittest, erklärst du damit, dass du es entweder bekommen wirst oder nicht.

Wenn du dich im Voraus für etwas bedankst, erklärst du mit absoluter Klarheit, dass du es bekommen wirst. Diese Veränderung der Energie ist weder zwecklos noch bedeutungslos.

Das Vollkommenheitsgebet

Was auch in deinem Leben geschieht, gestatte dir immer, »die Vollkommenheit zu sehen«. Bringe diesbezüglich nun deine aufrichtige Dankbarkeit zum Ausdruck:

Danke, Gott, dafür, dass sich diese Situation,
dieser Moment und mein ganzes Leben
in vollkommener Weise entfalten.

Versuche, so lange in diesem Zustand der Dankbarkeit zu bleiben, bis er sich »wirklich real« anfühlt, und nicht bloß, als würdest du »so tun, als ob«. Hier geht es darum, ein Gefühl in dir wachzurufen.

Manchmal sagen die Leute in einem Gebet Dinge, von denen sie sich wünschen, sie wären real, aber sie glauben nicht wirklich daran. Das ist in Ordnung. Es ist völlig normal. Aber etwas, bei dem du dich bewusst dafür entscheidest, es für real zu halten, kann tatsächlich zur Realität *werden*, einfach weil du diese Entscheidung triffst und dabei bleibst.

Und nun verraten wir dir einen kleinen Trick: Wenn du dich dafür entschieden hast, erlaube es dir, diese Realität wirklich zu fühlen.

Schließe die Augen und öffne deinen Geist. Lasse es zu, dass das Gefühl der Vollkommenheit im Hinblick auf den gegenwärtigen Augenblick und dein ganzes Leben deinen Körper durchströmt. Atme dabei dreimal langsam und tief – schöne, lange, leichte Atemzüge. Nach dem dritten Atemzug solltest du allmählich den Frieden der Vollkommenheit in dir spüren. Wenn dir das hilft, stell dir während des tiefen Atmens vor, dass dich ein weiches goldenes Licht umgibt.

Da alle Erfahrung innen stattfindet und alle Ereignisse und Umstände lediglich äußerlich sind, speicherst du damit, dass du beständig Dankbarkeit nutzt, um Vollkommenheit zu empfinden, in deinem Geist neue Daten. Das wirkt sich darauf aus, was du bezüglich eines Ereignisses oder einer Situation als wahr empfindest. So veränderst du dein Denken, erzeugst eine Emotion, und diese bringt eine neue Erfahrung hervor – und diese Erfahrung wird dann zu deiner inneren Realität.

So kannst du durch bewusste Dankbarkeit und das daraus resultierende Gefühl der Vollkommenheit deine Welt *von Grund auf* verändern.

Es wäre Unsinn zu behaupten, dass es immer leicht ist, »die Vollkommenheit zu sehen«. Wenn das, was geschieht, *alles andere* als vollkommen erscheint, kann es zu einer wirklich großen Herausforderung werden. Der Tod eines geliebten Menschen, Arbeitsplatzverlust, das Ende einer Liebesbeziehung – solche Erlebnisse fallen ganz sicher in diese Kategorie. Und es gibt noch viele andere. Also wirst du möglicherweise Hilfe brauchen. Aber wo findest du sie?

Versuche es hiermit: Unsere Theorie besagt, dass deine Vorstellung von Vollkommenheit sehr stark davon abhängt, welche Vorstellung du von deinem Selbst und von dem Grund deines Erdendaseins hegst. Von diesen Ideen hängt es ab, wie jemand über die Göttliche Vollkommenheit denkt und wie klar er sich seiner Wahren Wünsche bewusst ist. Und daraus entwickelst du jenen geistigen Frieden, der Kampf und Leiden beendet – ein Resultat, nach dem alle Menschen sich sehnen.

Diese Gedanken müssen an erster Stelle stehen. Du musst zunächst eine klare Vorstellung von deinem Selbst und deiner Lebensaufgabe entwickeln, sonst wirst du deinen Geist nur wütend machen, wenn du negativen Ereignissen ein Vollkommenheitsetikett aufklebst. Er blockiert dann und wendet sich von dem ab, Was Wirklich Wichtig Ist.

— 31 —

DEINE WICHTIGSTE WAHL ÜBERHAUPT

Deine Vorstellung von deinem Selbst und dem Grund deines Erdendaseins beruht letztlich auf zwei Alternativen, zwischen denen du wählen kannst. In *Sturm vor der Ruhe* wurden sie kurz und bündig wie folgt beschrieben:

Wahl Nr. 1

Du könntest dich als Chemisches Geschöpf betrachten, als ein »Logisches Biologisches Ereignis«, also als ein logisches Ergebnis eines biologischen Prozesses, der durch zwei ältere biologische Prozesse, namentlich deine Mutter und deinen Vater, in Gang gesetzt wurde.

Wenn du dich als Chemisches Geschöpf siehst, dann hättest du zum Größeren Prozess des Lebens nicht mehr Verbindung als jede andere chemische oder biologische Lebensform.

Wie allen anderen erginge es dir so, dass *das Leben* zwar massiv *auf dich* einwirken würde, du jedoch nur sehr wenig *auf das Leben* einwirken könntest. Gewiss könntest du dann keine Ereignisse erschaffen, außer in einem sehr schwachen, indirekten Sinne.

Du könntest *mehr* Leben hervorbringen (alle chemischen Geschöpfe tragen die biologische Fähigkeit in sich, mehr Individuen ihrer eigenen Art zu erzeugen), aber du könntest nicht so erschaffen, wie das Leben Dinge erschafft oder wie es sich in jedem Augenblick manifestiert.

Darüber hinaus würdest du dir als Chemisches Geschöpf wohl nur in sehr begrenztem Maße zutrauen, eine bewusst beabsichtigte *Reaktion* auf die Ereignisse und Zustände des Lebens herbeiführen zu können. Du würdest dich als ein Wesen betrachten, das von seinen Gewohnheiten und Instinkten gesteuert ist und dem nur die Ressourcen zur Verfügung stehen, die seine Biologie bereitstellt.

Du würdest sicherlich anerkennen, dass du über mehr Fähigkeiten verfügst als eine Schildkröte, weil deine Biologie dich in dieser Hinsicht besser ausgestattet hat. Du würdest auch anerkennen, dass du über mehr Fähigkeiten verfügst als ein Schmetterling, weil deine Biologie dich besser ausgestattet hat.

Du würdest außerdem vermutlich davon ausgehen, dass du über mehr Fähigkeiten verfügst als ein Affe oder ein Delfin (aber im Vergleich zu diesen beiden Spezies wohl nicht über so viel mehr), weil deine Biologie dich besser ausgestattet hat. Doch mehr als diese materiellen biologischen Fähigkeiten und Ressourcen würdest du für dich nicht sehen.

Du würdest glauben, das Leben so annehmen zu müssen, wie es kommt, von Tag zu Tag, mit nur einem winzigen Maß an »Kontrolle«, basierend auf Vorausplanung etc.

Aber du wüsstest stets, dass dich in jedem Augenblick irgendetwas Unvorhergesehenes ereilen kann – was auch tatsächlich oft geschieht.

Wahl Nr. 2

Du könntest dich als Spirituelles Wesen betrachten, das eine biologische Masse bewohnt – das, was man einen »Körper« nennt.

Würdest du dich als spirituelles Wesen betrachten, würdest du davon ausgehen, dass du mit Kräften und Fähigkeiten ausgestattet bist, die jene eines einfachen Chemischen Geschöpfes weit übersteigen – was bedeutet, dass du über die absolute Fähigkeit verfügst, deine eigene Realität zu erschaffen, weil deine Realität nichts damit zu tun hat, die äußeren Elemente deines Lebens zu *produzieren*, sondern mit deinen *Reaktionen* auf diese produzierten Elemente.

Außerdem würdest du als Spirituelles Wesen wissen, dass du aus einem spirituellen Grund hier (also auf der Erde) bist. Dabei handelt es sich um eine hoch fokussierte Bestimmung, die *nichts* mit deiner beruflichen Karriere, deinem Einkommen, deinen Besitztümern und Leistungen oder anderen äußeren Umständen deines Lebens zu tun hat.

Du würdest wissen, dass deine Bestimmung mit deinem *inneren* Leben zu tun hat, dass es aber durchaus eine *Auswirkung* auf dein äußeres Leben hat, wie gut du deine spirituelle Bestimmung erfüllst.

Wir gehen davon aus, dass du dich bereits für Alternative Nr. 2 entschieden hast. Andernfalls hättest du dieses Buch wohl kaum bis hierher gelesen. Doch die Wahl zu treffen genügt allein noch nicht.

Manche Menschen treffen diese Entscheidung bewusst. Sie sehen sich als Spirituelle Wesen und öffnen sich für diese Erkenntnis, doch dann glauben sie doch nicht wirklich daran – oder sind sich ihrer Sache nicht sicher.

Manche Menschen treffen diese Entscheidung bewusst und sind sich ihrer Sache ganz sicher, aber dann wissen sie nicht, wie sie es in ihrem Leben verwirklichen können.

Manche Menschen treffen diese Entscheidung bewusst, sind sich ihrer Sache ganz sicher, wissen, wie sie es in ihrem Leben verwirklichen können, und tun es, aber dann tun sie es wieder nicht … also erleben sie ihre spirituelle Identität als einen schwankenden Zustand, der manchmal gegeben ist und manchmal nicht.

Aus allen diesen Gründen befindet sich die Welt in ihrem jetzigen Zustand.

Wenn du Frieden finden und Kampf und Leiden in deinem Leben beenden möchtest, besteht die Herausforderung darin, deine Identität als Spirituelles Wesen zu akzeptieren und diese Entscheidung dann ständig und konsequent in deinem Leben umzusetzen und zu verwirklichen. Doch, wie hier schon oft betont, wissen die meisten Menschen nicht, wie eine solche spirituelle Identität »aussieht«.

Wir werden dir schon bald mehr davon zeigen und erklären, wie du es mithilfe einiger wunderbarer Werkzeuge in dein Leben holen kannst. An die Dankbarkeit hast du dich ja bereits erinnert. Nun möchten wir dir weitere Werkzeuge vorstellen.

— 32 —

EIN WEITERES GESCHENK, EIN WEITERES WERKZEUG

Noch etwas, das unbedingt in deinen Werkzeugkasten gehört:

SPIRITUELLE PERSPEKTIVE

Mithilfe dieser bemerkenswerten Methode kannst du die Daten dramatisch verändern, auf deren Grundlage du eine innere Wahrheit erzeugst, die einen Gedanken hervorbringt, der eine Emotion produziert, die dann deine Erfahrung des gegenwärtigen Augenblicks erschafft.

Die Spirituelle Perspektive einzunehmen heißt, dass du dein Leben insgesamt und ebenso jedes Ereignis, jede Situation in einen neuen Zusammenhang stellst, bei dem du jeden Grund, jede Rechtfertigung dafür eliminierst, Wut oder Groll zu hegen. Dieses bemerkenswerte Werkzeug ermöglicht es dir, alles, was in deinem Leben geschieht, in einem neuen, verblüffenden Zusammenhang zu betrachten.

Aber gehen wir der Reihe nach vor. Besser ist es, sich Schritt für Schritt mit diesem wertvollen Hilfsmittel vertraut zu machen.

~

An diesem Punkt in deinem Leben sollte dir klar sein, dass wahrer Selbstausdruck die Quelle der Freude – der *höchsten* Freude – ist. Indem du deinem Selbst auf bestmögliche Weise Ausdruck gibst, gelangst du zur umfassenden Erfahrung deines Wahren Seins. Nun könnte man zu dem Schluss gelangen, dass es zwar wunderbar ist, wenn jemand zum vollen Ausdruck seines Selbst gelangt, dies jedoch im Leben der meisten Menschen nur höchst selten vorkommt. Im Leben geht es noch um andere Dinge, und wir alle müssen weitermachen, ob wir nun das Gefühl haben, uns selbst wirklich ausdrücken und verwirklichen zu können, oder nicht.

Der Wechsel in die Spirituelle Perspektive verhilft dir zu der Erkenntnis, dass du auf die Erde gekommen bist, um zu einem vollen, erfüllten Selbstausdruck zu gelangen. Dadurch reift in dir die Entschlossenheit, dich niemals mit weniger zufriedenzugeben. Du formulierst deine Lebenserfahrung neu, indem du den Zusammenhang zum Plan deiner Seele herstellst, statt dich nur an die Ideen deines Geistes zu halten. Der Plan der Seele geht über die Konzepte des Geistes weit hinaus.

Und das gilt nicht nur manchmal. Es gilt immer.

Durch den Wechsel in die Spirituelle Perspektive, bei dem du die Perspektive deiner Seele einnimmst, siehst du dein Leben auf neue Weise und gibst ihm einen anderen Sinn.

Du stellst es in einen ganz anderen Zusammenhang.

Seelenwissen:
Du bist hierhergekommen, um vollkommenen Selbstausdruck zu erleben.

So lädst du dich selbst dazu ein, dich im Zentrum des Rades der Schöpfung zu positionieren und dir vorzustellen, dass deine Seele gemeinsam mit allen anderen Seelen daran mitwirkt, Umstände und Bedingungen zu erschaffen, die sich ideal für die Erfüllung deiner Bestimmung in jedem gegenwärtigen Augenblick eignen.

Du lädst dich selbst dazu ein, auch diese Bestimmung in einen neuen Zusammenhang zu stellen: den Plan deiner Seele und die Heilige Reise, auf der deine Seele sich befindet. So siehst du dein ganzes Leben und jedes Ereignis darin in einem neuen Licht.

Durch diesen Perspektivenwechsel kann es zu einer plötzlichen Neuverwirklichung des Selbst kommen. Und wenn du zu einem selbstverwirklichten Wesen wirst, statt nur auf das Leben zu reagieren, ändert sich deine ganze Art, durch die Welt zu gehen.

Schauen wir uns das anhand eines Beispiels an. Wenn du das Werkzeug der Spirituellen Perspektive anwendest, wirst du nie wieder eine »Arbeit« tun, die dir nicht gefällt, und nie wieder wird dir die Arbeit nicht gefallen, die du gerade tust – *auch wenn es sich um dieselbe Tätigkeit handelt, die du auch vorher schon ausgeübt hast.*

Folgendes ist geschehen: Du hast deine ganze Perspektive bezüglich deiner Arbeit geändert, deine Arbeit *in einen anderen, spirituellen Zusammenhang gestellt.* Vorher hast du geglaubt, du würdest arbeiten, um deinen Lebensunterhalt zu verdienen, deine Rechnungen bezahlen zu können, Verantwortungsbewusstsein zu zeigen und gut für deine Familie zu sorgen. Jetzt weißt du, dass es dabei um den *Sinn* des Lebens geht und nicht bloß um den Lebensunterhalt. Es geht um dich als spirituelles Wesen, nicht um die Berufsbezeichnung auf deiner Visitenkarte, und nach dem Perspektivenwechsel ist es plötzlich dein spirituelles Wesen, das zählt.

Deine Arbeit ist einfach ein Mittel zum Zweck; ein Weg, das zu sein, was deine spirituelle Reise dich zu sein einlädt. Deine Arbeit ist lediglich ein Bezugsrahmen, in dem du das sein kannst, nicht mehr.

Welchen Aspekt des Göttlichen demonstrierst du – für dich und durch dich –, indem du durch deinen Broterwerb für deine Familie sorgst? Welchen Aspekt bringst du zum Ausdruck, indem du deine Rechnungen bezahlst und dir die Dinge kaufst, die du benötigst oder gerne besitzen möchtest?

Welchen göttlichen Aspekt drückst du aus, indem du für wohltätige Zwecke spendest oder jemanden finanziell unterstützt, der deiner Hilfe bedarf? Wie ist es, wenn du deiner Partnerin/deinem Partner ein wunderschönes Geschenk kaufst?

Schau dir an, was du mit deinem Geld anfängst. Das bist du.

Du bist nicht dein Job. Deine Berufstätigkeit verschafft dir lediglich die Mittel, mit denen du sein kannst, was du bist. Bist du großzügig, freigebig, fürsorglich? Bist du fair, ehrlich, vertrauenswürdig? Beschützt du andere, ermutigst du sie, sich zu entfalten, und bist selbst kreativ?

All das sind Aspekte des Göttlichen, die es dir ermöglichen, dich frei auszudrücken, und zwar durch jenes Geschenk des Lebens, das du »Arbeit« nennst.

Wenn du deinen Job auf diese Weise betrachtest, wirst du nicht das Gefühl haben, arbeiten zu *müssen* (es gibt viele Leute, die sich dafür entscheiden, nicht zu arbeiten). Stattdessen wirst du ihn als Teil eines umfassenderen Prozesses sehen, der es dir ermöglicht, aufgrund deiner eigenen freien Wahl bestimmte Aspekte des Göttlichen zu *verkörpern*.

Ohne Frage ist das für manche eine völlig neue Sicht auf ihre Berufstätigkeit – aber *genau darum geht es ja bei der Spirituellen Perspektive.*

Damit dieses Werkzeug seine Wirkung entfaltet, musst du noch nicht einmal eine Affinität zu dem verspüren, was du gerade tust, und zwar generell, nicht nur auf die Berufsarbeit bezogen. Es kann sich um einen Job handeln, den du nicht besonders magst, aber es kann auch eine Aufgabe im Haushalt sein, die du langweilig findest, ein Gespräch, auf das du gerne verzichten könntest, eine Verabredung, der du lieber fernbleiben würdest – es kann alles Mögliche sein. Plötzlich kommt es nicht mehr darauf an, was du gerade *tust*, sondern auf die Entscheidung, die du bezüglich *deines Wahren Wunsches* getroffen hast, und auf dein Bestreben, wie du ihn manifestieren kannst, und zwar *durch alles, was du tust*. Das wird dann für dich zu dem, Was *Wirklich* Wichtig Ist.

So kannst du in jedem Augenblick deines Lebens immer wieder die Spirituelle Perspektive einnehmen. Du beschließt einfach, dass dieser Augenblick aus einem ganz anderen Grund existiert als dem, den du zuvor angenommen hattest.

Auf magische Weise kann dann diese neue Entscheidung – wenn es deine höchste, spirituellste Entscheidung ist – *das, was du tust*, in solcher Weise beeinflussen, dass es zu einem Vergnügen wird.

Aus dieser Perspektive heraus kann es zum Vergnügen werden, den Abwasch zu erledigen. Es kann dir plötzlich wunderbar leichtfallen, einen Job zu erledigen, den du noch kurz zuvor am liebsten gekündigt hättest.

Das ist die Perspektive einer Mutter, die um drei Uhr morgens ihr zwei Monate altes Baby wickelt und stillt. Mitten in der Nacht aus tiefem Schlaf aufzuwachen ist sicher nicht das, was sie in dieser Situation am liebsten tun möchte, aber bewusst oder unbewusst wechselt sie in die Spirituelle Perspektive, stellt das, was sie tut, in einen größeren Zusammenhang – und dieser Prozess ist so machtvoll, dass sie nun tatsächlich tun *möchte*, was sie tun muss.

In *Gespräche mit Gott* heißt es, dass »die Menschen nichts tun, was sie nicht tun wollen«. Die Spirituelle Perspektive öffnet dich für diese Wahrheit. Die Leute *glauben*, dass sie etwas nicht tun wollen, weil sie vergessen haben, dass es gut für sie ist, es zu tun. Dann bilden sie sich ein, sie wären Opfer, weil sie es tun *müssen*. Dabei haben sie selbst gemeinsam mit anderen die Situation erschaffen, um jenes Gute erleben zu können, das sie nun nicht sehen können.

Der Wechsel in die Spirituelle Perspektive führt dich zurück in den ursprünglichen Zustand, zur ursprünglichen Absicht deiner Seele. Er bewirkt, dass die Ursünde durch die Urmanifestation ersetzt wird. Das ist wahrhaftig eine erstaunliche Gnade, denn du warst blind, aber jetzt kannst du sehen.

~

Die Spirituelle Perspektive lässt dich erkennen, dass alles, was in deinem Leben geschieht, dazu dient, einen Bezugsrahmen zu erzeugen, der es dir ermöglicht, immer wieder die Höchste Vision deines Selbst auf die jeweils für dich bestmögliche Weise zum Ausdruck zu bringen.

Seelenwissen:
Die Menschen tun nichts, was sie nicht tun wollen.

Dieses außergewöhnliche Werkzeug ist ein weiteres Hilfsmittel, um dich auf das zu konzentrieren, Was Wirklich Wichtig Ist.

Natürlich weißt du inzwischen – dank dem, woran du dich durch dieses Buch »erinnerst« –, *dass du zu nichts verpflichtet bist*. Das wurde dir immer wieder gesagt, damit es dir wirklich bewusst ist. Wenn du dich dafür entscheidest, einstweilen nicht das Göttliche auf seiner jeweils nächsthöheren Ebene zum Ausdruck bringen zu wollen, weil dir diese Herausforderung noch zu groß erscheint, bist du selbstverständlich frei, jede andere Erfahrung machen, die du dir wünschst.

Nun wirst du mit jener Frage konfrontiert, der sich alle spirituellen Meister stellen müssen. (Nicht dass du jetzt plötzlich zu einem spirituellen Meister werden müsstest, aber es kann nützlich für dich sein, dir ab und zu eine jener Fragen zu stellen, mit denen sie es ständig zu tun haben.)

Die Frage lautet: Wenn du bezüglich der äußeren Ereignisse in deinem Leben deine jeweilige innere Erfahrung selbst wählst, wie kannst du dann jemals unzufrieden sein? Geht es denn dann nicht immer nach deinem Willen? Auch wenn du Angst, Wut oder Frustration erfährst ... hast du das nicht selbst gewählt? Oder glaubst du etwa immer noch, dass du deine Emotionen nicht selbst wählst und keine Kontrolle über sie hast?

Natürlich hast du die Kontrolle. Du wählst und erschaffst jede deiner Emotionen und agierst dann dementsprechend. Es liegt ganz allein bei dir, was du auswählst, wann du es erschaffst und wie du agierst. Niemand kann dich zu einer Emotion zwingen. Diese Erkenntnis resultiert aus einem Bewusstseinswachstum, das sich einstellt, wenn du bewusst Dankbarkeit und die Spirituelle Perspektive als Werkzeuge einsetzt. Dadurch verändern sich nicht die äußeren Umstände, aber deine innere Einstellung. *Nichts hat sich verändert, aber alles ist anders.*

Nun bist du dir innerlich darüber im Klaren, dass du immer die Wahl hast, wie du ein Ereignis oder eine Situation erleben willst. Du weißt, dass deine Erfahrung auf den Emotionen beruht, die du bezüglich des Ereignisses oder der Situation hegst. Und diese Emotionen entstehen aus deinen Gedanken bezüglich des Ereignisses oder der Situation. Diese Gedanken beruhen auf dem, was du diesbezüglich für wahr hältst. Und das beruht auf deinen Daten über das Ereignis oder die Situation. *Diese Daten kannst du kraft deiner Entscheidung jederzeit dahingehend erweitern, dass sie die Bewusstheit deiner Seele mit einschließen.*

Durch eine solche Erweiterung der Daten deines Geistes wird dir augenblicklich ganz klar, dass dir *niemals* etwas aufgezwungen werden kann und dass du das Leben so erfährst, wie du es zu erleben wünschst.

Du kannst furchtlos in den Rachen des Löwen blicken oder beim Anblick einer Spinne ängstlich zurückzucken. Du kannst ohne zu zittern am Abgrund entlanggehen oder vor lauter Angst dein Haus nicht mehr verlassen.

Wenn du dich standhaft auf das konzentrierst, Was Wirklich Wichtig Ist, und dabei wirkungsvolle Hilfsmittel wie die Dankbarkeit und die Spirituelle Perspektive nutzt, macht dich das zum Souverän in deinem eigenen Königreich.

Dein Reich ist gekommen, dein Wille geschieht auf der Erde, und die Erde ist ein Teil des Himmels.

Steht nicht geschrieben: »Ihr seid Götter.«?

— 33 —

WIE HOCH LIEGT DIE MESSLATTE?

Hier muss nun ein Wort zu möglichen Erwartungen gesagt werden – besonders jenen, die du an dich selbst stellst.

Im zweiten Teil dieses Buches wurde klar dargelegt, wohin nach Auffassung deiner Seele deine Heilige Reise führen soll. Achte aber darauf, dass du im Hinblick darauf, wie oder wann du dorthin gelangst, die Messlatte nicht zu hoch legst.

Vollendung ist dein Ziel, aber das heißt nicht, dass du jederzeit als weiser Guru durchs Leben gehen musst, der sich keine Fehler zugesteht und glaubt, allwissend und perfekt sein zu müssen. Tatsächlich bringt dich buchstäblich alles, was du tust, auf dem Pfad der Evolution voran. Gestehe dir also ruhig zu, auf deinem Weg durchs Leben auch einmal etwas »falsch« zu machen.

Mache reichlich Gebrauch vom dritten Lebenswerkzeug, das wir dir vorstellen:

MITGEFÜHL

Erinnere dich daran, dass Vollendung folgendermaßen definiert wurde: Die Gesamtheit deines Seins bringt Göttlichkeit zum Ausdruck, und zwar auf dem höchsten Niveau, das deine gegenwärtige Situation zulässt, abhängig von deinem momentanen Bewusstseinslevel.

Der letzte Nebensatz ist dabei sehr wichtig. Wenn du Unmögliches von dir erwartest, bewirkt das nur, dass du dich entmutigt und blockiert fühlst.

Denke daran, was das Göttliche von dir erwartet:

Nichts.

Überhaupt nichts.

Es wird von dir nicht erwartet, irgendetwas Bestimmtes zu sein oder zu tun, und es wird rein gar nichts von dir verlangt. Der gesamte Prozess des Lebens beruht auf völliger Willensfreiheit.

Und Willensfreiheit bedeutet genau das. Es bedeutet nicht, dass du frei bist, dem zu gehorchen oder nicht zu gehorchen, was nach Aussage anderer Menschen angeblich »Gottes Befehle« sein sollen. Es bedeutet, dass du frei bist, das Leben in seiner ganzen Fülle zum Ausdruck zu bringen und zu erfahren – genau so, wie du es selbst gewählt hast, ohne für irgendetwas »verurteilt« oder »bestraft« zu werden.

In irdischen Begriffen wird es einige Zeit dauern, bis der Neue Geist die Bewusstheit der Seele in seinen Datenspeicher integriert hat. Schließlich wurde dein Alter Geist mit allen Arten von Temporären Wahrheiten überschwemmt, die sich ziemlich stark von der Spirituellen Realität unterscheiden.

Seelenwissen:
Alles, was du tust, bringt dich auf dem Pfad der Evolution voran.

Anfangs wirst du vielleicht versuchen, die Bewusstheit deiner Seele zu leugnen. Ironischerweise – wenn man bedenkt, dass nach dem Glauben, mit dem du wahrscheinlich aufgewachsen bist, alle Wahrheiten des Lebens von einem Gott kommen, der alle Menschen liebt – sagst du dir möglicherweise, dass die Ewige Bewusstheit, die dir von deiner Seele übermittelt wird, zu schön ist, um wahr zu sein. Auf den ersten Blick erscheint es unglaublich, dass du wirklich die Freiheit haben sollst, völlig frei über dein Leben zu bestimmen.

Zudem hat ein Mensch im Alter von 7 Jahren ein anderes Bewusstseinslevel als mit 47 oder mit 67 (oder, um auf die »Schwamm-Analogie« zurückzukommen, die Fähigkeit deines Geistes, die Bewusstheit der Seele zu absorbieren, ist unterschiedlich). Das muss nicht so sein, aber in der Regel trifft es zu.

Um das Ganze noch unmittelbarer zu machen: Selbst von einem Tag zum anderen kann dein Bewusstseinslevel sich deutlich verändern. Sogar schon im nächsten Augenblick kann es sich verändern *– vielleicht aufgrund dessen, was du hier gerade liest* (Weisheit, die du *für* dich aus *deinem eigenen Inneren* schöpfst).

Auch musst du wissen, dass Bewusstseinsschwankungen auftreten. Das Bewusstsein bleibt nicht konstant, einfach weil du ein bestimmtes Level erreicht hast. Vielmehr erweitert es sich oder wird enger, je nachdem, wie viel Seelen-Bewusstheit du gerade in die Erfahrung deines Geistes integrierst.

Oder, wie ein Beobachter es ausdrückte: »Die Erleuchtung lässt sich nicht mit der Entfernung der Mandeln vergleichen – ein Eingriff und alles ist erledigt.« Erleuchtung ist eine Augenblickserfahrung. Das ist Herausforderung und Vergnügen zugleich. Die Suche endet niemals, und sie ist niemals langweilig.

Und doch gibt es einen Weg, die »wilden Schwünge« zwischen extrem hoher Bewusstheit und einem sehr niedrigen Bewusstseinslevel zu vermeiden, die du auf deiner Heiligen Reise bisher wahrscheinlich oft erlebt hast. Das erreichst du, indem du immer dann, wenn du bemerkst, dass du gerade nicht dein höchstes Bewusstsein lebst, das Werkzeug des Mitgefühls anwendest.

Sage dir einfach voller Mitgefühl, dass du so, wie du gerade bist, völlig okay bist und dem Plan deiner Seele auf bestmögliche Weise Ausdruck verleihst.

Du lernst jetzt, wie das geht – oder, präziser ausgedrückt, du *erinnerst* dich an das, was deine Seele längst weiß. In *Gespräche mit Gott* wird dir hierzu etwas sehr Bemerkenswertes mitgeteilt. Dort heißt es, dass du keine Fehler machen kannst. Alle Schritte, die du unternimmst, führen dich weiter deiner Bestimmung entgegen.

Eine echte Wissenschaftlerin lässt sich nie für lange entmutigen (falls sie überhaupt je der Mut verlässt), wenn ihre Arbeit im Labor nicht die erwarteten Resultate bringt. Die Wissenschaftlerin ist sich darüber im Klaren, dass jeder Schritt eines Experiments immer nuancierter ausfällt, je anspruchsvoller und fortschrittlicher das Experiment gestaltet wird. Schon kleinste Veränderungen der Variablen können zu dramatisch unterschiedlichen Ergebnissen führen. Und doch bringt jedes neue Experiment die Wissenschaftlerin auf ihrem Weg zum gewünschten Ziel voran.

Genau so verhält es sich auch mit deinem Leben. Deine Handlungen – selbst jene, die du als Irrtümer einstufst – dienen in perfekter Weise dazu, dir alles ins Gedächtnis zu rufen, woran du dich zu erinnern wünschst, alles zu erfahren, was du zu erfahren wünschst, und überall hinzugelangen, wohin du zu gelangen wünschst, und zwar dadurch, dass du das Leben in gesegneter Weise zum Ausdruck bringst.

Öffne daher, jedes Mal wenn dir eine Erfahrung den nächsten Schritt auf deinem Pfad zeigt, dein Herz, verschließe es nicht. Mache dir bewusst, dass dies alles ein Werk des Himmels ist, und vertraue fest darauf, dass alles gut wird.

Die Dichterin Em Claire drückt es so aus:

Bitte bedaure
keinen der Augenblicke, die
dich hierherführten.
Wenn du das liest,
wurde deine Ausdauer belohnt,
und du empfängst Gnade.
Halte lose an deinem Hiersein fest,
an den Knoten im Seil
klettere empor Hand um Hand –
manchmal durch Ekstase,
manchmal durch weiße Agonie, aber
höher,
immer weiter ins Licht.
Wieder und wieder
ist es die gleiche Formel.
Bis zu dem Tag,
an dem du einfach
ein Leuchtfeuer bist,
eine reine Flamme
an einem Ort,
wo selbst die Liebe sich auflöst.

»Selbst die Liebe«

Liebe Leserin, lieber Leser,

wisse, dass es niemals die Absicht der Seele ist, dich zu zerbrechen. Doch sie ermuntert und ermutigt dich ständig zu Durchbrüchen. Sei auf dem Weg zu diesen Durchbrüchen sanft zu dir selbst. Sei verständnisvoll und gütig und mache reichlich Gebrauch vom Werkzeug des Mitgefühls.

Wie dir schon ganz zu Beginn dieses Buches gesagt wurde: *Du machst nichts falsch.*

Du erinnerst dich ganz einfach. Und du kannst dich nicht an die gesamte Weisheit deiner Seele auf einmal erinnern. Es ist notwendig, dass du immer wieder den Schwamm auswringst. Sonst kannst du den Ozean unmöglich absorbieren.

Dein gegenwärtiges Bewusstseinslevel ist demnach kein Maßstab für deine Menschlichkeit oder für deine Glaubwürdigkeit als spirituelles Wesen.

Ein Drittklässler ist kein weniger wundervolles Kind als ein Viertklässler, und er ist nicht weniger vollkommen als ein Abiturient. Jemand, der sich nach einem tiefen Fall wieder aufrappelt, muss mehr Mut aufbringen als einer, der alle Prüfungen schafft, ohne sich eine einzige Schramme zu holen.

Sei also mitfühlend mit dir selbst. Du bist tapfer und gut und du verdienst es.

Und zögere nicht, dieses wertvolle Werkzeug auch anderen zugutekommen zu lassen. Auch sie sind derzeit dabei, sich zu erinnern. Und bei manchen reicht die Erinnerung noch nicht so weit wie bei dir.

Du setzt dein Mitgefühl auf die höchstmögliche Weise ein, wenn du es allen schenkst, deren Leben das deine berührt.

Viele werden mit ihrer Wut, Furcht, Verletztheit und Bedürftigkeit zu dir kommen. Viele werden in Augenblicken tiefer Verstörtheit, herumirrend in ihrer »Wolke der Unwissenheit«, deine Hilfe suchen. In ihrer Verwirrung werden manche tatsächlich glauben, dich und *nur dich* zu brauchen, damit du ihre Wunden heilst und ihnen gibst, was sie sich selbst zu geben noch nicht gelernt haben:

Liebe und Verständnis.
Und Akzeptanz.
Und Geduld.
Und Vergebung.
Je öfter du voller Mitgefühl diese Gaben schenkst, desto besser vertraut wirst du mit diesem bemerkenswerten Werkzeug der Heilung werden – und umso leichter wird es dir fallen, auch *dir selbst gegenüber* mitfühlend zu sein.

Oft tun wir uns schwer damit, uns selbst gegenüber mitfühlend zu sein. Viele Menschen fühlen sich unbehaglich, wenn sie sich selbst Mitgefühl schenken. Es steht im Widerspruch zu ihrer »Geschichte«, die sie sich selbst und anderen einreden: dass sie angeblich »immer alles falsch machen«, »unfähig« oder »nicht gut genug« sind. Sie denken, Mitgefühl sich selbst gegenüber wäre gleichbedeutend damit, »sich alles durchgehen zu lassen« und blind gegenüber den eigenen Schwächen und Fehlern zu sein.

Also meinen sie, sie müssten hart und lieblos mit sich selbst umgehen. Viele Menschen tun das seit der Kindheit. Sie sind ihr eigener schlimmster Zuchtmeister. Oder, wie es der verstorbene Walt Kelly seine beliebte Comicfigur *Pogo* formulieren ließ: »Wir wissen jetzt, wer unser ärgster Feind ist: wir selbst.«

Seelenwissen:
Mitgefühl erzeugt Klarheit.

Wenn sie mit sich selbst jahrelang auf diese Weise umgegangen sind, können viele Leute, wenn überhaupt, nur noch *anderen gegenüber* Mitgefühl zeigen. Oft erinnern sie sich gar nicht mehr, wie man dieses wertvolle Werkzeug gebraucht, weil es schon so lange her ist, dass sie es zuletzt benutzt haben. Doch das Wunderbare am Mitgefühl ist, dass, selbst wenn du es nur ganz zaghaft und unbeholfen ausprobierst, der Eisberg sofort zu schmelzen beginnt. Die Wirkung setzt augenblicklich ein.

Das Herz öffnet sich.

Und wenn sich das Herz öffnet, öffnet sich sofort auch der Geist. Er kann wieder Dinge hören, die er vorher nicht hören konnte. Die leise Stimme der Seele ermöglicht uns eine neue Sicht der Dinge, ein vertieftes Verständnis. Unsere Prioritäten und Ziele ändern sich. Im Zustand des Mitgefühls wird uns klar, was *wirklich* wichtig ist.

Niemand, der Mitgefühl praktiziert, wird sich auf unwesentliche Dinge konzentrieren. *Mitgefühl erzeugt Klarheit.*

Mach also möglichst oft von diesem ausgezeichneten Werkzeug Gebrauch. Du wirst feststellen, dass seine Wirkung wechselseitiger Natur ist. Wenn du dir selbst mehr davon schenkst, wirst du auch anderen gegenüber mitfühlender sein. Wenn du anderen gegenüber mitfühlender bist, wirst du auch dir selbst mehr Mitgefühl schenken können. Es ist also egal, wo du beginnst – bei den anderen oder bei dir selbst.

Wie bei allem im Leben handelt es sich … einfach um eine Form der Liebe.

— 34 —

EIN LETZTES WERKZEUG

Es gibt noch ein weiteres Werkzeug, das du kennen solltest. Es ist das letzte Hilfsmittel, das wir dir hier vorstellen. Wir haben es bis zuletzt aufgehoben, weil es vermutlich das wirksamste von allen ist. Sein Effekt ist wirklich außerordentlich.

Du wirst es bei allen Menschen einsetzen, die sich dir gegenüber negativ verhalten oder verhalten haben – und du wirst es gebrauchen, indem du es *nicht* gebrauchst, sondern es wegwirfst.

Bei diesem Werkzeug handelt es sich um:

VERGEBUNG

Beginnen wir die Beschreibung dieses Werkzeugs damit, dass wir uns anschauen, was es mit den anderen gemeinsam hat.

Jedes Werkzeug, das wir dir bisher vorgestellt haben, dient dazu, die gleiche grundlegende Erfahrung zu erzeugen: Freiheit. Das geschieht, weil Freiheit die Essenz des Göttlichen ist.

Es gibt zahlreiche Worte, mit denen die grundlegende Qualität des Göttlichen in menschlichen Begriffen beschrieben wird – Liebe, Frieden, Freude etc. – aber das Wort »Freiheit« trifft die erste Qualität, von der alle anderen ausgehen, wohl am ehesten.

Ein Mensch, der vollkommen frei ist … und das heißt nicht nur, frei, alles zu tun, was und wann immer er will, sondern auch frei zu sein von jeglicher Sorge oder Traurigkeit, Kampf oder Leid, Wunden oder Verletzungen, Tragödie oder Qual, frei von allem aus der Vergangenheit, was den gegenwärtigen Augenblick in irgendeiner Weise überschatten oder beeinträchtigen könnte … ein Mensch, der auf *solche* Art frei ist, würde alle Wesen und Dinge lieben, friedvoll und von Freude erfüllt sein und, offen für die Wunder des Lebens, in jedem Augenblick das Göttliche spüren und erleben.

Wenn es also dein Ziel ist, Göttlichkeit zu erfahren (und das ist in der Tat dein Ziel, ob du dir dessen bewusst bist oder nicht), dann musst du Werkzeuge und Methoden anwenden, die dir zur Freiheit verhelfen. Damit kannst du dir deine Realität (die ja ganz und gar eine innere Schöpfung darstellt, durch die du festlegst, wie du äußere Ereignisse und Umstände *deutest*) so konstruieren, dass es für dich nie wieder einen Grund gibt, unglücklich zu sein.

Ein solcher Seinszustand würde es dir ermöglichen, konsequent den Plan deiner Seele zu verwirklichen, rasche Fortschritte zu machen und das Ziel deiner Heiligen Reise zu erreichen, und zwar so, dass jeder Augenblick deines Lebens der Göttlichen Absicht dient.

Laotse lebte so. Buddha lebte so. Jesus lebte so. Es ist die Lebensweise aller spirituellen Meister, die je auf Erden wandelten. Alle diese Meister haben gelehrt, jeder auf seine Art, dass die Befreiung von jeglichem Leiden ein für alle Menschen erreichbares Ziel ist – und dass alle anderen Aspekte eines heiligen und guten Lebens auf dieser Befreiung beruhen.

Die Werkzeuge, die wir dir in diesem Buch vorstellen, bewirken genau das. Die Dankbarkeit wird dich von Kampf und Mühsal befreien, *augenblicklich*. Der Wechsel in die Spirituelle Perspektive wird dich von Wut und Verbitterung befreien, *augenblicklich*. Das Mitgefühl wird dich von Selbstvorwürfen, mangelndem Selbstwertgefühl und Frustrationen im Umgang mit anderen Menschen befreien, *augenblicklich*. Und nun folgt noch das letzte Geschenk, die Vergebung. Sie wird dich von allem Schmerz, allen Verletzungen befreien, wo immer sie herrühren.

Zu dieser Befreiung verhilft dir die Vergebung an dem Tag, an dem du dich entschließt, nie wieder dir selbst oder irgendeinem anderen Menschen vergeben zu müssen. Es geht nicht darum, dieses Werkzeug zu gebrauchen, sondern darum, es wegzuwerfen. Dadurch wird seine enorme Macht und Wirksamkeit freigesetzt – wie bei einer Sprungfeder, die man aus einem Kasten befreit, in dem sie zusammengepresst war. Daher sollten wir das Werkzeug vielleicht eher »Verzicht auf Vergebung« nennen.

An dem Tag, an dem du begreifst, dass du niemandem vergeben musst – und dass es *gar nichts* gibt, was der Vergebung bedarf, weil alles, was Menschen tun, letztlich aus Liebe geschieht, wenn auch oft in stark verzerrter Form (wie in Kapitel 16 ausgeführt) –, wirst du frei, ganz gleich, was bisher in deinem Leben geschah. Frei von Kampf und Leiden, endlich.

Diese Art von Freiheit empfand Nelson Mandela. Sie ermöglichte es ihm, seine Gefängniswärter zu lieben, die ihn über zwanzig Jahre lang festhielten.

Diese Art von Freiheit empfand Papst Johannes Paul II., als er den Attentäter, der ihn schwer verwundet und fast getötet hatte, im Gefängnis besuchte und ihm den päpstlichen Segen spendete.

Worin liegt das Geheimnis dieser Art von Freiheit – einer Freiheit, die es ermöglicht, Vergebung als Lebenswerkzeug völlig hinter sich zu lassen?

Es ist das gleiche Geheimnis, aufgrund dessen man sagen kann, dass Gott niemals vergibt. Gott hat nie etwas vergeben und wird nie etwas vergeben.

Seelenwissen:
Vergebung ist nicht notwendig.

In *Gespräche mit Gott* steht dieser kühne Satz, und seine Eindeutigkeit lässt selbst jene, die mit den anderen spirituellen Offenbarungen in den GMG übereinstimmen, irritiert die Brauen heben – bis sie die Begründung dafür gelesen haben.

Wie schon gesagt, vergibt Gott niemals, *weil Vergebung nicht notwendig ist.* Sie wird im Prozess des Göttlichen Ausgleichs durch eine viel mächtigere Energie ersetzt: Verständnis.

Diese Idee ist so radikal, unterscheidet sich so sehr von allem, was dir je beigebracht wurde, dass wir hier erneut auf dieses Prinzip eingehen und den »Verzicht auf Vergebung« als eines von fünf machtvollen Werkzeugen vorstellen, die du einsetzen kannst, um deine Heilige Reise zu vollenden. Und nun noch einmal die Gründe dafür:

Erstens weiß das Göttliche, Wer und Was es ist. Daher ist es sich bewusst, dass es niemals verletzt werden oder Schaden nehmen kann.

Daher gibt es für das Göttliche keinen Grund, enttäuscht, frustriert, ärgerlich, zornig oder rachedurstig zu sein.

»Die Rache ist mein, spricht der Herr« ist eine der größten spirituellen Unwahrheiten aller Zeiten.

Zweitens weiß Gott, dass die Menschen *nicht* wissen, wer und was *sie* sind, und deshalb glauben, sie *könnten* verletzt werden oder Schaden nehmen – und aus der Erfahrung, verletzt zu werden, oder aus der Angst davor resultieren alle Gedanken, Worte und Handlungen, die vermeintlich der Vergebung bedürfen.

Und da Gott dieses Wissen hat, ist es für ihn ebenso wenig notwendig, dir zu *vergeben* (selbst dann, wenn es tatsächlich möglich wäre, Gott Schmerz zuzufügen), wie du es notwendig fändest, einem zweijährigen Kind zu vergeben, das etwas Unvernünftiges sagt oder tut.

~

Die Vorstellung, dass *du* jemandem vergeben musst, beruht eindeutig darauf, dass du dich von diesem Jemand beleidigt, geschädigt oder verletzt fühlst. Doch mit solchen Gedanken verleugnest du dein Wahres Sein.

Nelson Mandela und Papst Johannes Paul II. verfielen nie in einen solchen Zustand der Leugnung (oder wenn doch, so haben sie sich dauerhaft daraus befreit). Auch wenn sie mit den Handlungen eines anderen Menschen nicht einverstanden waren, zeigten sie doch Verständnis für dessen Motive.

So, wie wir verstehen, dass ein zweijähriges Kind aus Unwissenheit und Unreife bestimmte Verhaltensweisen an den Tag legt, erkennen wir, wenn wir echtes Verständnis aufbringen, dass dies auch auf Erwachsene zutrifft, deren Verhalten von Menschen mit geringerer Bewusstheit als verletzend oder schädlich eingestuft wird.

Dieses Verständnis ersetzt im Geist jener, die ihren Geist für die Bewusstheit ihrer Seele geöffnet haben, die Idee der Vergebung. Die Seele weiß, dass niemand je etwas Unangemessenes tut, sondern stets gemäß seines Modells der Welt handelt. Die Seele weiß, dass jeder Mensch in jedem Augenblick sein Bestes tut.

Daher ist es wunderbar lohnend, immer dann, wenn du den Eindruck hast, du wärst in irgendeiner Weise verletzt oder geschädigt worden, deinen Geist für die Weisheit deiner Seele zu öffnen.

Halte inne. Atme. Und dann lausche in dich hinein.

Lausche auf die Argumente deiner Seele – die Seelenlogik. Das bringt dich augenblicklich der Vollendung deiner Heiligen Reise ein gewaltiges Stück näher.

GEISTIGE LEERE

Wenn es zutrifft, dass der Geist zwischen den Inkarnationen gemeinsam mit der Seele reist, fragst du dich vielleicht, warum es überhaupt notwendig ist, dass du dich nun mithilfe dieses Buches an dieses Wissen »erinnern« musst.

Im Moment der Geburt findet ein »Reset« des menschlichen Geistes statt. Er wird auf null zurückgesetzt, alle früheren Daten werden gelöscht. Während deine Seele an deinem ersten Tag auf Erden über ein umfassendes *Bewusstsein* verfügte, erinnerte sich dein Geist an *überhaupt nichts.*

Das geschah nicht aus Versehen, sondern wurde mit Absicht so eingerichtet.

Das Leben ermöglicht der Gesamtheit deines Seins bei jeder Inkarnation einen Neuanfang. So kannst du dich selbst neu erschaffen, immer wieder kann deine Seele die Höchste Vision deines Selbst auf die jeweils bestmögliche Weise zum Ausdruck bringen.

Die Tafel wird sauber gewischt, und das ist Teil von Gottes größtem Geschenk: der Freiheit.

Das Leben möchte, dass du frei bist, hier und jetzt deine Wahlen zu treffen, unbelastet durch die Entscheidungen deiner Vergangenheit, unbegrenzt dank der Verheißungen deiner Zukunft, nicht eingeschränkt durch die Zustände deines Menschseins, sondern befreit durch den Glanz deiner Göttlichkeit.

Wie du dich sicher erinnerst, haben wir weiter vorne im Buch argumentiert, dass Körper und Geist genauso unsterblich sind wie die Seele und mit der Gesamtheit deines Seins von Leben zu Leben reisen. Daher könntest du jetzt sagen: »Wenn der Geist bei jeder Geburt auf null zurückgesetzt wird, könnte er doch am Ende des vorherigen Lebens ebenso gut sterben, denn welchen Sinn hat er in *diesem*

Leben, wenn er sich an nichts von dem erinnert, was er im früheren Leben gelernt hat?«

Das ist eine wunderbare Frage, wie sie nur jemandem in den Sinn kommen kann, der die in diesem Buch gegebenen Erklärungen gründlich durchdenkt. Wie schon gesagt, jener Teil von *dir*, der die Erklärungen liefert, konfrontiert dich mit dieser Frage, damit du die Sache wirklich gründlich untersuchst und keinen Stein auf dem anderen lässt.

Formulieren wir die Frage etwas anders: Wenn der Geist auf null zurückgesetzt wird, also alle Informationen aus dem früheren Leben gelöscht werden, ist das nicht genau so, als würde er sterben und du würdest mit einem anderen Geist wiedergeboren?

Diese Frage muss mit einem klaren Nein beantwortet werden. Denn in der Tat ähnelt dein Geist, in Kapitel 6 wurde es beschrieben, einem Computer – *aber er ist viel, viel besser.*

Wie du vermutlich weißt, lassen sich auf einem Computer Daten nicht permanent löschen. Du kannst Dateien in den »Papierkorb« verschieben – sie also »löschen« – aber das Wort »Löschen« ist in diesem Fall ein falsches Versprechen. Du hast die Daten lediglich an einen anderen Ort auf deiner Festplatte verschoben.

Dein Betriebssystem ist so programmiert, dass es diesen Ort nicht jedes Mal durchsucht, wenn du ihm einen Befehl gibst. So läuft das System schneller. Aus diesem Grund ist es eine gute Idee, nicht benötigte Daten in den Papierkorb zu verschieben … aber es ist auch eine gute Idee, sich klarzumachen, dass diese Daten dort für immer abgelegt sind.

Du hast richtig gelesen: *für immer.*

So mancher Kriminelle, der glaubte, er hätte die Beweise für seine Vergehen von der Festplatte seines Computers entfernt, wurde eines Besseren belehrt. Die Experten der Polizei beschlagnahmten kurzerhand sein Notebook und nahmen sich die sogenannten »gelöschten Dateien« vor, worauf er dann einen langen Urlaub hinter schwedischen Gardinen antreten durfte.

Heute kommt immer mehr Software auf den Markt, mit der man Daten »schreddern« kann, aber auch dadurch werden diese Daten nicht wirklich zum Verschwinden gebracht. Sie werden einfach nur überschrieben, man legt neue Daten darüber, um die ursprünglichen Daten unleserlich zu machen. Aber sie sind immer noch da. (Doch auch wenn man will, kann man sie nicht mehr richtig lesen, was letztlich noch viel schlimmer ist.)

Oh, aber dein Geist ist viel effizienter als ein Computer! Er kann Daten in den »Papierkorb« verschieben (genau das tut er bei jeder neuen Geburt), aber er kann die gelöschten Dateien und sogar überschriebene Daten (Erinnerungen an Erfahrungen, die du in jeder Inkarnation viele Male gemacht hast) immer wieder hervorholen und entschlüsseln.

Seelenwissen:
Das Leben möchte, dass du frei bist, hier und jetzt deine Wahlen zu treffen.

Kurz gesagt, du kannst die Daten deines Geistes niemals dauerhaft »schreddern«!

Was bedeutet das in praktischer Hinsicht? Einerseits beginnst du jedes neue physische Leben als »unbeschriebenes Blatt«. Das gibt dir die Freiheit, spontane Entscheidungen zu treffen, die nicht durch die Entscheidungen aus deiner Vergangenheit belastet sind. Andererseits sind die Daten aus früheren Leben aber für deinen Geist immer noch zugänglich, wenn er der Auffassung ist, dass sie nützlich und hilfreich sind. Alles hingegen, was deine gegenwärtige Entwicklung behindert, wird als unerwünscht betrachtet. Was aber dem Erhalt und Fluss des Lebens dient, wird immer zugelassen.

Wir alle haben schon Geschichten über Menschen gehört, die zum Beispiel plötzlich »wussten«, wie man schwimmt, weil ein Kind aus einem See gerettet werden musste. Oder die, ohne jede psychologische Schulung in diesem Leben, plötzlich »verstanden«, was genau sie sagen und tun mussten, um einen Verzweifelten davon abzubringen, sich von einer Brücke zu stürzen.

Doch in den meisten Alltagssituationen ist dein Geist frei von diesen Millionen gelöschter Daten, da keine Notwendigkeit besteht, alte Ideen oder Informationen hervorzuholen, die dir im gegenwärtigen Augenblick nicht von Nutzen wären.

Bei jeder Wiedergeburt erhebt sich dein erneuerter Geist über alle alten Gedanken an frühere Schwächen und Misserfolge und öffnet sich für die Erkenntnis, der sich deine Seele immer bewusst ist: dass du großartig bist.

Denkst du etwa, es ist ein Zufall, dass kleine Kinder sich wunderbar finden und glauben, sie könnten alles tun und alles sein und würden ewig leben?

Je kürzer deine Geburt zurückliegt, desto näher bist du der Wahrheit deines Seins. Wenn dein Gedächtnis von allen körperlichen Erfahrungen aus früheren Leben gereinigt ist, versetzt dich das in die Lage, alles in einem neuen Licht zu sehen. Das ist mit dem weisen Rat gemeint: *Werdet wie die Kinder*.

Mach das zu deinem Mantra, jetzt und in aller Zukunft.

Betrachte die Welt mit kindlicher Unschuld, lass dich mit kindlichem Wagemut auf sie ein, liebe sie mit kindlicher Bereitwilligkeit, heile sie mit kindlicher Reinheit, verändere sie mit kindlicher Weisheit.

Werde wie ein Kind.

— 36 —

WIE MAN DIE VERBINDUNG ZWISCHEN GEIST UND SEELE AUFRECHTERHÄLT

Wenn du dein Leben auf das ausrichtest, Was Wirklich Wichtig Ist, wirst du die Freiheit der Kinder erfahren, die Freiheit, authentisch, rein und froh zu sein. Dich in jedem Augenblick mit tiefer Hingabe deinem Wahren Wunsch zu widmen und danach zu trachten, ihm auf bestmögliche Weise Ausdruck zu verleihen, wird dich rasch in jenen Erweiterten Bewusstseinszustand versetzen, aus dem alle Göttlichkeit hervorgeht.

Dieses Erweiterte Bewusstsein stellt sich ein, wenn dein Geist und deine Seele sich vereinigen, denn dann trifft Erfahrung auf Bewusstheit. Die Frage ist, wie du solche Begegnungen herbeiführen kannst. Zunächst musst du dich von der Idee befreien, das Erweiterte Bewusstsein sei nur einigen wenigen Auserwählten vorbehalten.

Das Erweiterte Bewusstsein ist sehr leicht zugänglich, und alle Menschen auf dem Planeten haben es schon erlebt. Sogar Kinder. Kleine Kinder vielleicht sogar in besonderem Maße.

Deine nächste Erfahrung des Erweiterten Bewusstseins …

- kann »einfach so« geschehen, ganz plötzlich.
- schubweise auftreten, in einer kurzen, aber intensiven Phase.
- regelmäßig auftreten, über Monate oder Jahre.
- kann ein Dauerzustand sein, der dann für den Rest deines Lebens bestehen bleibt.

Von den Personen der ersten Kategorie heißt es manchmal, sie hätten eine »Epiphanie« erlebt. Oft werden sie dadurch zu Suchenden.

Bei Personen der zweiten Kategorie spricht man häufig von einem »Erwachen« (man könnte es als einen Zustand *andauernder* Epiphanie bezeichnen). Sie werden zu Schülern.

Von den Personen der dritten Kategorie heißt es manchmal, sie hätten ein hohes Bewusstseinslevel erreicht. Sie werden häufig zu Boten oder Lehrern.

Von den Personen der vierten Kategorie heißt es manchmal, sie hätten »Erleuchtung« erlangt. Man nennt sie Heilige, Gurus oder Meister – wobei sie selbst sich aber sanft gegen solche Ehrentitel sträuben.

Wir haben mehrfach darauf hingewiesen, dass alle Menschen schon bei vielen Gelegenheiten auf ihrer Heiligen Seelenreise Vollendung erlebten. Ihr Ziel ist es, *ständig* in diesem Zustand zu leben. Dazu müssen sie lediglich lernen, einen Kanal zwischen Geist und Seele zu öffnen.

Seelenwissen:
Das Erweiterte Bewusstsein ist sehr leicht zugänglich.

So wird es dem Geist ermöglicht, *nach Belieben* mit der Seele in Kontakt zu treten, wodurch das Erweiterte Bewusstsein immer wieder erlebt werden kann, über viele Monate oder Jahre – und letztlich zur dauerhaften Realität wird.

Mithilfe des nächsten Werkzeugs – des letzten, mit dem wir uns hier befassen werden – kannst du die Erfahrung des Einsseins von Geist und Seele dauerhaft *aufrechterhalten*. Dabei wird die Erfahrung des Geistes mit der Bewusstheit der Seele kombiniert und bringt das Erweiterte Bewusstsein hervor.

Diese Erfahrung hat übrigens gar nichts Geheimnisvolles oder Mystisches. Die Vereinigung von Seele und Geist kann auf ganz alltägliche Weise in ganz alltäglichen Augenblicken geschehen. Du könntest diese Erfahrung zum Beispiel *jetzt in diesem Moment* machen, während du dieses Buch liest.

Alle Werkzeuge, die wir dir vorgestellt haben, stellen auf hoch effektive Weise eine Verbindung zwischen Geist und Seele her.

Nichts wird dich schneller mit dem *Gefühlszustand* in Kontakt bringen, in dem die Seele lebt, wie die Dankbarkeit. Nichts wird dich schneller für die ganze Tiefe der Weisheit deiner Seele öffnen wie die

Spirituelle Perspektive. Nichts wird dich schneller in den unendlichen Frieden der Seele führen wie das Mitgefühl. Und nichts wird das Geschenk der wahren Natur deiner Seele schneller zum Ausdruck bringen wie der Verzicht auf Vergebung.

Aber es gibt ein magisches Hilfsmittel, von dem noch nicht die Rede war. Es wird dir dazu verhelfen, die Erfahrungen, zu denen die anderen Werkzeuge dich hinführen, *dauerhaft* zu erleben. Dieses letzte Werkzeug heißt:

MEDITATION

Wenn es dir unoriginell und geradezu spirituell abgedroschen erscheint, die Meditation hier zu erwähnen, dann nur, weil sie sich schon so lange als Methode bewährt hat, Zugang zur Bewusstheit der Seele zu erlangen, dass alle sie ständig empfehlen. Gerade das geschieht aber, weil sie so zuverlässig funktioniert.

Wir werden hier deshalb nur wenig Zeit darauf verwenden, die Meditation zu preisen. Du hast schon durch genug Menschen von ihren Vorzügen gehört. Was du aber sicherlich gerne wissen möchtest, ist, wie du sie effektiv einsetzen kannst (falls du das nicht bereits tust).

Es gibt nicht die eine ideale Meditationsmethode, die für alle passt. Jeder Mensch erlebt diesen Vorgang anders. Es gibt aber einige Herangehensweisen an die Meditation, die du vielleicht interessant finden wirst.

Es gibt »dort draußen« nicht viel zu dem Thema, das auf wenigen Seiten einen raschen, leichten Zugang ermöglicht. Daher haben wir im Anhang einen Abschnitt aus dem in Kapitel 29 bereits erwähnten Buch *Wenn alles sich verändert, verändere alles* beigefügt.

In diesem spirituellen Führer werden vier verschiedene Meditationsmethoden beschrieben, bei denen wir es für sinnvoll halten, sie in den Anhang dieses Buches aufzunehmen. Wir haben sie bewusst nicht in den Haupttext eingefügt, damit diejenigen, die das frühere Buch bereits kennen, diese Passagen hier nicht erneut lesen müssen.

Falls du *Wenn alles sich verändert* noch *nicht* kennst und herausfinden möchtest, welche Meditationstechniken für dich funktionieren – oder vielleicht besser funktionieren –, solltest du den Anhang unbedingt lesen.

Die Meditation ist ein so effektives Hilfsmittel für deine Heilige Reise, weil durch sie ein Umfeld geschaffen wird, in dem eine Verbindung zwischen Geist und Seele hergestellt werden kann.

Es gibt noch andere Wege, ein solches Umfeld zu erzeugen. Dazu zählen unter anderem Gebete, Visualisierung, geführtes Bilderleben, ekstatisches Tanzen, Visionssuche, Chanten, Fasten, Trommeln und einfache stille Kontemplation.

Seelenwissen:
Der Geist ist nicht dafür geschaffen, allein auf sich gestellt zu funktionieren.

Gebete sind vermutlich die am häufigsten unterrichtete Methode, eine Verbindung zum Göttlichen herzustellen (und darum geht es ja schließlich bei der Verbindung zwischen Geist und Seele).

Jede Religion auf dem Planeten lehrt Gebetstechniken. Gebete können ein wunderbarer Weg sein, mit Gott in Kontakt zu treten, aber viele Menschen empfinden zwischen Gebet und Meditation einen großen Unterschied: Das Gebet ist, als würde man beim Zimmerservice eine Bestellung aufgeben, während Meditation eher damit zu vergleichen ist, über Kopfhörer sanfter Musik zu lauschen. Im einen Fall »sendet« man Energie, im anderen »empfängt« man sie.

Visualisierungen helfen eindeutig dabei, den Geist aus seiner momentanen Geschäftigkeit herauszulösen und ihn stattdessen auf die eigenen Wünsche zu fokussieren. Wenn diese Wünsche identisch sind mit *dem Wahren Wunsch*, also der Göttlichen Absicht, dann kann diese Methode ebenfalls sehr hilfreich sein. (Auf der tiefsten Ebene sind sie natürlich damit identisch, aber an der Oberfläche muss das nicht der Fall sein.) Der Geist ist bei Visualisierungen aber wesentlich aktiver beteiligt als bei den meisten Meditationsformen.

Andere Wege zur Seele wie das geführte Bilderleben und der ekstatische Tanz können uns zu mehr innerem Frieden verhelfen, der dann eine erhöhte Bewusstheit bewirkt. Aber die meisten Menschen berichten, dass diese Methoden nicht so zuverlässig wirken wie die Meditation. Das geführte Bilderleben ist eine Form der Meditation, bei der eine andere Person die Führung übernimmt, entweder »live« oder in Form einer Audioaufzeichnung. Daher ist es von Natur aus weniger still und intim. Das ekstatische Tanzen lässt uns ganz aus dem Geist heraustreten. Bekannt ist, dass es plötzliche Ausbrüche von Bewusstheit auslösen kann, aber wie das Trommeln und das Chanten nutzt es Aktivitätszentren des Geistes, die nicht annähernd so friedvoll sind wie der Geist im Zustand der Meditation, wenn diesen Zentren und überhaupt jeglicher Aktivität keine Aufmerksamkeit mehr geschenkt wird.

Zu allen Zeiten war die Meditation immer schon für die meisten Menschen das angenehmste, konstruktivste, stärkste und wirksamste Mittel, um den Geist mit der Seele in Kontakt zu bringen.

Welche Methode du auch bevorzugen magst, finde einen Weg, den Raum zu erschaffen, in dem dein Geist und deine Seele sich vereinigen können, um das Wunder miteinander zu teilen, das die Gesamtheit deines Seins ist. Der Geist ist nicht dafür geschaffen, allein auf sich gestellt zu funktionieren.

Dein Geist ist ein wundervoller Teil deines Selbst. Nichts, was hier gesagt wurde, darf so verstanden werden, dass wir den Geist gegenüber der Seele als minderwertig betrachten, denn das ist er nicht.

Dein Geist ist ein brillantes System. Seine Aufgabe, in diesem Leben dein physisches Überleben zu garantieren, erfüllt er extrem, ja wirklich unermesslich gut. Wir verstehen immer noch nicht völlig, wie der Geist arbeitet. Aber wir *haben* festgestellt, und zwar einfach durch Selbstbeobachtung, dass der Geist noch weitaus brillanter arbeitet, wenn er sich für Informationen öffnet – man könnte sie »Weisheit« nennen –, die nicht durch seine eigenen Erinnerungen an begrenzte Erfahrungen generiert werden, sondern durch die grenzenlose

Bewusstheit, die zwar außerhalb deines Geistes liegt, aber nicht außer Reichweite für die Gesamtheit deines Seins.

Wäre das Überleben deine einzige Sorge – oder jedenfalls deine vordringliche Sorge –, würde es vermutlich genügen, wenn du dich bei deiner Lebensreise ausschließlich auf deinen Geist verlässt. Doch, wie wir bereits feststellten, ist das Überleben nicht deine wichtigste Sorge. Es ist auch nicht dein Grundinstinkt. Daher steht es nicht an der Spitze deiner persönlichen Ziele. An erster Stelle steht Erfüllung, Vollendung. Die Vollendung deiner Heiligen Reise. Und dafür brauchst du nicht nur deinen Geist, sondern auch deine Seele.

Aus diesem Grund legen wir dir die Meditation, das letzte in diesem Buch vorgestellte Werkzeug, so ans Herz.

Und aus diesem Grund wurde dieses Buch geschrieben. Es könnte auch den Titel tragen: *Vergiss die Seele nicht.* So bedeutsam ist sein zentrales Argument – dass Geist und Seele dafür geschaffen sind, mit vereinten Kräften zu arbeiten.

Wenn du dich im Leben allein oder überwiegend auf deinen Körper und deinen Geist verlässt, ist das, als würdest du ein Dreirad nur auf zwei Rädern fahren. Es fällt dann sehr schwer, das Gleichgewicht zu halten.

Mithilfe dieser fünf ausgezeichneten Werkzeuge bist du nun endlich in der Lage, deine Aufmerksamkeit von den 98 Prozent an Dingen in deinem Leben abzuziehen, die nicht wirklich wichtig sind. Dazu zählen:

- Wie viel Geld du verdienst.
- Was die Leute über dich denken.
- Ob du deine Arbeit erledigt hast.
- Welche sexuelle Orientierung sich für dich richtig anfühlt.
- Wie viele Fehler du machst oder gemacht hast.
- Ob du deine Finanzen gut regelst.
- Wo du in zehn Jahren stehen wirst.
- Welche Aktien du kaufen sollst.
- Warum die Wände des Esszimmers pastellfarben sein sollen.
- Ob es Zeit ist, den Teppichboden zu erneuern.
- Welches Auto zu dir passt.
- Wie du ein paar Leute zu deiner Party einlädst, ohne die zu kränken, die nicht eingeladen werden (und die du, wenn du ehrlich bist, auch gar nicht sehen möchtest).
- Wo die unausgepackten Umzugskartons verstaut werden.
- Ob die Trauben aus Bioanbau stammen.
- Welcher Religion du angehören willst.
- Welche Hose du mit welcher Bluse kombinierst.
- Ob du dir die Haare schneiden lassen solltest.
- Warum man täglich das Bett macht.
- *Wie* das Bett zu machen ist.
- Wie du mehr Freunde gewinnst.

- Wie du die Ameisen loswirst.
- Wie die Fernbedienung des neuen Fernsehers funktioniert.
- Was es zum Abendessen gibt.
- Wer an der Reihe ist, den Müll herunterzubringen.
- Ob du dich auf eine Affäre einlassen sollst.

Und die tausend anderen Sachen, die hier nicht aufgelistet wurden, die aber an jedem einzelnen Tag des Lebens deinen Geist beschäftigen, sodass du dich schon seit Monaten – jawohl, *Monaten* – nicht mehr gefragt hast: *Wie kann ich am besten den Plan meiner Seele verwirklichen?*

»Wie kannst du – was?«

»*Wie kann ich am besten den Plan meiner Seele verwirklichen?*«

»Was um alles in der Welt soll das denn sein? Und was hat es damit zu tun, wie wir die Raten für unsere Hypothek aufbringen sollen? Oder mit Matildas Schwangerschaft? Du meine Güte, jetzt komm mal wieder auf den Boden zurück!«

So kann dir das »wirkliche Leben« in die Quere kommen. Und dann sieht es so aus, als hätte das, was in deinem Alltag geschieht, nichts mit deiner ewigen Reise zu tun. Dann erscheint dir alles, was gerade draußen stattfindet, als Hindernis für die Verwirklichung deines Innenlebens.

> **Seelenwissen:**
> ***Gott will für dich, was du selbst für dich willst.***

Damit du überhaupt fähig wirst, die hier vorgestellten Werkzeuge konsequent (oder überhaupt) einzusetzen, musst du dir zunächst selbst ein ganz besonderes Geschenk machen. Dieses Geschenk kommt vor all diesen Werkzeugen. Es verschafft dir den Raum, den du für die Arbeit mit den

Werkzeugen benötigst. Es ist das erste Geschenk, das du dir auf der Heiligen Reise machen musst. Es ist dein »Fahrschein«.

Viele Menschen suchen nach einer Möglichkeit, wie sie auf dem Pfad der Seele ihr wahres Sein erfahren können, doch in entscheidenden Augenblicken ihres Lebens zögern sie, den Pfad wirklich zu beschreiten. Sie kennen den Pfad oder haben zumindest eine gewisse Vorstellung von ihm, aber in einem solchen kritischen Augenblick sträuben sie sich dagegen, sich von bestimmten negativen Emotionen zu lösen.

Oder sie sind zwar bereit, sich von ihrer Negativität zu befreien, aber es fällt ihnen schwer, sich ganz der Göttlichen Absicht zu überantworten und völlige Hingabe an die Heilige Reise zu praktizieren.

Diese Reaktionen sind nicht ungewöhnlich. Manchmal fühlt es sich für die Leute »gut« an, sich »schlecht« zu fühlen. Daher ist, wenn du die hier vorgestellten Werkzeuge nutzen willst, dieses erste Geschenk, das du dir machen musst, sehr, sehr wichtig.

Nur wenn du im Besitz dieses Geschenkes bist, kannst du überhaupt irgendetwas ändern.

Dieses Geschenk, das du dir machen musst, ist:

BEREITSCHAFT

Sie ist das entscheidende Element jeder echten Transformationserfahrung. Ohne sie ist nichts von dem möglich, was wir hier beschrieben haben. Mit ihr kann all das geschehen und noch viel mehr.

Wie versetzt du dich also in einen Zustand der Bereitschaft? Es ist eine Entscheidung, die du triffst, ein *Willensakt*. Du musst dafür Willens*kraft* aufbringen. Dazu ist es notwendig, wirklich zu verstehen, was mit dem Begriff »Willensfreiheit« gemeint ist.

Du musst deinen Willen *befreien*.

Dein Wille und der Wille Gottes sind eins. Das ist eine andere Art zu sagen, dass Gott für dich will, was du selbst für dich willst. Auch trifft zu, dass das, was du, auf der höchsten Ebene deines Seins, für dich willst, identisch ist mit dem, was Gott für das Göttliche will.

Gottheit und Menschheit wollen das Gleiche – den höchsten Ausdruck des Lebens, der im jeweiligen Moment möglich und vorstellbar ist –, weil Gottheit und Menschheit das Gleiche *sind.* Und doch kann der menschliche Wille in gewisser Weise eingekerkert sein.

Du kannst blockiert, eingeschlossen, gefangen sein durch deine Weltsicht, durch die hartnäckige Weigerung, dich für die Liebe zu öffnen und die Werkzeuge des Lebens zu gebrauchen, die dir geschenkt wurden. Du kannst dir dein eigenes Gefängnis bauen, hineingehen und die Tür hinter dir zusperren.

Immer wieder tun die Leute das. Verbitterung, Wut, Angst, Selbstgerechtigkeit und Engstirnigkeit sind die Wege, die in dieses persönliche Gefängnis führen.

Leider meinen die Menschen, diese Pfade würden sie an den Ort bringen, den sie ersehnen: eine sichere Zuflucht.

Wenn wir aus unserem Kleinen Selbst heraus handeln, ist es das Einzige, woran wir wirklich denken können. Dieses Kleine Selbst wünscht sich Sicherheit. Wir wünschen uns Schutz, letztlich vor dem Leben selbst. Wir haben genug Traurigkeit durchgemacht, genug gelitten. Wir wollen nicht mehr angegriffen, beschuldigt, überfordert werden. Genug ist genug.

Also ziehen wir die Zugbrücke hoch, errichten die Wagenburg, ziehen uns in die Festung der begrenzten Erfahrungen unseres Geistes zurück. Wenigstens befinden wir uns da auf vertrautem Terrain. Für den Moment fühlen wir uns sicher. Es macht vielleicht keine Freude, es ist nicht aufregend, es bietet uns nicht die Glorie eines offenen Bewusstseins und die Freude eines befreiten Herzens, aber es ist sicher.

Ist es das wirklich? Während wir in unserem geistigen Bunker sitzen, merken wir schon bald, dass dies gar kein Haus des Schutzes ist, sondern ein Gefängnis. Wir hatten gehofft, hier sicher zu sein, aber die Menschen, auf die wir dort drinnen treffen, sind ständig wütend und voller Angst. Die Energie, vor der wir uns in Sicherheit bringen wollten, spüren wir hier mehr denn je. (Hingegen fühlen sich die Menschen, die aus dem Gefängnis »entkommen« sind, nun vollkommen sicher und geborgen in den Armen einer Größeren Liebe.)

Vielleicht befindest du selbst dich gegenwärtig gar nicht in diesem Gefängnis. Wir hoffen, dass es so ist. Wir hoffen, dass die Lektüre dieses Buches in dir genügend Erinnerungen geweckt hat, um dich aus deinem Gefängnis zu befreien. Doch wo du dich auch gerade befinden magst, wenn du dich umschaust, wirst du erkennen, dass die meisten Menschen noch nicht wirklich begriffen haben, was es mit der »Willensfreiheit« auf sich hat. Ihr gegenwärtiges Denken steht nicht im Einklang mit ihrer gegenwärtigen Bewusstheit.

Du bist nun in der Lage, sofort zu erkennen, wenn du in diesen unfreien Zustand zurückfällst. Das geschieht immer dann, wenn dein Gegenwärtiges Denken nicht in Kontakt mit deiner Ewigen Bewusstheit steht, wenn also dein Geist nicht mit deiner Seele vereinigt ist. Es geschieht, wenn dein Gegenwärtiges Denken negativ ist.

Wenn du einen negativen Gedanken denkst, kommt er ausschließlich aus dem Geist, die Seele ist nicht beteiligt. Das muss so sein, denn die Seele, der Sitz der Ewigen Bewusstheit, *ist zu keiner Negativität fähig*. Dazu weiß sie zu viel. Sie *ist* zu viel. Sie ist unbegrenzt, während der Geist begrenzt ist.

Natürlich kann dein Gegenwärtiges Denken auch positiv sein. Nicht alle Gedanken sind negativ. Der Geist kann negativ *oder* positiv sein. Das hängt (ganz buchstäblich) von deiner momentanen Stimmung ab. Die Seele hingegen ist zu einer solchen Widersprüchlichkeit nicht fähig.

Die aus der Seele aufsteigende Ewige Bewusstheit wird daher niemals irgendeine Form von negativer Energie erzeugen. Andererseits kann dein Geist für einen unbegrenzten Nachschub an Negativität sorgen.

Doch wenn Geist und Seele sich begegnen, verwandelt die Positivität der Seele jegliche Negativität, die gerade im Geist vorhanden ist – dazu nutzt sie Dankbarkeit, Spirituelle Perspektive, Mitgefühl, Vergebung und Meditation.

Diese Werkzeuge bewirken, dass die inspirierende, aufwärts strebende Macht des Positiven die schwächende Energie des Negativen überwindet. Doch das kann nur geschehen – *wirklich nur dann* –, wenn du bereit dazu bist. Ohne deine Bereitschaft geht gar nichts, denn es herrscht Willensfreiheit.

Wir können heller & heller werden.
Wir können aus dem Klang der Stille schöpfen.
Wir können in Bewegung völlig ruhig sitzen.
Wir können jede Zelle öffnen, so weit sie kann.
Wie das?, fragst du. Und ich wage zu sagen:
Zuallererst durch unsere Bereitschaft.
Dann durch den Glauben an das Unglaubliche.
Durch eine undenkbar große Ausdauer,
dann durch dicke Schichten von Geduld.
Jetzt besucht uns die Gnade, unangekündigt.
Jetzt: das Unvorstellbare. Wunder.
Dann Dunkelheit. Die Gebärmutter. Schwangerschaft.
Geburt. Dann Licht.

Dann wieder Bereitschaft …

»Bereitschaft«

— 38 —

MEHR ÜBER DEN GRUNDINSTINKT

Liebe Reisegefährtin, lieber Reisegefährte …

Kein Mensch will einfach nur »über die Runden kommen«. Wir wollen unser Selbst auf die Höchste Weise zum Ausdruck bringen, die in der jeweiligen Situation für uns erreichbar ist.

Wir erwähnten den Grundinstinkt bereits, aber nun wollen wir uns ausführlicher mit ihm befassen, denn es ist wichtig, dass du die zentrale Motivation deines Lebens voll erkennst und zum Ausdruck bringst.

Unser Grundinstinkt ist nicht das Überleben, sondern die *Wiedererweckung*. Die Wiedererweckung des größten Traumes, der in uns allen lebt. Die Wiedererweckung der größten Idee, die wir je über uns selbst gehegt haben. Die Wiedererweckung der *ursprünglichen Wahrheit* über Gott – die darin besteht, dass Gott nur das *Beste* für uns will, *uns* nur das Beste schenkt und nur das Beste *in uns* sieht. Und er hält nur das Beste für uns *bereit*.

Es geht in diesem Leben nicht darum, dass wir Buße für die Erbsünde tun. Darum ging es nie. Es geht darum, dass wir die *ursprüngliche Wahrheit* für uns wiederentdecken.

Das Leben ist *das Beste*, doch wir haben dafür gesorgt, dass es so aussieht, als wäre es *das Schlimmste*. Gott ist *das Beste*, doch wir haben dafür gesorgt, dass es so aussieht, als wäre er *das Schlimmste*. Oder jedenfalls *das Furchterregendste*. Der schrecklichste *Richter*, der, der *am schrecklichsten und rachsüchtigsten* straft.

Kein Wunder, dass die Menschen glauben, es wäre »gut«, Gott zu fürchten!

Doch wir sind alle so rein wie kleine Kinder. Wir wandern in unschuldiger Verwirrung umher, wissen nicht mehr, erinnern uns nicht, wer wir wirklich sind. Wir verstehen nicht, und niemand sagt uns, was wirklich vor sich geht.

Wenn wir wollen, können wir unseren Grundinstinkt ignorieren, aber wir können nicht behaupten, es gäbe ihn nicht. Er lebt in uns allen. Unsere Sehnsucht nach dem Besten *in* uns ist es, was uns alle motiviert. Sie ist es, die Patiencen oder eine Solorunde Golf zu einem befriedigenden Vergnügen macht. Oder das Überwinden einer schlechten Angewohnheit. Oder das Erlernen einer besseren Reaktion auf einen schwierigen Menschen oder ein schwieriges Ereignis.

Es geht darum, dass wir uns *stetig steigern*, immer wieder unsere früheren Leistungen übertreffen. Es geht darum, dass du *besser wirst, als du es je zuvor warst* – und zwar ohne dass andere Menschen davon erfahren oder du mit ihnen konkurrierst.

Es geht nicht um Konkurrenz, es geht um kontinuierliche Verbesserung – darum, dass du die Dinge des Lebens immer wieder tust und jedes Mal besser als zuvor oder besser, *als du selbst es je für möglich gehalten hättest*!

Das ist es, worum es in deinem Leben wirklich geht und im *Ewigen Leben* ebenso: dir immer wieder die Chance zu geben, dich selbst zu übertreffen.

(Aber verstehe bitte – verstehe *um Gottes willen* –, dass dies nicht bedeutet, etwas immer wieder zu tun, bis du es endlich »*richtig* machst«. Es geht nicht um Richtig oder Falsch. Es geht darum, die Dinge *besser und besser* zu tun. So kommst du der Erfüllung und Vollendung näher und näher.)

~

Dieser jedem Menschen innewohnende Grundimpuls ist das, was wir in diesem Buch »Göttlichkeit« nennen – aber du kannst es nennen, wie immer du möchtest. Es ist das Leben in seiner höchsten Ausdrucksform. Es ist die größte Ausdrucksform des Selbst. Der höchste Ausdruck des Seins.

Letztlich ist es Das Einzige, Was Wirklich Wichtig Ist, weil es unser Wahrer Wunsch ist – der Wunsch des Einen, der du bist und der *mit* dir Eins ist.

Und so hast du dir selbst zu den Erinnerungen verholfen, die du in diesem Buch findest. Wenn du das alles nicht bereits *wüsstest* – wenn du dich nicht an den Plan der Seele, die Heilige Reise und die Göttliche Absicht erinnern würdest –, könntest du Kampf und Leiden niemals überwinden. Du würdest dann niemals ein wirklich freudiges, wunderbares, aufregendes und erfüllendes Leben führen.

Jetzt erkennst du, dass sich dein gegenwärtiges Denken und die Ewige Bewusstheit an der Kreuzung von Geist und Seele treffen, an der Schnittstelle zwischen Erfahrung und Bewusstheit. Der Trick besteht darin, *an dieser Kreuzung zu stehen, zentriert zu bleiben*, die Gesamtheit deines Seins zu fühlen, einzutauchen in die Verschmelzung von Körper, Geist und Seele und durch diese Entscheidung als ein ganzer, vollendeter Mensch zu leben.

— 39 —

EINE LETZTE FRAGE, EINE LETZTE ANTWORT

Wahrscheinlich hast du all das bereits erlebt. Es ist nicht so, dass du durch dieses Buch zum ersten Mal mit diesen Möglichkeiten konfrontiert wirst. Doch wie wir bereits erwähnten, stellt es für viele Menschen eine schwierige Herausforderung dar, diese Verbindung zum Göttlichen aufrechtzuerhalten, zwischen Geist und Seele zentriert zu bleiben, und zwar selbst dann, *wenn* sie die Meditation als Hilfsmittel nutzen.

Immer wieder kommt ihnen der Alltag in die Quere, sorgt für Unruhe und Aufregung. Und so gelangen wir zu einer letzten Frage: Wie können wir »zentriert« bleiben, wenn in den vielen Augenblicken zwischen unseren Meditationen das sogenannte »wirkliche Leben« uns ständig Hindernisse in den Weg stellt?

Die Antwort lautet, dass du einen Weg finden musst, in das Resonanzfeld zurückzukehren, das du in der Meditation aufsuchst und das du erlebst, wenn du die Werkzeuge Dankbarkeit, Spirituelle Perspektive, Mitgefühl und Verzicht auf Vergebung einsetzt, die dir hier vorgestellt wurden.

Mit der Bereitschaft als dem *ersten* Geschenk, das du dir selbst machst, findest du diesen Weg. Du kannst spontan miteinander verschmelzen, was die spirituelle Lehrerin und Visionärin Barbara Marx Hubbard dein »Lokales Selbst« und dein »Universelles Selbst« nennt. Diese beiden erzeugen ein Resonanzfeld, in dem sie harmonisch zusammenwirken, und Barbara sagt, dass du diese Resonanz *fühlen* kannst. In der menschlichen Sprache nennt sie es »Liebe«.

Immer wenn du erlebst, dass dein Alltag dir »in die Quere kommt«, immer wenn du dich völlig aufgesaugt fühlst von der Notwendigkeit, deine Rechnungen zu bezahlen, deine beruflichen Anforderungen zu bewältigen, alle glücklich zu machen, Termine einzuhalten und all deine täglichen Pflichten zu erfüllen – und ganz besonders wenn du es mit einer schwierigen Person zu tun bekommst (oder dich selbst dabei ertappst, schwierig zu sein) –, solltest du tun, was Barbara tut.

»Ich lege meine Hand über mein Herz«, sagt sie, »bis ich die Liebe fühle.«

Zuerst wirst du Liebe zu dir selbst fühlen, dann Liebe zu anderen, dann wirst du Liebe zum Leben selbst fühlen – und dann wirst du Liebe zu Allem-Was-Ist fühlen, dem Göttlichen.

Du wirst Liebe zu dir selbst fühlen, weil du so viel tust und zu tun versuchst, um allen Anforderungen gerecht zu werden und all die Versprechen einzulösen, die du dir selbst gegeben hast. Und weil du im Herzen weißt, dass du ein wirklich guter, wunderbarer Mensch bist.

Du wirst Liebe zu anderen fühlen, weil du verstehen wirst, dass die Menschen, mit denen du es zu tun hast, auch ihre schweren Augenblicke durchstehen müssen, dass sie ihre eigenen Herausforderungen und Dilemmas zu bewältigen haben und dass sie alle in ihrem Wesenskern herzensgut sind, so wie du, und stets nur das Beste wollen, aber unsicher sind, wie sie es verwirklichen sollen.

Du wirst Liebe zum Leben selbst fühlen, wegen dieses wunderbaren Vorgangs der Zuverlässigen Wiederholung, der dir immer wieder Gelegenheit gibt, die nächstgrößere, nächstbessere Entscheidung über dich selbst zu treffen und deine nächstgrößere Selbsterfahrung zu erschaffen.

Und du wirst dich in Gott verlieben, weil das Göttliche so großartig, wunderbar und glanzvoll ist – und weil *du daran teilhaben darfst*, aktiv mitwirken kannst in ewiger Verbundenheit mit deinem Universellen Selbst, und weil du Eins bist mit dem Göttlichen.

Wenn du dir einen Moment Zeit nimmst, die Augen schließt, tief durchatmest, die Hand über dein Herz hältst und dich für die Resonanz öffnest, wirst du *fühlen*, es dir nicht bloß vorstellen, dass dein Körper, dein Geist und deine Seele Eins sind, und du wirst fühlen, dass die Gesamtheit deines Seins und das Göttliche All-Eine ein und dasselbe sind.

Aber du musst bereit dazu sein. Du musst dir selbst das Geschenk deiner Bereitschaft machen.

Schau dich um und du wirst feststellen, dass es den meisten Menschen an dieser Bereitschaft mangelt. Sie verbinden ihr aktuelles Denken nicht mit ihrer Gegenwärtigen Bewusstheit und noch weniger mit dem Ewigen Wissen der Seele. Und sie tun das, was wir hier darlegen, als »New-Age-Geschwätz« ab.

»Gott ist die Antwort«, werden manche von ihnen sogar sagen – aber dann bestehen sie darauf, aus Gott eine wütende, gewalttätige und rachsüchtige Gottheit zu machen, die den Menschen die perfekte Begründung dafür liefert, ihrerseits wütend, gewalttätig und rachsüchtig zu sein.

Das ist *nicht* die Antwort, und es ist nicht die Wahrheit über Gott.

Andere sagen, es gäbe keinen Gott. Die traditionelle Religion befände sich ebenso wie die sogenannte Neugeist-Spiritualität im Irrtum. Eine spirituelle, göttliche Quelle, bei der wir Führung und Hilfe finden könnten, existiere einfach nicht.

Hier handelt es sich um die beiden größten Irrtümer, die die Menschheit bei der Einschätzung ihrer Wirklichkeit jemals begangen hat. Es gibt einen Satz, mit dem sich die gesamte Botschaft von *Gespräche mit Gott* in fünf Worten zusammenfassen lässt. Es ist Gottes Botschaft an die Welt: »Ihr habt mich total missverstanden.«

Seelenwissen:
Nur der Geist ist in der Lage, negative Gedanken hervorzubringen.

Wenn wir nicht an Gott und auch nicht an die Existenz der menschlichen Seele glauben, müssen wir uns gänzlich auf die begrenzten Möglichkeiten unseres Geistes verlassen. Doch, wie schon gesagt, kann dieses Leben für unseren Geist, unseren denkenden Verstand, niemals einen Sinn ergeben.

Nur wenn das Erfahrungswissen des Geistes durch die Einsicht, Weisheit und ewige Klarheit der Seele *ergänzt* wird, finden wir Sinn in dem, was in unserem persönlichen Leben und auf dem Planeten insgesamt geschieht. Nur durch die Verbindung von Geist und Seele können wir unsere Perspektive genügend erweitern, um Hoffnung in einer Welt zu finden, die sonst hoffnungslos erscheinen würde.

Dann, und nur dann, wenn die heutige Welt kein Spiegelbild unseres eigenen inneren Zustandes ist, benötigt sie dringend Heilung, Hilfe und muss neu erschaffen werden. Wenn wir wollen, dass die Dinge so bleiben, wie sie sind, dann »braucht« die Welt überhaupt nichts. Nur wenn wir eine Welt sehen, die uns nicht entspricht, wird es uns zum Bedürfnis, die gewaltige Macht, die Gott und unsere Seele für uns bereithalten, zurückzuerlangen, weil diese Macht uns in die Lage versetzt, unsere Lebenserfahrung zu verändern.

Es ist offensichtlich, dass die meisten Menschen bislang nicht in Kontakt mit dieser Macht stehen. Sie haben die Kreuzung von Geist und Seele noch nicht entdeckt, wissen oft gar nichts von der Existenz dieses Resonanzfeldes. Oder wenn sie wissen, dass es existiert, wissen sie nicht, wie sie dorthin gelangen können. Oder, falls sie doch schon einmal dort waren, haben sie sich wieder ganz in das vertraute Territorium ihres Geistes zurückgezogen.

Als Resultat dieser Situation ist das gegenwärtige Denken von Millionen Menschen voller negativer Ideen. Ohne Zweifel beobachtest du das ständig, überall in deiner Umgebung. Überall auf der Welt hörst und liest du in sozialen Netzwerken und den Massenmedien Aussagen wie diese:

Eine große globale Katastrophe droht.

Der Zusammenbruch des jetzigen Systems ist unvermeidlich.

Das Leben ist ein immerwährender Kampf.

Die allgemeine Lage wird schlimmer und schlimmer.

Es besteht absolut keine Aussicht auf Besserung.

In dieser Welt kann ich nicht überleben, geschweige denn glücklich sein.

Ich bin mir nicht sicher, ob ich überhaupt hier sein will.

Ich bin mir nicht sicher, ob ich unter diesen Umständen weiterleben will.

Weil die Menschen heute überall diesen Einflüssen ausgesetzt sind, werden inzwischen selbst viele normalerweise optimistische Personen von diesen Ideen angezogen.

Dass sie davon »angezogen« werden, trifft den Sachverhalt genau, denn es handelt sich um eine Anziehungskraft, die uns alle abwärts zieht, sodass wir geradezu zwanghaft nur noch auf den Ernst der Lage und unsere vermeintlich düstere Zukunft starren.

Doch du kannst dich bewusst gegen diesen Abwärtssog entscheiden und dich aufwärts bewegen!

Du kannst die Schwingung deines Denkens anheben, den Blick aufwärts richten und dein inneres Selbst auf die Ewige Bewusstheit fokussieren. Dann erkennst du klar und deutlich, was das *Bewusstsein* dir präsentiert.

Und dann siehst du diese ganze Situation nicht als Ende, sondern als Anfang. Sie ist der Anfang von allem, was wirklich wichtig ist. Selbst wenn unsere gesamte äußere Welt »einstürzt« – was nicht geschehen wird … selbst wenn unsere Wirtschaft zusammenbricht, das politische System völlig instabil wird, unsere Religionen und Kirchen sich auflösen, ja die gesamte Kultur zerfällt, sind *wir* immer noch da. Und faszinierenderweise wird es nichts mehr geben, was uns trennt, *denn wir sitzen alle im selben Boot.*

Wenn unser Gesellschaftssystem sich auflöst, verschwinden die *Barrieren* zwischen uns. Wir werden uns dann nicht mehr in Arm oder Reich, Rechts oder Links, Konservativ oder Liberal unterteilen. Ob wir Christen oder Juden, Muslime oder Hindus sind, hat dann keine trennende Macht mehr. Es spielt keine Rolle mehr, ob wir schwarz oder weiß, schwul oder hetero, männlich oder weiblich, jung oder alt sind … und wir werden erkennen, *endlich* erkennen, dass alle diese »Systeme«, die wir installiert haben, um diese Welt zu einem besseren Ort zu machen, uns in Wahrheit voneinander *trennen.*

Also würde es letztlich nur dazu kommen, dass die künstlich geschaffenen Unterschiede zwischen uns verschwinden. Unsere angebliche »Überlegenheit« gegenüber anderen würde als lächerlich entlarvt und sich in nichts auflösen.

Unsere Unfähigkeit, selbst bei kleinsten Konflikten Kompromisse zu finden, würde sofort verschwinden, und wir würden alle vereint danach streben, eine neuere Welt aufzubauen.

Wenn wir uns von der Weisheit unserer Seele leiten lassen, würde diese neuere Welt folgende Merkmale aufweisen:

1. Die wahre Identität aller Menschen als Aspekte und Individualisierungen des Göttlichen würde endlich akzeptiert.
2. Mehr und mehr Menschen – schließlich Millionen – würden sich für die Wahrheit öffnen, dass alles Leben und die gesamte Menschheit Eins sind.
3. Wir würden zu einem klaren Bewusstsein gelangen, warum wir hier auf der Erde sind und was der Plan der Seele ist.
4. Armut und Hunger würden dauerhaft beseitigt, und die massenhafte Ausbeutung der Menschen und der natürlichen Ressourcen der Erde durch die Mächtigen in Wirtschaft und/oder Politik würde beendet.
5. Der systematischen Umweltzerstörung würde ein Ende gesetzt.
6. Unsere Kultur würde nicht länger von einem Wirtschaftssystem beherrscht, das auf Konkurrenz statt auf Kooperation beruht und nach ständigem ökonomischem Wachstum strebt.
7. Dem endlosen Streben nach Größer/Besser/Mehr würde ein Ende gesetzt.
8. Alle Einschränkungen und Diskriminierungen, die die Menschen in ihrer Entwicklung behindern – beim Wohnen und Arbeiten … und im Bett –, würden abgeschafft.
9. Alle Menschen würden zumindest die faire Chance erhalten, zu ihrem höchsten Selbstausdruck zu gelangen.

10. Die sozialen Sicherungssysteme würden nicht als Mittel zur »Verbesserung der Gesellschaft« betrachtet oder als Instrument zur Disziplinierung und Kontrolle, sondern als lebendige Demonstration dessen, was wir wirklich sind und was wir als Spezies sein wollen.

Wir würden die politischen Strukturen auf dem ganzen Planeten grundlegend verändern. Kein führender Politiker würde mehr sagen: »Unser Weg ist der bessere. Unsere politische Philosophie, unsere religiöse Überzeugung, unsere sexuelle Orientierung ist *besser* als eure, also folgt uns!« Stattdessen würde man sagen: »Unser Weg ist nicht besser, er ist nur anders. Doch wenn wir alle gemeinsam gehen, wenn wir zusammen*arbeiten*, wenn wir *an einem Strang* ziehen, können wir für uns *alle* ein besseres Leben *erschaffen* – ob schwarz *oder* weiß, schwul *oder* hetero, jung *oder* alt, männlich *oder* weiblich – denn wir sitzen alle in einem Boot.« Es gibt nichts, was uns wirklich trennt, außer wir lassen es zu, dass Gedanken, die nur in unseren Köpfen existieren, zwischen uns stehen – Gedanken, die oft gar nicht auf unserer eigenen Erfahrung beruhen, sondern die wir von anderen übernommen haben.

Wir würden erkennen, dass unsere individuellen Unterschiede uns gar nicht voneinander trennen und keine Konflikte hervorrufen müssen und dass wir nach Erfüllung streben können, ohne miteinander zu konkurrieren.

Kurz gesagt, wir würden eine ganz neue Art des Menschseins erschaffen.

— 40 —

HÖRE AUF DAS, WAS DEINE SEELE DIR SAGEN MÖCHTE

Liebe Freundin oder lieber Freund der Seele … du bist ein sehr großzügiger Mensch und du hast uns sehr großzügig deine Zeit und Geduld geschenkt. Du hast dich darauf eingelassen, dass wir in diesem Buch bestimmte Ideen und Botschaften mehrfach wiederholt oder neu formuliert haben, um jene Punkte zu verdeutlichen, die dies *verdienen.*

Du hast dich hier an vieles erinnert, hättest aber auch vieles möglicherweise schnell wieder vergessen, wenn wir es nur flüchtig erwähnt hätten. Also danken wir dir für deine Großzügigkeit. Nun möchten wir noch einen abschließenden Gedanken äußern.

Es gibt Millionen von ihnen. Milliarden. *Billionen.* Man nennt sie Momente. Aneinandergereiht ergeben sie das, was man ein Leben nennt.

Kein einzelner Moment besitzt eine vorgegebene Länge. Er kann eine Sekunde, eine Minute oder eine Stunde dauern. Oder noch viel länger. Doch den wichtigsten Momenten wohnt etwas Ungewöhnliches, etwas Einzigartiges inne: Je länger sie dauern, desto kürzer kommen sie uns vor; je kürzer sie dauern, desto länger kommen sie uns vor.

Wenn du je einen Abend damit verbracht hast, einem innig geliebten Menschen für immer Lebewohl zu sagen, dann weißt du, wie schnell die Minuten verstreichen können. Wenn du je ein paar Sekunden damit verbracht hast, deinem oder deiner Geliebten in die Augen zu schauen, weißt du, dass die Zeit stillstehen kann.

So können uns ein paar Sekunden wie eine Stunde vorkommen, und eine Stunde kann wie im Flug vergehen, als hätte sie nur Sekunden gedauert. Vom *Inhalt* der Sekunden oder Stunden hängt es ab, wie wir ihre Länge erleben.

Doch wie du sie auch erlebst, Momente kommen und gehen, und ehe man sichs versieht, werden sie zu Erinnerungen. Sie prägen sich deinem Geist ein. Sie gehören dir dein ganzes Leben lang, und niemand kann sie dir nehmen.

Doch auch jene, die du gar nicht behalten möchtest, kannst du nicht wieder loswerden.

Auch jetzt, während du diese Zeilen liest, durchlebst du Momente, die sich schon bald in Erinnerungen verwandeln werden. Und während ihnen allen – den langsamen und den allzu schnell verstreichenden, den guten und den nicht so angenehmen, den lustigen und den langweiligen oder trüben – gibt es nur eine Sache, die wirklich wichtig ist.

Weil die meisten Leute keine Vorstellung haben, was diese Sache sein könnte, entgeht sie ihnen. Nach ein paar Jahren wird ihnen das bewusst, aber dann ist es zu spät. Was die Momente angeht, die bereits vergangen sind, kann man nichts mehr tun.

Aber es gibt auch eine gute Nachricht! Bezüglich des nächsten Momentes, der noch *kommt*, kann man immer etwas tun. Und bezüglich des übernächsten. Und der Hunderte, die dich an diesem Tag noch erwarten. Und der Tausende Momente der kommenden Woche. Und der Millionen während dieses Monats. Und der Milliarden Momente, die sich in diesem Jahr ereignen werden. Und den Billionen, die sich ereignen werden, bevor du stirbst.

Ja, was alle diese Momente angeht, kannst du etwas tun. Und wenn du darüber nachsinnst, *was* du mit ihnen anfangen willst, wird dir eines klar werden: Auf keinen Fall willst du sie *vergeuden*. Nie wieder.

~

Verpflichte dich ab jetzt dazu, regelmäßig deine Seele zu »besuchen«. Nutze dazu die Werkzeuge, die dir in diesem Buch vorgestellt wurden, wenn sich das für dich gut anfühlt. Begib dich möglichst oft an jenen inneren Ort, wo dein Geist und deine Seele sich treffen können. Dies ist jener Ort der Selbsterkenntnis, zu dem das Göttliche dich ruft. Von diesem Ort her werden dir Ideen »zufließen«. Manchmal wirst du das so arrangieren, dass es den Anschein hat, als würden sie aus äußeren Quellen kommen, und manchmal wirst du dir die Erfahrung gestatten, dass es nur Eine Quelle gibt und dass sie aus deinem eigenen Inneren zu dir spricht.

Besonders dann, wenn die Eine Quelle in deinem Inneren sprudelt, solltest du die Botschaften aufschreiben, die du »hörst«. Ein Tagebuch, in das du diese Erkenntnisse notierst, kann sich später als unschätzbar wertvoll erweisen – manchmal schon *Momente* später und manchmal erst Jahre später, wenn du es wie zufällig zur rechten Zeit an der richtigen Stelle aufschlägst.

Im zweiten Teil des Anhangs findest du eine kleine Sammlung von Botschaften, wie sie dir von deiner Seele übermittelt werden können. Dabei kann es so aussehen – wie auch bei diesem Buch –, als stammten sie aus einer Quelle außerhalb von dir. Sie sind lediglich Beispiele dafür, welche Erkenntnisse und Einsichten dir zufließen können, wenn du, mit deiner Bereitschaft als leitender Energie, deinen Geist für die Weisheit deiner Seele öffnest.

Unsere gemeinsame Erforschung dieses Themas endet hier – und deine eigenen Forschungen beginnen gerade erst, auf einer neuen Ebene. Experimentiere mit dem, woran du durch dieses Buch erinnert wurdest. Lasse dich darauf ein, es in seinem ganzen Reichtum zu leben.

Wahrhaft spirituelle Menschen – Menschen, die sich nicht bloß als chemische Geschöpfe betrachten, sondern als spirituelle Wesen, die aus guten und besonderen Gründen auf die Erde gekommen sind, Gründen, die über das bloße Überleben weit hinausgehen – sind inspiriert, zielstrebig, engagiert, unternehmungslustig und hoch motiviert. Sie wünschen sich ein Leben, das »vor Bedeutung schier überfließt«, um eine wunderbare Formulierung von Karen Armstrong zu gebrauchen (aus ihrem Buch *Plädoyer für Gott*).

Schau dir dein momentanes Leben an: Ist es reich an Bedeutung oder an Kampf und Mühsal? Betrachtest du die Ereignisse deines

Alltags als Gelegenheiten oder als Hindernisse? Könnte dein Leben sich zum Besseren verändern, unabhängig davon, wie »schlimm« oder »gut« es momentan ist?

Wenn du glaubst, dass eine solche Möglichkeit nicht existiert, dass dein Leben eine endlose Plackerei und das nun einmal der Lauf der Welt ist, lebst du gewiss schon ziemlich lange in diesem Zustand, denn du erkennst keinen Zusammenhang zwischen deinen Feststellungen über die Realität und dem, was du in deinem Leben hervorbringst. Denke daran: Das Leben wird dich immer in dem bestätigen, was du für richtig hältst.

Doch wenn du es grundsätzlich für möglich hältst, dass dein Leben sich zum Besseren verändern kann, sodass du dich weniger abmühen musst – wie kannst du diese Veränderung dann herbeiführen?

»Ich habe keine Ahnung!«, rufst du nun vielleicht. »Ich habe wirklich alles versucht! Ich habe Gott angefleht, mir zu helfen! Aber er schickt mir ein neues Problem nach dem anderen!«

Das mag sein.

Wir schlagen dir vor, dass du diese »Probleme« und überhaupt jedes Ereignis, jede Lebenssituation als Gelegenheit begreifst, deinem wertvollsten Wesensteil Ausdruck zu verleihen – dem Göttlichen in dir.

Wenn du »Gott um Hilfe anflehst«, sagst du damit, dass du hilfsbedürftig bist. Und mit dieser Botschaft produzierst du genau die Erfahrung, die du selbst für wahr erklärst. Wenn du dagegen Gott nicht um Hilfe anflehst, sondern ihm dafür *dankst*, dass er dir bereits jetzt hilft – und zwar dabei, deine Bestimmung in diesem Leben zu erfüllen –, dann schaltest du damit regelrecht um und *lenkst den Fluss deiner Lebensenergie in völlig neue Bahnen*. Jedes Ereignis, dem du auf diese Weise begegnest, mit Dankbarkeit, Mitgefühl mit dir selbst und tiefem Verständnis, machst du damit zu einem wahren Segen. Du kannst das zu deinem neuen Mantra machen: JEDES EREIGNIS IST EIN SEGEN FÜR MICH.

Hier wartet ein Wunder auf dich: Wenn du dein Denken darüber, was gegenwärtig geschieht, auf diese Weise veränderst, stellst du die Momente deines Lebens damit in einen neuen Zusammenhang – und das wirkt sich nicht nur auf den gegenwärtigen Moment aus, sondern auch auf alle deine zukünftigen Momente. Denn das Leben ist wie ein Kopiergerät. Es erzeugt exakte Duplikate der von dir selbst gelieferten Vorlagen. Wenn du die Ereignisse des heutigen Tages nicht als Gelegenheiten, sondern als Hindernisse betrachtest, werden die Ereignisse des morgigen Tages deine Theorie beweisen. Das Leben gibt dir immer, was du von ihm erwartest. Und was dich künftig erwartet, hängt davon ab, wie du das beurteilst, was du jetzt gerade empfängst. Das führt uns zu der klassischen Frage: Was war zuerst da, die Henne oder das Ei? Die Antwort lautet: Ja.

Nun kannst du tief, tief in dieses Rätsel hineinschauen oder du verlierst die Geduld und lässt dich nicht auf es ein. Doch nur innerhalb des Lebensrätsels lässt sich das Rätsel des Lebens lösen. Du musst das Puzzle anschauen, um das fehlende Puzzlestück zu finden.

Aber glaube das nicht bloß, weil es hier geschrieben steht. Schau dir dein Leben genau an. Und wenn du dich dazu entschließt, die Spirituelle Perspektive einzunehmen und deine Erfahrung in einen neuen Zusammenhang zu stellen, wie wir es hier vorschlagen, schau einmal, ob du dadurch, wenn nichts sonst, zumindest etwas mehr Frieden findest.

Erforsche dann auf der Basis dieses größeren inneren Friedens, wie du die Augenblicke deines Lebens dadurch noch weiter verändern kannst, dass du dir die Schlüsselfragen des Lebens stellst, und zwar immer dann, wenn du während des Tages Entscheidungen treffen musst:

Dient das, was ich gerade tue,
dem Plan meiner Seele?

Wenn das hilft, kannst du die Frage immer wieder variieren oder umformulieren. Während du durchs Leben gehst, damit beschäftigt, auf die täglichen Anforderungen zu reagieren oder auf eine Person oder Situation, die du als wenig angenehm empfindest, stell dir bezüglich deiner Reaktion die folgenden Fragen:

Was hat dieses Erlebnis mit meiner Heiligen Reise zu tun?
Inwiefern dient es meiner Göttlichen Bestimmung?

Und schließlich gibt es eine wunderbare Frage, die du dir zu jeder Tages- und Nachtzeit stellen kannst, während du deine Welt betrachtest und dich in ihr erlebst:

Wie kann ich in diesem Moment dem Göttlichen
Ausdruck verleihen, und zwar auf die großartigste
Art und Weise, die mir gerade möglich ist?

Eines solltest du hier und jetzt wissen: Du erweist dem Plan der Seele und der Göttlichen Absicht durch die Lektüre dieses Buches einen großen Dienst. Es wurde schon mehrfach gesagt, und wir wollen es zum Abschluss noch einmal betonen: Du bist nicht zufällig hier. Du hast dieses Buch nicht zufällig entdeckt. Das heißt aber nicht, dass im Vorhinein festgestanden hätte, ob du es lesen, und noch weniger, ob du den darin enthaltenen Vorschlägen folgen würdest.

Du hast immer, wirklich immer die Freie Wahl.

Der Umstand, dass du dich dafür entschieden hast, dir diese Erinnerungen zugänglich zu machen und sogar für eine Weile mit der Idee zu spielen, dass du – oder wenigstens ein Teil von dir – dieses Buch selbst geschrieben haben könntest, offenbart, wer du in Wahrheit bist, welche Art von Mensch du zu sein beschlossen hast und welches Geschenk du allen Personen in deinem Leben machst.

Wie glücklich sie sich schätzen können, dich zu kennen!

Nun, als nächste Gelegenheit, deinen Freien Willen auszudrücken, wirst du eingeladen, *für dich selbst* zu erklären und zu verkünden, was für dich Wirklich Wichtig Ist. Es wurde hier gesagt, dass dein Wahrer Wunsch identisch ist mit der Göttlichen Absicht, die darin besteht, dass du (und alle Lebewesen) stets die im Gegenwärtigen Moment höchste Ausdrucksform des Göttlichen erfahren möget.

Doch es gibt eine noch höhere Antwort als diese. Wir haben sie uns bis zu diesem Augenblick aufgespart. Es handelt sich um eine Antwort, die tiefgründiger und wahrer ist und dir stärker entspricht als alles, was du bis hierher auf diesen Seiten gelesen hast. Du wirst diese höhere Antwort auf den folgenden Seiten finden.

Oh. Ein letzter Hinweis. Auf diesen Seiten wirst du, wie immer im Leben, nur vorfinden, was du selbst mitgebracht hast. Daher laden wir dich ein, noch einmal in die Rolle des Autors dieses Buches zu schlüpfen. Nimm einen Stift und beende es handschriftlich, und zwar ganz so, wie du es wünschst. Denn letztlich entscheidest du selbst, du ganz allein, Was Für Dich Wirklich Wichtig Ist.

Beantworte also mit deinen eigenen Worten folgende Frage:

Was ist deine Wahrheit bezüglich deines
Wahren Wunsches und der Göttlichen Absicht?

Du wirst deine Antwort in den folgenden Tagen, Wochen, Monaten und sogar Jahren immer wieder gerne aufschlagen und nachlesen.

Den Menschen zu helfen, sie zu inspirieren Freude am Leben zu haben, Liebe zu geben und zu empfangen. Frieden zu fördern und zu finden. Ausgleichend zu wirken, liebevoll zu sein. Partnerin, geliebte und Ehefrau zu sein. Einen guten Verdienst zu haben, wohltätig zu sein. Mich vollkommener Gesundheit zu erfreuen; sportlich, kreativ und temperamentvoll zu sein, aber auch einfühlsam Diskret, jede Nuancen zu erkennen. Verborgenes sensitiv erkennen zu können. Eine Frau mit Herz, Gefühl, Verstand und Ausstrahlung zu sein.

....

Weiterhin eine gute, verständnisvolle Mutter mit weisen Ratschlägen, die ihr Kind aus vollem Herzen liebt und versteht.

Freundin zu sein und Freunde zu haben.

....

Gut.

Und sehr gut.

Von nun an solltest du dich immer an eines erinnern – von allen Erinnerungen, die dir hier präsentiert wurden, ist es das Wichtigste: Du bist ein Segen.

Du bist schon für viele, viele Menschen ein Segen gewesen. Du hast in deinem Leben mehr Menschen deine Güte geschenkt, in kleinen wie in großen Dingen, als du dich erinnern kannst. Aber all das wird nicht vergessen. Es wohnt im Herzen derer, die von dir beschenkt wurden, und es steht geschrieben auf den Flügeln aller Engel im Himmel. Denn das ist es, was den Engeln überhaupt erst das Fliegen ermöglicht.

Und wenn dein letzter Augenblick auf Erden kommt, blicke auf und halte nach diesen Engeln Ausschau. Sie werden herbeifliegen und dir die Energie aller guten Taten zurückbringen, die du anderen erwiesen hast. Das ist die reinste aller Energien, und mithilfe dieser Energie wirst du nach Hause gelangen.

Doch so weit ist es noch nicht. Nicht in diesem Moment. Einstweilen wisse, dass du, ja, du, das Große Geschenk bist. Daran besteht kein Zweifel. Dein Leben legt dafür Zeugnis ab, weit mehr, als du dir vorstellen kannst. Doch warte. Warte einfach, bis all deine Güte, alles Gute, was du in der Welt vollbringst, addiert ist. Dann wirst du klar sehen. Dann wirst du wissen, was Gott jetzt schon weiß: Du bist Gottes Geliebtes Gegenüber, und jedes Mal, wenn du einem Menschen Güte und Freundlichkeit geschenkt hast, mag deine Handlung auch noch so klein und scheinbar unbedeutend gewesen sein, bist du ein Segen für die Welt gewesen.

Jedes.

Mal.

Und nun wartet Gott darauf, dir eine wunderbare Umarmung zu schenken, um dir zu danken; dafür, dass du das Leben so vieler anderer Menschen so oft und so reich segnest, wodurch du es der Göttlichkeit ermöglichst, sich genau so zu manifestieren, wie Gott es geplant hat – als der Himmel auf Erden.

Gott wird dir diese Umarmung jetzt sofort schenken, wenn du es Gott gestattest. Lege deine Hand über dein Herz. Wie in allen Dingen muss Gott auch hier durch dich wirken. Lege also sanft deine Hand auf dein Herz, gleich jetzt, während du liest.

Und fühle die Umarmung.

Da hast du es.

Hier und jetzt.

Deine Reise ist vollendet.

Du bist zu Hause.

Ohne dass du irgendwohin gehen musstest.

Denn es stimmt …

Du bist zu Hause, wo dein Herz ist.

Mögest du an jedem Tag deines Lebens gesegnet sein und anderen Segen bringen. Und mögen Engel dich behüten und geleiten.

NACHWORT

In der Buchreihe *Gespräche mit der Menschheit* wird eine bestimmte Sichtweise des Lebens der Öffentlichkeit präsentiert. Dann wird dazu eingeladen, eigene Ideen und Kommentare zu dieser Sichtweise einzubringen und sich aktiv an dem Dialog zu beteiligen, wobei das Ziel darin besteht, dass die Menschheit selbst ihre Kulturelle Geschichte neu schreibt.

Es ist offensichtlich, dass die Geschichte, die wir gegenwärtig auf diesem Planeten leben, individuell und kollektiv, für die meisten von uns nicht funktioniert (auch nicht annähernd).

Wenn wir den Wunsch hegen, unsere Alltagserfahrung zu verändern, ist es von enormem Nutzen, unsere Aufmerksamkeit auf das zu richten, Was Wirklich Wichtig Ist. In der Buchreihe *Gespräche mit Gott,* auf der alles Material in diesem Buch basiert, wurde darauf immer wieder hingewiesen – einschließlich der Botschaft, dass du dir dieses Material eigentlich selbst übermittelst und dafür den metaphysischen »Trick« anwendest, so zu tun, als hätte es »ein anderer« geschrieben.

Wenn du den Austausch mit jenem größeren Teil des Selbst gerne fortsetzen möchtest, der die Gemeinschaft bildet, die man Menschheit nennt, kannst du das, in englischer Sprache, täglich auf einem Internetportal mit folgender Adresse tun:

www.cwgportal.com

Dort kannst du dich an einem lebhaften weltweiten Dialog beteiligen, der täglich um die in diesem Buch angesprochenen Themen kreist. Du kannst dich mit Menschen aus aller Welt austauschen und mehr darüber herausfinden, wie sich die Prinzipien aus *Gespräche mit Gott* im Alltag anwenden lassen. Du findest Informationen zu Gesprächskreisen in deiner Nähe und zu den Programmen der Conversations with God Foundation.

Wenn du gerade eine schwierige Situation oder Krise durchmachst, wende dich an die CWG Healing Community, unseren weltweit tätigen Seelsorgedienst.

Vor einigen Jahren wurde uns ein Buch geschenkt, das den Titel trägt: *Zuhause in Gott. Über das Leben nach dem Tode* (Verlag Goldmann Arkana, München, 2007). Darin führt Gott ein Gespräch darüber, was am Ende unseres gegenwärtigen physischen Lebens geschieht und danach. In diesem Gespräch tauchte die Frage auf, wie unsere Welt aussähe, wenn wir alle uns stärker für jene Wahrheiten über uns und das Leben öffnen würden, die wir tief in uns tragen.

Zwischen dem, was damals mitgeteilt wurde, und dem, was hier auf diesen Seiten steht, gibt es einen direkten Zusammenhang. Als Nachwort zu dem vorliegenden Text folgt daher nun ein Auszug aus *Zuhause in Gott.* Darin wird die Göttliche Weisheit uns durch die Worte Gottes selbst nahegebracht. In dem ausgewählten Abschnitt wird ein Thema behandelt, das Leser von Texten wie diesem häufig beschäftigt. »Ich habe das alles schon oft gehört«, sagen die Leute. »Erzähle mir etwas *Neues.*«

Hier nun die Antwort darauf aus *Zuhause in Gott* in Form eines Gesprächs zwischen einem Menschen und Gott.

Gott spricht als Erster …

NUN KANNST DU SAGEN, DASS DU DAS ALLES SCHON MAL GEHÖRT HAST – ABER DU *HANDELST NICHT DANACH.* DESHALB SAGST DU DIES DEINEM SELBST IMMER UND IMMER WIEDER.

Wie würde das denn »aussehen«, wenn ich »danach handelte«? Wie würde das denn aussehen, wenn ich es wirklich verstehen würde und es nicht nötig wäre, dass wir in diesem Gespräch immer wieder auf Dinge zurückkommen, die ich meiner »Meinung« nach an sich schon weiß?

Erstens würdest du nie wieder negative Gedanken hegen.

Zweitens würdest du ihn dir sofort aus dem Sinn schlagen, sollte sich doch einmal ein negativer Gedanke einschleichen. Du würdest ganz bewusst an etwas anderes denken. Du würdest ganz einfach *deine Ansicht darüber ändern.*

Drittens würdest du nicht nur anfangen zu verstehen, Wer Du Wirklich Bist, sondern dies auch achten, ehren und demonstrieren. Das heißt, du würdest von dem, was du Weißt, zu dem, was du Erlebst und Erfährst, übergehen und es zum Maßstab deiner eigenen Weiterentwicklung, deiner Evolution, machen.

Viertens würdest du dich voll und ganz lieben, so wie du bist.

Fünftens würdest du auch alle anderen voll und ganz lieben, so wie sie sind.

Sechstens würdest du das Leben voll und ganz lieben, so wie es ist.

Siebtens würdest du allen alles vergeben.

Achtens würdest du nie wieder einen anderen Menschen absichtlich – auf psychischer oder physischer Ebene – verletzen. Und schon gar nicht würdest du das je im Namen Gottes tun.

Neuntens würdest du nie wieder auch nur einen Augenblick lang den Tod eines anderen betrauern. Du würdest vielleicht deinen Verlust betrauern, aber nicht seinen oder ihren Tod.

Zehntens würdest du nie wieder auch nur einen Augenblick lang Angst vor deinem Tod haben oder ihn beklagen.

Elftens wärst du dir dessen gewahr, dass alles Schwingung ist. Alles. Und deswegen würdest du mehr auf die Schwingung von allem achten; auf die Schwingung von allem, was du isst, von allem, was du trägst, von allem, was du dir anschaust oder was du liest, und am wichtigsten, von allem, was du denkst, sagst und tust.

Zwölftens würdest du alles Nötige tun, um in der Schwingung deiner eigenen Energie und der Lebensenergie in deinem Umfeld eine Anpassung vorzunehmen, wenn du feststellen solltest, dass sie sich nicht mit deinem dir verfügbaren höchsten Wissen von Wer Du Bist und der großartigsten Erfahrung, die du dir in Bezug darauf vorstellen kannst, in Resonanz befindet.

Entschuldige bitte, aber wie geht denn das alles vor sich?

Wie kann ich denn die »Schwingung« von einem Kleidungsstück »erkennen« oder von einem auf einer Speisekarte aufgeführten Menü, ganz zu schweigen von den Dingen, die ich denke, sage oder tue?

Das ist wirklich ganz einfach. Fahre deine Antennen aus und klinke dich in dein Gefühl ein.

Ich kann es schon vor mir sehen, wie jemand sagt: »Junge, was für ein New-Age-Kauderwelsch – *komm mit deinen Gefühlen in Kontakt.*«

Wer es als Kauderwelsch ansieht, wird es als Kauderwelsch erleben. Wer es als Weisheit ansieht, wird die Tür zu einer völlig neuen Welt aufstoßen.

Irgendwelche Vorschläge, wie man das macht?

Es ist einfach eine Sache der Konzentration, des Fokus. Die meisten Menschen konzentrieren sich die meiste Zeit auf Dinge, die im Grunde nicht wichtig sind. Doch wenn sie sich jeden Tag ein paar Augenblicke Zeit nehmen würden, um sich auf das zu konzentrieren, was wichtig ist, könnte das ihr ganzes Leben ändern.

(Anmerkung 2012: Das wurde uns in dem hier zitierten Gespräch schon vor vielen Jahren mitgeteilt!)

Dein Körper ist ein großartiges Instrument, das mit hochsensiblen Energierezeptoren ausgestattet ist. Ob du es glaubst oder nicht, du kannst mit deiner Hand im Abstand von etwa zwanzig Zentimetern über ein Buffet hinwegstreichen und auf diese Weise spüren, ob irgendeine der Speisen gut für dich ist, und wenn ja, welche.

Dieselbe Methode kannst du auch bei einem Kleidungsstück anwenden, das du für den Tag aus dem Schrank holst oder das du eventuell kaufen möchtest.

Wenn du mit jemandem zusammen bist und nicht mehr darauf achtest, was du denkst, sondern anfängst, auf das zu hören, was du fühlst, wird sich die Qualität der Kommunikation mit der betreffenden Person – wie auch die Beziehung selbst – sogleich unermesslich steigern. Wenn du verwirrt und ganz durcheinander bist und nach Antworten aus dem Universum Ausschau hältst und dann einfach den Teil von dir abschaltest, der sich verzweifelt bemüht, die Dinge zu enträtseln, und stattdessen den Teil von dir einschaltest, der weiß, dass er Zugang zu allen Antworten hat – wenn du aufhörst, entscheiden zu wollen, was du *tun* sollst, und stattdessen anfängst, eine Wahl zu treffen, was du *sein* willst –, dann wirst du feststellen, dass sich das Dilemma auflöst und Lösungen auf magische Weise direkt vor deiner Nase in Erscheinung treten.

Was die Einschätzung der Schwingungen von Gedanken oder Worten angeht, so gibt es nur sehr wenige Menschen, die nicht sagen können, ob sie im Zusammenhang mit ihren Gedanken oder Worten das Gefühl von Schwere oder Leichtigkeit haben. Die meisten Leute können das ziemlich rasch feststellen.

Ja, aber – und das ist der Knackpunkt – *das machen nur sehr wenige Leute*. Zumindest meiner Beobachtung nach. Und ich tue es ganz gewiss nicht annähernd oft genug.

Dann möchtest du vielleicht damit anfangen.

Denn du hast recht, nur sehr wenige Menschen nutzen ihre intuitiven und medialen Fähigkeiten und nehmen Kontakt mit ihren Gefühlen auf, bevor sie etwas denken, sagen oder tun.

Und nur sehr wenige Leute tun es wenigstens hinterher. Wenn du es tätest, würdest du dich mit nichts weniger als Leichtigkeit und Lichtheit zufriedengeben. Du würdest mit nichts zu tun haben wollen, was schlechte oder schwere Schwingungen hat. Du würdest danach trachten, die Schwingung von allem, was du beobachtest, erschaffst, erlebst, erfährst und zum Ausdruck bringst, aufzuhellen, leicht und licht zu machen. Das würdest du dann mit »Erleuchtung« in Verbindung bringen. Und du würdest binnen sehr kurzer Zeit erstaunliche Resultate zu sehen bekommen.

Ende des Zitats.

Es ist zu hoffen, dass du die Botschaften laut und deutlich hören wirst, die du dir durch die Lektüre dieses Buches selbst übermittelt hast. Mögest du erleben, dass Gottes Segen dich durchströmt und von dir ausgeht, an allen Tagen deines Lebens.

Neale Donald Walsch
Ashland, Oregon
September 2012

ANHANG

TEIL I

HINWEIS: Der Text im ersten Teil des Anhangs wurde dem Buch *Wenn alles sich verändert, verändere alles* (Verlag Goldmann Arkana, München, 2010) entnommen. Darin werden vier verschiedene Formen der Meditation vorgestellt.

Menschen, denen es schwerfällt, ihren Geist zur Ruhe zu bringen, würde ich vorschlagen, täglich zweimal stille Sitzmeditation zu praktizieren – fünfzehn Minuten jeweils am Morgen und am Abend.

Versuchen Sie, wenn möglich, eine feste Zeit dafür vorzusehen. Schauen Sie dann, ob Sie sie einhalten können. Wenn Sie sich nicht an einen solchen festen Zeitplan halten können, ist auch jede andere Zeit in Ordnung, solange Sie die Meditation mindestens zweimal am Tag, morgens und abends, durchführen.

Bei schönem und warmem Wetter können Sie beim Meditieren gelegentlich draußen im Freien sitzen, sich von der Morgensonne wärmen lassen oder die funkelnden Sterne über sich wissen. Wenn Sie sich drinnen aufhalten, können Sie vielleicht am Fenster sitzen und das Licht der aufgehenden Sonne hereinströmen oder sich vom Nachthimmel umfangen lassen. Wie ich schon sagte, gibt es keine »einzig richtige Methode« für die Sitzmeditation. (Wie es überhaupt für nichts das »einzig Richtige« gibt.) Man kann auf einem bequemen Stuhl sitzen oder auf dem Boden oder aufrecht im Bett. Wählen Sie das, was für Sie funktioniert.

Manche Leute sitzen auf dem Boden, gewöhnlich ohne Rückenstütze, aber ab und zu an eine Wand oder dergleichen gelehnt. Auf dem Boden zu sitzen lässt sie stärker im Raum »gegenwärtig« sein. Manche berichten mir, wenn sie es sich zu bequem machen, in einem zu weichen Sessel oder auf dem Bett sitzen, dösen sie leicht weg oder lösen sich vom gegenwärtigen Augenblick; das passiert ihnen seltener, wenn sie auf dem Boden oder im Gras sitzen. Sie sind dann mental völlig »gegenwärtig«.

Wenn Sie dann sitzen, achten Sie zunächst auf Ihr Atmen. Schließen Sie die Augen und lauschen Sie einfach auf Ihr Einatmen und Ausatmen. Seien Sie im Finstern und achten Sie nur auf das, was Sie hören. Wenn Sie sich mit Ihrem Atemrhythmus »vereint« haben – ich finde kein anderes passendes Wort dafür –, fangen Sie an, Ihre Achtsamkeit auf das auszudehnen, was Ihr »inneres Auge« sieht.

Gewöhnlich ist da an diesem Punkt nichts als Dunkelheit. Wenn Sie Bilder sehen – das heißt, über etwas »Gedanken denken« und diese in Ihrem Geist sehen –, dann arbeiten Sie daran, diese auszublenden, so als ob eine Filmleinwand sich »mit Schwärze überziehen würde«. Halten Sie Ihren Geist aufs leere Nichts gerichtet. Fokussieren Sie Ihr inneres Auge, spähen Sie tief in diese Dunkelheit hinein. Halten Sie nach nichts im Besonderen Ausschau, spähen Sie nur tief hinein, erlauben Sie sich, nichts zu suchen und nichts zu brauchen.

Im Rahmen meiner eigenen Erfahrung geschieht als Nächstes oft, dass so etwas wie ein flackerndes blaues »Flämmchen« aufleuchtet oder plötzlich blaues Licht aufstrahlt und die Dunkelheit durchdringt. Und wenn ich in kognitiver Weise darüber nachzudenken beginne, das heißt, es definiere, es mir selbst beschreibe, ihm Gestalt und Form zu geben versuche oder es etwas »tun« oder es etwas »bedeuten« lasse, dann verschwindet es augenblicklich. Die einzige Möglichkeit, »zu machen, dass es zurückkommt«, ist die, dass ich nicht darauf achte.

Ich muss mich schwer darum bemühen, dass ich meinen Intellekt abschalte, einfach beim Augenblick und der Erfahrung bleibe, ohne sie zu beurteilen, zu definieren oder zu versuchen, irgendetwas geschehen zu lassen oder etwas enträtseln oder verstehen zu wollen.

Meditation heißt im Liebesspiel mit dem Universum sein. Es heißt sich mit Gott vereinen. Es heißt sich mit dem Selbst vereinen. Es gibt nichts zu verstehen, zu erschaffen oder zu definieren. Man versteht Gott nicht, man erfährt ihn einfach. Man erschafft Gott nicht, Gott existiert einfach. Man definiert Gott nicht, Gott definiert uns. Gott IST der die das Definierende und das Definierte. Gott ist Definition an sich.

Ersetzen Sie im obigen Absatz das Wort Gott durch das Wort Selbst, und die Bedeutung bleibt dieselbe.

Nun zurück zur tanzenden blauen Flamme. Wenn Sie Ihren Geist davon abziehen, jedoch ohne Erwartung oder irgendeinen Gedanken den Achtsamkeitsfokus *darauf* gerichtet halten, kann es sein, dass das flackernde Licht zurückkehrt. Der Trick ist, den Geist (das heißt, Ihren Denkprozess) davon wegzuhalten, doch gleichzeitig den Fokus (das heißt Ihre ungeteilte Aufmerksamkeit und Achtsamkeit) darauf gerichtet zu halten.

Können Sie sich diese Aufspaltung vorstellen? Das heißt, dass Sie auf etwas achten, auf das Sie nicht achten. Es ähnelt sehr dem Tagträumen. So wie wenn Sie im hellen Tageslicht an einem Ort großer Umtriebigkeit sitzen und auf gar nichts und zugleich auf alles achten. Sie erwarten nichts, Sie brauchen nichts und nehmen auch nichts im Besonderen zur Kenntnis, sind aber derart auf dieses »nichts« und »alles« fokussiert, dass jemand Sie da rausholen muss und (vielleicht von einem Fingerschnippen begleitet) sagt: »Hey! *Träumst du mit offenen Augen*???«

Beim Tagträumen träumt man gewöhnlich mit offenen Augen.

Diese Sitzmeditation ist »Tagträumen mit geschlossenen Augen«. Genauer kann ich diese Erfahrung nicht beschreiben.

Sagen wir, die tanzende blaue Flamme ist nun zurückgekehrt. Nehmen Sie sie einfach wahr und versuchen Sie nicht, sie irgendwie zu definieren, sie zu erklären, sie zu verstehen. Lassen … Sie sich einfach in sie hineinfallen. Es wird den Anschein haben, als käme die Flamme auf Sie zu. Sie wird in Ihrem inneren Gesichtsfeld größer werden. Es ist aber keineswegs so, dass die Flamme auf Sie zukommt, sondern *Sie* bewegen sich auf die Erfahrung von *ihr* zu und ins Innere der Erfahrung von *ihr* hinein.

Wenn Sie Glück haben, erleben Sie ein vollständiges Eintauchen in dieses Licht, bevor Ihr Geist, Ihr Intellekt, sich meldet und mit Ihnen darüber zu sprechen und Vergleiche mit den Daten der Vergangenheit anzustellen beginnt. Wenn Sie auch nur einen Moment dieses »geist-losen« Eintauchens erleben, werden Sie Glückseligkeit erfahren haben.

Das ist die Glückseligkeit des vollkommenen Erkennens, des vollkommenen Einsseins mit allem, mit dem Einzigen Ding Das Ist. Sie können sich um diese Glückseligkeit nicht »bemühen«. Wenn Sie die blaue Flamme sehen und anfangen, diese Glückseligkeit zu erwarten, verschwindet meiner Erfahrung nach die Flamme sofort. Erwartung und/oder Erhoffen beenden die Erfahrung. Denn die Erfahrung ereignet sich im Immerwährenden Augenblick, und Erwartung oder Erhoffen *verlagern sie in die Zukunft, dorthin, wo Sie nicht sind.*

Von daher scheint die Flamme »fortzugehen«. Doch nicht das Licht ist fortgegangen, Sie sind es. Sie haben den Immerwährenden Moment verlassen.

Dies wirkt sich auf die gleiche Weise auf Ihr *inneres* Auge aus, wie sich das Schließen der äußeren Augen auf Ihre Wahrnehmung der stofflichen Welt auswirkt, die Sie umgibt. Sie schließen sie buchstäblich aus. Im Rahmen meiner Erfahrungen ereignet sich diese Begegnung mit der Glückseligkeit nur einmal alle tausend Meditationsmomente. Sie einmal erfahren zu haben ist ein Segen und in gewisser Weise auch ein Fluch, weil ich mich ewig danach sehne.

Doch gibt es auch Momente, in denen ich von diesem Wunsch zurücktreten, mich von der Hoffnung entfernen, mein Verlangen verlassen, meine Erwartungen zurückweisen und mich selbst vollkommen in den Augenblick versetzen kann, ohne auch nur irgendwie das Geringste zu erwarten oder zu erhoffen. Das ist der mentale Zustand, den zu erreichen ich bestrebt bin. Es ist nicht leicht, aber es ist möglich. Und wenn ich ihn erreiche, bin ich in einem gedankenfreien Zustand angelangt.

Dieser gedankenfreie Zustand bedeutet keine Entleerung des Geistes, sondern ein Fokussieren des Geistes *weg* vom denkenden Geist. Es geht darum, »nicht bei unserem Verstand« zu sein – das heißt eine Zeit lang weg von unseren Gedanken (später mehr darüber). Dies führt mich sehr nahe an jenen Ort am Punkt »zwischen den Reichen« im Reich Gottes, den Raum des Reinen Seins. Dies bringt mich Nirvana sehr nahe. Dies kann mich bis zur Glückseligkeit tragen.

Wenn Sie nun also eine Methode gefunden haben, mit deren Hilfe Sie Ihren Geist regelmäßig zur Ruhe bringen können – durch Sitzmeditation, durch Gehmeditation, durch »Tatmeditation« (Abwaschen kann eine wundervolle Meditation sein wie auch Lesen oder das Schreiben eines Buches) oder durch die »Meditation des Innehaltens« (auch darüber später mehr) – dann sind Sie vielleicht eine der wichtigsten Verpflichtungen Ihres ganzen Lebens eingegangen: eine Verpflichtung gegenüber Ihrer Seele, *bei* Ihrer Seele zu sein, Ihrer Seele zu *begegnen*, Ihrer Seele *zuzuhören*, *auf sie zu hören* und mit Ihrer Seele zu *interagieren*.

Auf diese Weise werden Sie nicht nur vom Ort Ihres Geistes, sondern auch von dem Ihrer Seele aus durchs Leben gehen. Das ist es, was Ken Wilber, einer der meistgelesenen und einflussreichsten amerikanischen Philosophen unserer Zeit in seinem Buch *A Theory of Everything* (deutscher Titel: *Ganzheitlich handeln*) als Integrale Transformative Praxis bezeichnet. Die Grundidee der ITP sei einfach, sagt Wilber. »Je mehr Aspekte unseres Seins wir gleichzeitig schulen, desto wahrscheinlicher wird diese Transformation eintreten.«

Darüber haben wir natürlich seit Beginn unseres Gespräches gesprochen. Wir sprachen über persönliche Transformation – die Veränderung Ihrer individuellen Erfahrung von allem im Leben und insbesondere jenes grundlegenden, essenziellen Bestandteils des Lebens, den wir *Veränderung* nennen. Wir sprachen darüber, alle drei Teile der Gesamtheit unseres Seinswesens in ein kooperierendes, multifunktionales Ganzes zu integrieren.

Gehmeditation

Viele Leute finden es extrem schwierig, in stiller Meditation zu sitzen. Ihnen mag es so vorkommen, als hätten sie einfach keinen Sinn für »die Kunst der Meditation«. Mir erging es lange so, weil ich von Natur aus ein ungeduldiger Mensch bin und mit der stillen Sitzmeditation nicht gut klarkam. Dann führte mich jemand in eine Form der Gehmeditation ein, und das änderte bei mir alles in puncto »Meditation«. Plötzlich war sie etwas, das ich *machen* konnte.

Als ich damit begann, mich in der Gehmeditation zu üben, passierte als Erstes, dass sich meine Vorstellung davon, was Meditation *ist*, komplett auflöste, und durch ein sehr viel klareres, genaueres Bild von den Vorgängen ersetzt wurde. Für mich hatte Meditation immer bedeutet, »den Geist von allem frei zu machen«, um dem

Erscheinen »der Leerheit« Raum zu geben, sodass ich mich mit meinem Bewusstsein in »das Nichts, das Das Alles ist …« begeben konnte oder so ähnlich.

Ich dachte, ich sollte versuchen, »meinen Geist leer zu machen«. Ich sollte versuchen, an einem Ort sitzen zu bleiben, meine Augen zu schließen und »an nichts zu denken«. Das machte mich ganz verrückt, weil mein Geist sich nie abschaltet! Er ist immer am Denken, Denken, *denkt immer an irgendetwas*. Im Schneidersitz zu sitzen, meine Augen zu schließen und mich auf Das Nichts zu konzentrieren war einfach nicht mein Ding. Ich war frustriert und meditierte fast nie – und beneidete die, die sagten, dass sie es täten (obwohl ich mich insgeheim fragte, ob sie es wirklich taten oder nicht einfach nur den äußeren Ablauf vollzogen und es im Grunde auch nicht besser konnten als ich).

Dann erklärte mir eine Meisterlehrerin in meinem Dasein, dass ich eine völlig falsche Vorstellung davon hatte, worum es bei der Meditation geht. In der Meditation, so sagte sie, geht es nicht um *Leerheit*, es geht um das *Fokussiertsein*. Sie schlug vor, ich sollte, statt still zu sitzen und zu versuchen, an nichts zu denken, eine »Gehmeditation« machen und mich bewegen, um dann, wenn mein Blick auf bestimmte Dinge fiel, innezuhalten und mich auf sie zu fokussieren.

»Betrachte einen Grashalm«, sagte sie. »Betrachte ihn. Schau ihn genau an. Richte deinen Blick intensiv darauf. Betrachte jeden Aspekt. Wie sieht er aus? Was sind seine speziellen Merkmale? Wie fühlt er sich an? Wie ist sein Geruch? Wie groß ist er im Vergleich zu dir? Schau genau hin. Was erzählt er dir über das Leben?«

Dann sagte sie: »*Erlebe das Gras in seiner Vollständigkeit und Vollkommenheit*. Zieh Schuhe und Socken aus und geh barfuß über das Gras. Denk an nichts anderes als an deine Füße. Halte deine Achtsamkeit auf deine Fußsohlen gerichtet und nimm ganz genau wahr, was du dort fühlst. Weise deinen Geist an, für diesen Augenblick nichts anderes zu fühlen. Ignoriere alle hereinkommenden Daten außer denen, die von deinen Fußsohlen kommen. Schließ die Augen, wenn dir das eine Hilfe ist.

Geh langsam und bewusst, lass jeden langsamen und sachten Schritt dir vom Gras erzählen. Dann öffne die Augen und schau auf das ganze Gras rings um dich herum. Ignoriere alle hereinkommenden Daten außer denen, die von deinen Augen und Füßen kommen.

Konzentriere dich jetzt auf deinen Geruchssinn und schau, ob du das Gras riechen kannst. Ignoriere alle hereinkommenden Daten außer denen, die von deiner Nase, deinen Augen und deinen Füßen kommen. Schau, ob du deine Aufmerksamkeit und Achtsamkeit in dieser Weise fokussieren kannst. Wenn du es kannst, wirst du das Gras auf eine Art erleben, wie du es vielleicht noch nie zuvor erlebt hast. Du wirst, auf einer tieferen Ebene, mehr über das Gras *wissen*, als du je zuvor wusstest. Du wirst es nie wieder auf dieselbe Weise erleben. Es wird dir klar werden, dass du dein ganzes Leben lang *das Gras ignoriert* hast.

Mach dann«, so sagte meine Meisterlehrerin, »das Gleiche mit einer Blume. Betrachte sie. Schau genau hin. Richte deinen Blick intensiv auf sie. Betrachte jeden ihrer Aspekte. Wie sieht sie aus? Was sind ihre speziellen Merkmale? Wie fühlt sie sich an? Wie ist ihr Duft? Wie groß ist sie im Vergleich zu dir? Schau sie genau an. Was erzählt sie dir über das Leben?«

Dann sagte sie: »*Erlebe die Blume in ihrer Vollständigkeit und Vollkommenheit.* Führe sie an die Nase und rieche noch einmal an ihr. Denk an nichts anderes als an deine Nase. Halte deine Achtsamkeit auf deine Nase gerichtet und nimm überaus genau wahr, was du erlebst. Weise deinen Geist an, für den Augenblick nichts anderes wahrzunehmen. Ignoriere alle hereinkommenden Daten außer den Daten, die von deiner Nase kommen. Schließe die Augen, wenn dir das eine Hilfe ist.

Konzentriere dich nun auf deinen Tastsinn und berühre vorsichtig die Blume. Berühre sie zur gleichen Zeit, wie du ihren Geruch in dir aufnimmst. Ignoriere alle hereinkommenden Daten außer den Daten über die Blume, die dir von deinen Fingerspitzen und deiner Nase zukommen. Jetzt öffne die Augen und schau dir die Blume genau an. Schau, ob du die Blume noch riechen kannst, jetzt, wo sie etwas weiter weg von dir ist und du sie anschauen kannst. Sieh zu, ob du deine Aufmerksamkeit und Achtsamkeit auf diese Art fokussieren kannst. Wenn du es kannst, wirst du die Blume erleben, wie du sie vielleicht noch nie zuvor erlebt hast. Du wirst, auf einer tieferen

Ebene, mehr über die Blume *wissen*, als du je zuvor wusstest. Du wirst sie nie wieder auf dieselbe Weise erleben. Es wird dir klar werden, dass du dein ganzes Leben lang *die Blumen ignoriert* hast.«

Dann sagte sie: »Mach das Gleiche mit einem Baum. Geh zu einem Baum und schau ihn an. Betrachte ihn genau. Richte deinen Blick intensiv darauf. Betrachte jeden seiner Aspekte. Wie sieht er aus? Was sind seine speziellen Merkmale? Wie fühlt er sich an? Wie ist sein Geruch? Wie groß ist er im Vergleich zu dir? Schau ihn dir genau an. Was erzählt er dir über das Leben?«

Und sie sagte: »*Erlebe den Baum in seiner Vollständigkeit und Vollkommenheit.* Lege deine Hände an seinen Stamm und erfühle ihn ganz und gar. Denk an nichts anderes als an deine Hände. Halte deine Achtsamkeit auf deine Hände gerichtet und nimm überaus genau wahr, was du erlebst. Weise deinen Geist an, für den Moment nichts anderes wahrzunehmen. Ignoriere alle hereinkommenden Daten außer denen, die von deinen Händen kommen. Schließe die Augen, wenn dir das eine Hilfe ist.

Konzentriere dich jetzt auf deinen Geruchssinn und nimm den Geruch des Baumes auf. Berühre unterdessen weiterhin den Baum. Ignoriere alle hereinkommenden Daten außer den Daten über den Baum, die von deinen Fingerspitzen und deiner Nase kommen. Öffne jetzt die Augen und schau genau auf den Baum. Blick an ihm hinauf und schau, ob du ihn im Geiste hinaufklettern kannst. Schau, ob du immer noch den Baum riechen kannst, jetzt, da du etwas weiter von ihm entfernt bist und ihn anschauen kannst. Berühre ihn weiterhin. Sieh zu, ob du deine Aufmerksamkeit und Achtsamkeit in dieser Weise fokussiert halten kannst. Wenn du es kannst, wirst du den Baum erleben, so wie du ihn vielleicht noch nie zuvor erlebt hast. Du wirst, auf einer tieferen Ebene, mehr über den Baum *wissen*, als du je zuvor wusstest. Du wirst ihn nie wieder auf dieselbe Weise erleben. Dir wird klar werden, dass du dein ganzes Leben lang *die Bäume ignoriert* hast.

Tritt jetzt vom Baum zurück, löse dich von allem körperlichen Kontakt mit ihm. Schau, ob du dir die Erfahrung des Baumes im Geiste vergegenwärtigen kannst, während du etwas weiter weg von ihm stehst und ihn anschaust. Nimm ihn ganz und gar wahr, erlebe ihn vollständig. Sei nicht überrascht, wenn du den Baum sogar aus dieser Entfernung riechen kannst. Sei nicht überrascht, wenn du ihn von deinem Standort aus sogar ›fühlen‹ kannst. Du hast dich für die Schwingung des Baumes *geöffnet*. Du fängst seine Schwingungen auf. Schau, wie weit du dich von diesem Baum entfernen und den ›Kontakt‹ noch beibehalten kannst. Wenn du den Kontakt mit der Erfahrung vom Baum verlierst, geh wieder näher an ihn heran. Schau, ob das hilft, den Kontakt wiederzugewinnen.

Diese Übungen«, sagte sie, »werden dir dabei helfen, deine Fähigkeit zu entwickeln, *deine Aufmerksamkeit und Achtsamkeit auf alles fokussiert zu halten*, was du auf *einer erhöhten Ebene wahrnehmen und erfahren möchtest.*

Und jetzt geh. Mach dich zum Gehen auf, wo immer du auch lebst. Auf dem Land, in der Stadt, es spielt keine Rolle. Geh langsam, aber bewusst. Und schau dich um. Lass deinen Blick fallen, wohin er fallen will. Und wenn deine Augen etwas finden, fokussiere deine Achtsamkeit voll und ganz darauf. Es kann alles sein. Ein Müllwagen. Ein Halteschild. Eine Ritze auf dem Gehweg, ein Steinchen am Straßenrand. Schau es dir von da aus, wo du bist, genau an. Richte deinen Blick intensiv darauf. Betrachte es unter allen Aspekten. Wie sieht es aus? Welche speziellen Merkmale weist es auf? Wie fühlt es sich an von da aus, wo du stehst? Was hat es für einen Geruch? Kannst du ihn von deinem Standort aus wahrnehmen? Wie groß ist es im Vergleich zu dir? Schau genau hin. Was erzählt es dir über das Leben?

Geh weiter. Suche dir dabei drei Dinge aus, die du auf diese Art betrachtest. Dieser Gang sollte mindestens eine halbe Stunde dauern. Am Anfang ist es dir unmöglich, drei Dinge in weniger Zeit so umfassend zu betrachten. Später wird es dir binnen eines Augenblicks, einer Nanosekunde, möglich sein. Jetzt aber übst du nur.

Das ist Gehmeditation. Und du trainierst hier deinen Geist, *nicht mehr alles zu ignorieren*, was du erlebst. Du trainierst deinen Geist, sich auf einen bestimmten Aspekt deiner Erfahrung zu *fokussieren*, sodass du ihn zur Gänze wahrnehmen und erfahren kannst.

Übe die Gehmeditation drei Wochen lang auf diese Art, und du wirst das Leben nie wieder auf die gleiche Art und Weise erfahren.

Dann unternimm den letzten Schritt. Du kannst dazu ins Freie gehen oder drinnen bleiben, das spielt keine Rolle.

Du kannst es überall machen. Es reicht, wenn du vom Schlafzimmer in die Küche gehst. Es gibt genügend zu sehen, genügend zu berühren, genügend wahrzunehmen und zu erfahren. Du kannst allein schon mit dem Teppich drei Stunden verbringen – und dieses Mal such nicht einen bestimmten Teil von etwas aus, das du siehst oder dem du begegnest.

Versuche, *allem* zu begegnen. Versuche, *alles zu erfassen*. Versuche, den Fokus *auf alles gleichzeitig* gerichtet zu halten.

Nimm das Gesamtbild in dir auf. Schließe zunächst die Augen, wenn dir das eine Hilfe ist. Rieche, was du riechst, höre, was du hörst, fühle, was du im Raum rings um dich herum ›fühlst‹. Öffne dann die Augen und nimm das Sehen hinzu. Sieh alles, was du siehst, und nichts im Besonderen. Sieh alles davon. Rieche alles davon. Fühle alles davon. Wenn es dich zu überwältigen droht, halte den Fokus auf einen Teil davon gerichtet, damit du nicht das psychische Gleichgewicht verlierst.

Mit genügend Übung wirst du bald in jeden Raum, an jeden Ort gehen und anfangen können, auf gewisser Ebene Alles Davon wahrzunehmen und zu erfahren. Dir wird klar werden, dass du buchstäblich *nach Hause gegangen* bist. Du hast dein Gewahrseinsvermögen erhöht. Du hast deine Bewusstseinsebene angehoben. Du hast deine Fähigkeit ausgedehnt, im Augenblick voll und ganz gegenwärtig zu sein.

Jetzt lass dich nieder und mach das mit geschlossenen Augen, während du in stiller Meditation sitzt. Tja, so einfach ist das.«

Meine Meisterlehrerin lächelte mich an: »Und dann versuch es beim Sex. Wenn du Sex in dieser Weise wahrnimmst und erfährst, wirst du ihn nie wieder anders erleben wollen. Dir wird klar werden, dass du dein ganzes Leben lang *ignoriert hast, was wirklich vor sich geht.*«

Und sie lachte.

Meditation des Innehaltens

Es gibt viele Meditationsmöglichkeiten, und diese Tatsache zu erfahren war eine wunderbare Entdeckung. Eine der für mich kraftvollsten Formen ist die Meditation des Innehaltens, wie ich sie nenne. Sie kann überall durchgeführt werden und nimmt nur sehr wenig Zeit in Anspruch. Deshalb ist sie für geschäftige Leute, die ständig auf Trab sind, perfekt.

Meditation des Innehaltens bedeutet genau das. Sie bedeutet, dass wir für einen Augenblick in unserem Tun, was es auch gerade ist, innehalten und unsere Achtsamkeit auf irgendeinen Aspekt davon richten. Wir sezieren unser Tun in diesem Moment und schauen uns dann ein einzelnes Teil davon ganz genau an.

Diese Meditation unterscheidet sich insofern von der Gehmeditation, als sie keine halbe Stunde oder noch mehr in Anspruch nimmt. Bei der Gehmeditation machen wir uns ganz bewusst und vorsätzlich zu einem Gang auf mit dem bewussten und vorsätzlichen Ziel, unsere Aufmerksamkeit und Achtsamkeit bewusst und vorsätzlich auf eine Wahrnehmung und Erfahrung fokussiert zu halten. Bei der Meditation des Innehaltens brauchen wir nicht annähernd so viel Zeit, können aber dasselbe erreichen: *fokussiert sein.*

Die Meditation des Innehaltens lässt sich auch inmitten eines überaus geschäftigen Tages durchführen. Wenn Sie sie gemeinsam mit der Sitzmeditation und der Gehmeditation üben, besitzen Sie ein sehr kraftvolles Instrumententrio, durch das sich Ihre Realität binnen sehr kurzer Zeit drastisch verändern und Ihr Bewusstsein beträchtlich erhöhen kann. Sie kann jedoch auch eine transformierende Wirkung entfalten, wenn Sie sie als einzige Meditationsform einsetzen.

Und so funktioniert die Meditation des Innehaltens: Treffen Sie die Entscheidung, dass Sie (jeden Tag) sechs Mal am Tag Ihr jeweiliges Tun zehn Sekunden lang unterbrechen und sehr genau und intensiv auf eines seiner Bestandteile schauen werden.

Sagen wir, Sie waschen gerade Geschirr ab. Halten Sie für zehn Sekunden inne – machen Sie einfach mittendrin *Halt* – und schauen Sie tief hinein in einen Aspekt von dem, was Sie tun. Schauen Sie vielleicht auf das Wasser. Sehen Sie, wie es auf das Geschirr spritzt.

Schauen Sie, ob Sie die Wassertropfen auf dem Geschirrteil, das Sie in der Hand halten, zählen können. Zählen Sie einfach die Wassertropfen. Ich weiß, dass es unmöglich ist, aber machen Sie es trotzdem – nur zehn Sekunden lang.

Betrachten Sie das Wunder des Wassers. Schauen Sie tief hinein. Spähen Sie hinein. Begeben Sie sich im Geiste hinein. Schauen Sie, was Sie dort wahrnehmen, erfahren, finden. Halten Sie einfach einen winzigen Augenblick inne und wertschätzen Sie ihn auf einmalige Art und Weise.

Okay, jetzt sind die zehn Sekunden um. Ziehen Sie sich nun aus dieser intensiv fokussierten Realität heraus und kehren Sie in den umfassenderen Raum Ihrer Erfahrung zurück. Blinkern Sie ein paarmal rasch mit den Augen oder holen Sie sich mit einem Fingerschnippen heraus. Vergegenwärtigen Sie sich dann, was Sie für einen kurzen Augenblick wahrgenommen und erfahren haben.

Fahren Sie jetzt in Ihrer Tätigkeit fort und seien Sie nicht überrascht, wenn sie eine ganz neue Qualität annimmt.

Sie haben hier gerade etwas wirklich und wahrhaftig wertgeschätzt. Etwas »wertzuschätzen« heißt, es größer zu machen, es zu steigern. Wenn Sie sich in der Meditation des Innehaltens üben, steigern Sie den Wert Ihres Lebens. Und den des Lebens an sich. Meine persönliche Erfahrung ist, dass mich dies unweigerlich zu einem Ort des inneren Friedens zurückbringt.

Um sich daran zu erinnern, dass Sie das sechs Mal am Tag durchführen, können Sie anfangs vielleicht einen kleinen Wecker bei sich haben oder den Timer an Ihrer Uhr oder an Ihrem Handy entsprechend einstellen. Wenn Sie später daran gewöhnt sind, wird sich das Innehalten ganz automatisch einstellen. Sie werden nicht mehr daran erinnert werden müssen.

Wenn Sie die Straße entlanggehen, werden Sie einfach für einen Augenblick anhalten, einen Teil von dem, was Sie sehen, auswählen und es noch einmal auf tiefere Weise sehen. Sie werden wissen, was Sie schon darüber wissen, aber auf tiefer gehende Art. Das nennt man Wieder-Erkennen. Sinn und Zweck Ihres ganzen Lebens ist einfach: wieder zu wissen, wiederzuerkennen, was wahr ist und Wer Du Wirklich Bist.

Das kann man auf tausenderlei Wegen tun. Vielleicht fangen Sie Ihr Spiegelbild in einem Schaufenster auf. Vielleicht sehen Sie einen Bus vorbeifahren. Vielleicht fällt Ihr Blick auf einen Hund, oder Sie sehen ein Steinchen zu Ihren Füßen liegen. Worauf Sie diese zehn Sekunden lang Ihren Fokus gerichtet halten, spielt keine Rolle. Halten Sie einfach einen winzigen Moment inne und wertschätzen Sie ihn auf einmalige Art.

Machen Sie diese Erfahrung beim Liebesakt. Halten Sie in Ihrem Tun zehn Sekunden lang inne, zerlegen Sie den Moment in seine Bestandteile, wählen Sie einen Teil aus und schauen Sie tief in ihn hinein. Vielleicht ist es der Blick in die Augen Ihrer Geliebten. Vielleicht ist es eine Empfindung, die Sie haben – oder herstellen. Halten Sie einfach einen winzigen Moment inne und wertschätzen Sie ihn auf einmalige Art.

Ich habe regelmäßige Zeiten, in denen ich das mache, und der Liebesakt gehört dazu. Das Duschen auch. Und das Essen. Nehmen Sie eine Erbse vom Teller auf oder ein Maiskorn. Betrachten Sie es. Wertschätzen Sie es. Schmecken Sie es voll und ganz. Ihre Mahlzeiten werden nie wieder sein, was sie waren. Auch nicht Ihre Zeiten in der Dusche. Der Liebesakt wird nicht mehr sein, was er war. *Sie* werden nicht mehr derselbe oder dieselbe sein.

Das ist die Meditation des Innehaltens. Sie beansprucht eine Minute am Tag. Sechzig Sekunden in Abschnitte von jeweils zehn Sekunden aufgeteilt. Sechs Augenblicke, in denen Sie die Heilige Erfahrung herstellen können.

Halten Sie heute inne bei dem, was Sie tun. Machen Sie einfach *Halt*. Schauen Sie tief in den Augenblick hinein. Wenn nichts sonst, schließen Sie einfach die Augen und halten Sie den Fokus auf den Klang Ihres Atems gerichtet. Erfahren Sie, wie die reine Energie in und durch Ihren Körper strömt. Hören Sie sich für einen Moment atmen. Beobachten Sie, wie Sie tiefere Atemzüge machen. Wenn Sie sich nur zuhören, erweckt das in Ihnen den Wunsch, sich tiefer in die Erfahrung hineinzubegeben – und daher fangen Sie an, tiefere Atemzüge zu machen. Es ist eine wunderbare, eine außergewöhnliche Sache. Ein einfaches Innehalten veranlasst Sie, tiefer zu gehen. Tiefer hinein in Ihre Erfahrung, tiefer hinein in den Geist Gottes.

Empfohlenes Meditationsprogramm

Folgendes Meditationsprogramm habe ich vielen Menschen empfohlen: 1) Gehmeditation am Morgen; 2) Meditation des Innehaltens sechs Mal während des Tages; 3) Sitzmeditation am Abend.

Sinn und Zweck all dieser Meditationen ist es, einen Fokus herzustellen. Es geht darum, dass Sie den Fokus Ihrer Aufmerksamkeit und Achtsamkeit auf Ihre Wahrnehmung und Erfahrung gerichtet halten. Der Grund für das Fokussiertsein: Es erlaubt Ihnen, jetzt hier zu sein. Das Fokussiertsein auf das Jetzt zieht Sie aus dem Gestern und Morgen heraus. Sie haben keine Existenz in diesen Illusionen. Ihre einzige Realität ist Dieser Augenblick, gerade jetzt, gerade hier.

In einem solchen Gewahrsein wird innerer Friede gefunden. Und Liebe. Denn Friede und Liebe sind ein und dasselbe, so wie Sie ein und dasselbe werden, wenn Sie in Die Heilige Erfahrung eintreten.

Praktizieren Sie die Meditation des Innehaltens gleich jetzt. Sie ist einfach und beansprucht nur zehn Sekunden. Gleich jetzt, einfach …

INNEHALTEN

Und nach zehn Sekunden gehen Sie über zu der …

Wer-Meditation

Eine andere wundervolle Meditationstechnik ist die *Wer-Meditation.*

Sie wird folgendermaßen ausgeführt: Wann immer Sie eine Emotion erleben, die Sie nicht erleben wollen, sagen Sie einfach nur: »Wer?«

Richtig. Sie sagen einfach nur: »Wer?« Fragen Sie sich: »Wer ist das jetzt hier? Wer ist es, der/die diese Erfahrung macht?«

Wenn Sie allein sind, können Sie sogar einen kleinen Singsang anstimmen. Das kann eine sehr nachhaltige Wirkung haben. Holen Sie einfach tief Atem und singen Sie leise, aber doch kraftvoll:

»Weeeeeeer?«

Dehnen Sie den Vokalton so lange, bis Ihnen der Atem ausgeht. Holen Sie dann wieder Luft und wiederholen Sie das Ganze. Machen Sie das insgesamt drei Mal. Dann haben Sie Ihre Eigenschwingung verlangsamt, und der unsichtbare Teil von Ihnen hat die Chance, »sich zu zeigen«.

Wenn Sie nicht allein sind, sondern jemand bei Ihnen ist oder Sie sich in der Öffentlichkeit aufhalten, können Sie das im Geiste tun. Oder sich einfach, wie oben vorgeschlagen, die Frage stellen …

»Wer ist es, der diese Erfahrung macht?«

Sie können sich natürlich mit irgendeinem der vielen Ihre Innenwelt bevölkernden »Dus« identifizieren. Da ist das Kleine Du und das Große Du, das Verletzte Du und das Geheilte Du, das Verängstigte Du und das Tapfere Du, das Ohnmächtige Du und das Machtvolle Du, das Besorgte Du und das Zuversichtliche Du. Doch ich hoffe, dass Sie sich nach diesem Gespräch direkt ins Gewahrsein Ihres umfassenden Selbst, Ihres *wahren* Selbst, hineinsingen werden, wenn Sie die *Wer-Meditation* durchführen.

Sie sind nicht ein menschliches Wesen. Sie sind nicht eine Person namens Hans Schmidt oder Maria Müller. Sie sind nicht Ihr Körper, nicht Ihr Geist und nicht Ihre Seele. Alles das sind Dinge, die Sie haben. Das Du, das diese Dinge hat – ja Ihrem Selbst diese Dinge gegeben hat –, ist weitaus größer, ist weitaus umfassender als irgendetwas davon oder auch alles zusammengenommen.

Das Du, das Sie sind, ist Gott in Bestimmter Form. Sie sind Individuierte Gottheit. Sie sind ein Aspekt von Göttlichkeit. Und das gilt auch für einen jeden und eine jede und ein jedes andere.

TEIL II

Im zweiten Teil des Anhangs folgen nun einige Botschaften, die dir hier und jetzt übermittelt werden, scheinbar aus einer Quelle, die sich außerhalb von dir befindet. Es spielt keine Rolle, wie du diese Botschaften wahrnimmst, solange du sie empfängst.

Schau dir an, womit du jetzt im Moment konfrontiert bist, an diesem Tag. Glaubst du, diese Dinge geschehen zufällig? Diese Ereignisse wurden geschaffen, damit du Gelegenheit bekommst, hier und jetzt dein Wahres Sein zum Ausdruck zu bringen und zu erleben.

~

Ihr lebt in außerordentlichen Zeiten und werdet Zeugen einer Revolution im menschlichen Bewusstsein und der Selbsterfahrung dieses Bewusstseins. Tatsächlich erschafft ihr selbst diese Erfahrung.

~

Die Herausforderungen von morgen werden sich wohl kaum mit den Lösungen von gestern bewältigen lassen, sondern nur, indem wir das zuvor Undenkbare denken,das zuvor Unaussprechliche aussprechen und das versuchen, was bislang als jenseits des Möglichen galt.

~

Durch Veränderungen tut das Leben seine Absicht kund, sich weiterzuentwickeln.

~

Ein Leben ohne Angst wird möglich,
wenn du dir klarmachst,
dass alles im Leben sich perfekt entfaltet –
das gilt auch für das Ereignis,
das du am meisten fürchtest: den Tod.

Viele Menschen machen sich allein dadurch unglücklich,
dass sie nicht bereit sind, das Leben so zu akzeptieren,
wie es sich im gegenwärtigen Moment ereignet.

Weißt du, warum du lebst?
Um Gott eine Stimme zu geben,
ihn zu verkörpern und durch dich
handeln zu lassen.
Alles andere ist nebensächlich.

Wie kann man inmitten all dieser Geschehnisse
eine positive Einstellung bewahren?
Man muss es wollen. Man muss in allem,
was geschieht, das Geschenk sehen.
Das ist nicht immer leicht, aber es ist möglich.

Der schnellste Weg, Liebe und Mitgefühl
für die ganze Menschheit zu entwickeln,
besteht darin, die ganze Menschheit
als deine Familie zu betrachten.

Mach es dir heute zur Lebensaufgabe,
anderen Menschen zu vermitteln,
wie außergewöhnlich sie sind.
Sage es ihnen. Sage es ihnen.
Jeder Mensch wünscht sich Bestätigung
für seine höchsten Gedanken über sich selbst.

~

Nichts kann die Umwelt stärker verändern
als ein Mensch, der sich entscheidet,
einen anderen zu lieben, ganz gleich, was geschieht.

~

Wir sind nicht einfach nur biologische Geschöpfe,
Resultat zufälliger chemischer Prozesse,
die sich mühsam durchs Leben schlagen und versuchen,
dabei so wenig Schaden wie möglich anzurichten.
Wir sind Göttliche Schöpfungen, Individualisierungen Gottes.
Wir sind einzigartige Ausdrucksformen der Einzigartigkeit,
Unverzichtbare Elemente der Essenz des Lebens.

~

Der Körper denkt, dass er wichtige Ziele verfolgt.
Der Geist stellt sich vor, dass seine Ziele entscheidend
für dein Überleben sind. Doch je älter du wirst,
desto mehr erkennst du, dass es allein
auf die Ziele der Seele ankommt.

~

Das »Gegenteil« der Liebe gibt es nicht.
Liebe ist in unserer Realität die einzige Energie,
zu der es kein Gegenteil gibt – obwohl

es viele Ausdrucksformen der Liebe gibt,
die wie ihr Gegenteil wirken.
Nur ein Meister kann sehen, dass sie
alle das Gleiche sind … und so kann auch
nur ein Meister verstehen, was im Namen der Angst
getan wird, und deswegen
sieht er keine Notwendigkeit für Vergebung.

~

Du kannst keinen Fehler machen,
du kannst nur eine Entscheidung darüber treffen,
was der nächste wichtige Schritt
in deinem Leben sein wird.

~

Alle Herausforderungen und Schwierigkeiten
künden von spiritueller Kraft und von
der Bereitschaft der Seele, voranzuschreiten,
sich immer weiterzuentwickeln.

~

(Hinweis des Herausgebers: Auf *www.cwgportal.com* besteht die Möglichkeit, sich als kostenlosen Service täglich einen inspirierenden Gedanken mailen zu lassen, der aus *Gespräche mit Gott* entnommen wurde. Die oben aufgeführten Texte sind Beispiele für solche Botschaften. Je mehr Sie diese scheinbar von außen kommende Bewusstheit in Ihnen stärken und aufbauen, desto mehr werden Sie die Erfahrung machen, dass sie aus Ihrem eigenen Inneren zu Ihnen kommt. Erfreuen Sie sich an diesen Botschaften, ob sie von außen kommen oder von innen, denn das Leben informiert das Leben über das Leben durch den Prozess des Lebens – und *Sie* sind dieser Prozess.)

KONTAKTSTELLEN

Das Internetportal zu *Gespräche mit Gott*, *www.cwgportal.com*, wurde bereits vorgestellt.

Unter der Adresse *www.theonlythingthatmatters.com* gibt es ein Forum, in dem in englischer Sprache ein Austausch über die Ideen aus *Was wirklich wichtig ist* stattfindet.

Einen Newsletter in deutscher Sprache und weitere Informationen und Angebote für Leserinnen und Leser der Bücher von Neale Donald Walsch im deutschsprachigen Raum gibt es auf der Website *www.gespraechemitgott.org*.

Mehrere Gedichte von Em Claire befinden sich auf ihrer Website *www.emclairepoet.com*. Ihre Audioaufnahmen sind bei ihren Fans besonders beliebt, da sie den Worten mit ihrer eigenen mündlichen Interpretation besondere Ausdruckskraft verleiht. Diese Aufnahmen und ein Geschenkband mit dem Titel *Silent Sacred Holy Deepening Heart* sind auf ihrer Website erhältlich.

»Geht hinaus und spielt!«,
sagte Gott.
»Ich habe euch Universen als freie Spielfelder geschenkt!
Und hier – nehmt das und hüllt euch darin ein –
es wird LIEBE genannt,
und es wird euch immer, immer *wärmen.*
Und Sterne! Sonne, Mond und Sterne!
Blickt oft zu ihnen auf,
denn sie werden euch an euer eigenes Licht erinnern!
Und Augen … oh, schaut jedem *Liebenden in die Augen,*
schaut jedem *Gegenüber in die Augen,*
denn sie schenken euch ihre *Universen als freie Spielfelder.*
Seht ihr?
Ich habe euch alles gegeben, was ihr braucht.
Also los!
Geht hinaus
und
spielt*!«*

»Geht hinaus und spielt«

Allegria

Bewusstsein als Weg aus der Krise

NEALE DONALD WALSCH
Der Sturm vor der Ruhe
320 Seiten
€ [D] 18,00 / € [A] 18,50
sFr 24,90
ISBN 978-3-7934-2234-1

Arabische Revolution, Wirtschaftskrise, Atomkatastrophe – die globale Veränderung ist unausweichlich. Die Menschheit steht vor einer Prüfung. Wir können dabei einfach nur zuschauen oder uns aktiv an der Gestaltung einer neuen Welt beteiligen. Walschs Buch ist eine Aufforderung zum Handeln, zur Kommunikation und Vernetzung der Menschheit.

Der Superbestseller aus Brasilien

AUGUSTO CURY
Der Traumhändler
272 Seiten
€ [D] 16,99 / € [A] 17,50
sFr 23,90
ISBN 978-3-7934-2231-0

Was wäre, wenn jemand uns heute die christliche Botschaft vorlebte – würden wir ihm folgen? Ein geheimnisvoller Mann streift durch die Straßen der Großstadt und verkauft Träume an Menschen, die es längst nicht mehr wagen zu träumen. Ein Betrüger? Ein Psychopath? Ein Weiser? Ein Philosoph?

80 Jahre Lebens-weisheit

LOUISE L. HAY und
CHERY RICHARDSON
Ist das Leben nicht wunderbar!
224 Seiten
€ [D] 14,99 / € [A] 15,50
sFr 20,90
ISBN 978-3-7934-2230-3

Louise L. Hay und Cheryl Richardson, zwei der bekanntesten spirituellen Autorinnen, bereisen gemeinsam die USA und Europa. Ihre Erlebnisse fassen sie in diesem Buch zusammen und ermöglichen so den LeserInnen die Anwendung ihres reichen Erfahrungschatzes für das eigene Leben.